651 HAMEL (E.). Histoire de SAINT-JUST, Député à la Convention Nationale. Bruxelles, 1860, 2 vol. in-12, br., portraits de St Just et de Philippe Le Bas. Rare. (R.42) 50 NF.

HISTOIRE

DE

SAINT - JUST

DÉPOSÉ AUX TERMES DE LA LOI

BRUXELLES. — TYP. DE Vᵉ J. VAN BUGGENHOUDT
Rue de Schaerbeek, 12

ST JUST.

D'APRÈS UN PASTEL APPARTENANT A M? PHILIPPE LE BAS

HISTOIRE

DE

SAINT-JUST

DÉPUTÉ A LA CONVENTION NATIONALE

PAR

ERNEST HAMEL

AVEC UN PORTRAIT DE SAINT-JUST D'APRÈS LE PASTEL
APPARTENANT A M. PHILIPPE LE BAS
MEMBRE DE L'INSTITUT ET UN PORTRAIT DU CONVENTIONNEL
PHILIPPE LE BAS D'APRÈS UNE ESQUISSE
DE LOUIS DAVID GRAVÉS TOUS DEUX PAR FLAMENG

—

TOME PREMIER

BRUXELLES

MELINE, CANS ET Cⁱᵉ, LIBRAIRES-ÉDITEURS

Boulevard de Waterloo, 35

PRÉFACE

DE LA SECONDE ÉDITION

En publiant cette nouvelle édition de mon livre, je dois au public quelques explications.

Il m'avait semblé qu'on était assez éloigné des passions et des tourmentes de la grande époque révolutionnaire, pour qu'un historien, guidé par le seul amour de la vérité, pût enfin dénoncer hautement à ses concitoyens et au monde entier toutes les calomnies, tous les mensonges jetés à pleines mains, depuis soixante-quatre ans, par une réaction sans conscience, sur les principaux acteurs de la Révolution française.

Il y avait, dans le choix de mon sujet, un intérêt de

famille suffisant à justifier aux yeux de mes lecteurs ce que j'ai mis parfois de vivacité dans la réfutation de ces écrivains de *bonne compagnie,* complaisants serviteurs des haines et des rancunes de la réaction, que j'ai eu l'irrévérence de prendre en flagrant délit de mensonge.

Le livre avait paru depuis deux mois; il avait même fait assez bien son chemin, et déjà nous songions à une seconde édition, quand, par les ordres de M. le ministre de la justice Delangle, il fut saisi tout à coup. Ceux qui lisent sérieusement le *Moniteur* ont dû garder le souvenir de la phrase suivante, prononcée déjà par M. le procureur impérial de la Seine dans un procès célèbre, et insérée depuis dans la feuille officielle : « Jamais la liberté du livre n'a été aussi incontestée et incontestable qu'aujourd'hui; » en conséquence leur étonnement n'a pas été médiocre en apprenant la saisie dont une œuvre purement historique était l'objet.

La nouvelle de cette saisie de *l'Histoire de Saint-Just* rencontra donc de nombreux incrédules. « On assure, disait, le 24 septembre dernier, un rédacteur de *l'Indépendance belge,* que la vente de ce livre est interdite; moi qui m'étais risqué à le lire, j'ai peine à croire à cette interdiction... Cette sévérité, qui n'est peut-être pas authentique, restera donc un mystère si elle se confirme.... » Et, dans la *Revue européenne* du 1ᵉʳ octobre, M. Léopold Monty, ancien chef du cabinet de M. le général Espinasse, au ministère de l'intérieur, s'écriait triomphalement, après avoir cité quelques phrases du livre *habilement découpées :* « Et dites, je vous prie, que la pensée n'est pas libre en France ! »

J'ai dû donner à M. Léopold Monty des explications de nature à altérer quelque peu ses illusions. « J'ignorais absolument, me répondait-il, le 12 octobre, que ce livre dût être saisi et son auteur poursuivi. C'est vous qui me l'apprenez. Si je l'avais su, monsieur, ou *si j'avais soupçonné seulement que cela pût arriver*, pas une ligne, pas un mot n'auraient été écrits sur votre publication ni par moi, ni par qui que soit à la *Revue.* » L'ancien chef du cabinet de M. le général Espinasse avait mille fois raison *de ne pas soupçonner que cela pût arriver*, et cette douce confiance dans le respect qu'il s'imaginait qu'on avait eu pour la liberté de la pensée, l'honore, à coup sûr, et témoigne de la libéralité de son esprit. Comment un homme de sens, un honnête homme, un lettré pouvait-il croire, en effet, qu'on eût méconnu les droits sacrés de l'histoire au point de jeter l'interdit sur un livre où les faits les plus simples ont été étudiés avec le plus entier scrupule et le plus sévère contrôle ? Il devait naturellement penser qu'un gouvernement si sûr de sa force aurait reculé devant ce crime de lèse-histoire. Mais la révélation des stratagèmes plus ou moins loyaux à l'aide desquels les écrivains de la contre-révolution sont parvenus à faire prendre le change sur les hommes et les choses de la Révolution française, dérangeait trop de calculs et d'adroites combinaisons pour que les intéressés ne jetassent pas les hauts cris. Il a paru notamment à M. le garde des sceaux que toute vérité n'était pas bonne à dire, et, de par son expresse volonté, main basse a été faite sur le livre. Assurément ce n'est pas M. Delangle qui pourra jamais s'écrier : « *Amicus Plato, sed magis amica veritas.* »

Cette saisie fut un coup de foudre pour mes éditeurs, MM. Poulet-Malassis et de Broise, ainsi menacés dans leur existence même. Je reçus d'eux une lettre désespérée, dans laquelle ils me suppliaient d'amortir le coup. Je me décidai alors à aller voir M. le procureur général Chaix-d'Est-Ange, lequel, après avoir bien voulu m'apprendre à qui je devais la rigueur dont je venais me plaindre, me plaça dans cette alternative ou de consentir à la suppression des exemplaires saisis ou d'*être jugé*; cela, je dois le reconnaître, avec la plus grande affabilité.

La situation était grave. J'avais rencontré dans MM. Poulet-Malassis et de Broise deux hommes pleins de cœur, qui m'avaient accueilli avec une cordialité dont le souvenir m'est précieux, et qui s'étaient empressés de mettre à ma disposition leur imprimerie, la plus ancienne de France, fondée en 1515, à Alençon, par Marguerite de Valois. Condamnés deux fois déjà pour délit de presse, ils se voyaient, en vertu de la législation qui régit la librairie en France, exposés, en cas d'une troisième condamnation, à un retrait de brevet, c'est-à-dire à une ruine complète. Pouvais-je assumer sur moi la responsabilité de cette ruine de deux familles? Je ne le crus pas; et, aujourd'hui encore, je m'applaudis d'avoir agi comme je l'ai fait.

Je fus bientôt cité à comparaître devant M. le juge d'instruction Rohaux de Fleury, et je puis enfin connaître les motifs de la poursuite dirigée contre moi. Ils étaient nombreux, car MM. les substituts du parquet sont ingénieux à trouver des délits là où il n'y en a pas l'ombre. Il faut croire cependant, pour l'honneur de leur intelligence, qu'ils ne lisent pas bien sérieusement les œuvres qu'ils ont mission d'incriminer; autrement, ils ne m'eussent pas jeté à la tête, comme premier chef d'accusation, celui d'*outrage à la morale publique*. S'il est, en effet, un livre où l'amour de Dieu et du prochain, la sainte tendresse pour la patrie, le respect de la famille, l'observation des lois, la notion du devoir, le désintéressement, la probité, l'abnégation et la tolérance amie de la concorde, où, en un mot, toutes les vertus sur lesquelles doivent reposer les institutions divines et humaines, soient sincèrement préconisées, je le dis avec orgueil, c'est le mien. Mais je me console de reste en pensant que cette banale et bouffonne accusation d'*outrage à la morale publique*, le jeune et spirituel substitut qui l'a trouvée, ne manquerait pas de la dresser contre Christ lui-même, si le grand réformateur apparaissait de nouveau et faisait entendre tout à coup sa voix retentissante à ce monde tout souillé encore des vices qu'il était venu réformer.

Tandis que l'inquisition judiciaire ne reculait pas devant un reproche si peu fondé, un honorable prêtre du diocèse de Paris, auteur de grands et beaux ouvrages théologiques, m'écrivait ceci : « ... Il y a des gens qui ont soin de garder leurs félicitations pour les beaux jours, je ne suis pas de ces gens-là; par les temps qui passent, mes jours opportuns sont les jours d'orage... Votre travail me paraît être le produit d'une plume honnête et intelligente, à tel point que je serais bien aise de l'avoir fait, tout prêtre que je suis et sincère défenseur de la foi religieuse. Vous avez raison dans votre défense des grands caractères dont vous vous portez l'avocat avec la loyauté d'une âme jeune et indépendante, et cette défense est d'autant plus solide qu'elle est empreinte, du commencement à la fin, d'une philosophie théiste et d'une morale sans reproche. Je vous avoue, d'ailleurs, que, sans la présence, dans votre ouvrage, de ces deux dernières conditions, je ne vous écrirais pas, car elles sont pour moi la qualité toujours indispensable. » Il y a là de quoi se consoler amplement de la petite calomnie du jeune substitut.

Parlerai-je des autres chefs d'accusation? Ils sont

presque tous basés sur des phrases tirées des discours de Saint-Just, en sorte qu'on faisait, en ma personne, le procès à l'histoire, à une histoire que le *Moniteur*, réimprimé, répand aujourd'hui avec illustrations, par milliers d'exemplaires, vendus à un bon marché fabuleux, qui court les rues depuis soixante et dix ans, et en faveur de laquelle la plus longue prescription peut être deux fois invoquée.

Il y avait donc lieu d'espérer que le bon sens des magistrats ferait justice de cette incroyable accusation et qu'un renvoi pur et simple des fins de la plainte y répondrait victorieusement. Toutefois, en présence d'un procès correctionnel dont les débats ne peuvent aujourd'hui dépasser l'enceinte du tribunal, ni recevoir la sanction de l'opinion publique, malgré ma confiance dans l'impartialité bien connue de la magistrature de mon pays, et bien que j'eusse la conscience de n'avoir, dans une œuvre consacrée à la réfutation des calomnies publiées plus ou moins récemment contre Saint-Just, de n'avoir, dis-je, ni outragé la morale publique, ni altéré la vérité historique, ni attaqué les lois fondamentales de la société, ni porté atteinte à la Constitution qu'il a plu à la France d'accepter, je me suis rappelé les méfiances de ce premier président qui disait : « Si on m'accusait d'avoir emporté les tours de Notre-Dame, je commencerais par prendre la fuite. » J'ai donc cru devoir, sans pour cela engager l'avenir, et dans l'unique but de ne pas compromettre l'existence de deux familles, signer, chez M. le juge d'instruction, au bas même de la feuille contenant mon interrogatoire, mon consentement à la suppression des *exemplaires saisis*.

Ce sacrifice consenti, il m'a paru nécessaire, à titre de protestation, d'en appeler au chef de l'État de la décision de son ministre de la justice. Je l'ai fait dignement. « Ce n'est pas, disais-je, ce n'est pas l'héritier de Napoléon qui s'étonnera qu'un membre d'une famille alliée à celle de Saint-Just ait pu conserver la tradition républicaine, et se soit imposé la tâche de répondre aux écrivains de mauvaise foi qui n'ont pas craint d'appeler le mensonge et la calomnie à leur aide afin de ternir la mémoire d'un grand citoyen qui a rendu à la France de si éclatants services. » Cet appel, j'en étais certain d'avance, ne pouvait, ne devait pas être entendu.

Voilà les explications que je tenais à donner à mes lecteurs, et surtout aux amis inconnus qui m'ont adressé de si sympathiques félicitations. Ceux qui me connaissent savent qu'aucun sentiment de faiblesse n'a pu entrer en balance dans la détermination de ma conduite. J'ai vu avec regret quelques personnes ne pas comprendre le scrupule de conscience auquel j'ai obéi. Ajouterai-je que le blâme venait, en général, de gens peu disposés à se compromettre? Il faut se méfier de ces stoïciens acharnés dont la prudente opposition a toujours eu soin de se mettre à l'abri des rigueurs du pouvoir. Quant à moi, j'ai accompli un devoir d'honnête homme. Je viens aujourd'hui demander asile pour mon livre à un pays qui a le bonheur de vivre sous des institutions libérales, et je ne saurais trop le remercier de me permettre de replacer sous les yeux du public, notre souverain juge, une œuvre à laquelle j'ai consacré de si patientes et de si consciencieuses études.

25 janvier 1860.

ROBESPIERRE.

GRAVÉ D'APRÈS UN MÉDAILLON EN PLÂTRE

SCULPTÉ PAR M. COLLET EN 7bre 1791

appartenant à M. Ph. Le Bas.

PRÉAMBULE

Depuis quelques années, la Révolution française est le point de mire des plus vives attaques : ennemis de la liberté, qui regrettent plus ou moins consciencieusement le régime du bon plaisir, le temps des priviléges et des lettres de cachet; libéraux incolores dont les nerfs s'agacent aux accents de la liberté, et qui, d'une main guidée par la colère, tracent sur le papier leurs petites utopies *roses*, ne cessent de lancer contre elle d'impuissantes invectives. A ceux-ci cependant, un prince, placé sur les marches du premier trône du monde, et que l'impitoyable mort a frappé dans la force de l'âge et du génie, donnait un grand exemple et une grande leçon quand il recommandait à son fils d'être « le serviteur exclusif et passionné de la Révolution française (1). »

Au moment où les principes que cette Révolution a posés sont battus en brèche par des hommes siégeant dans les conseils d'un gouvernement qui a reconnu et proclamé leur immortalité (2), il est bon qu'une voix de plus se joigne à celles qui ont déjà retenti pour protester hautement contre cette singulière interprétation qui consiste à prendre des principes de 89 tout ce qu'on peut accommoder à ses passions présentes, et à en répudier tout ce qui y est absolument contraire. Nous défions qu'on trouve, de bonne foi, ces principes ailleurs que dans la Déclaration des Droits et dans la Constitution de 1791 ; toutes les subtilités de palais ne sauraient faire prendre le change à l'opinion sur ce point.

La Révolution, il ne faut pas l'oublier, c'est notre date d'affranchissement ; c'est notre Genèse ; c'est l'Iliade des temps modernes, l'épopée par excellence. Jamais pareil spectacle ne s'était offert et ne s'offrira aux regards des hommes. Nous n'avons point à refaire ici le triste inventaire des scandales, des maux et des abus de toute sorte auxquels elle vint mettre un terme ; mais nous rappellerons brièvement les im-

---

(1) Testament du duc d'Orléans.
(2) Voyez les articles de M. Le Play, conseiller d'État, publiés dans le journal *la Patrie*.

menses bienfaits qui doivent lui concilier notre éternelle reconnaissance. A part quelques milliers d'individus déshérités des plus barbares et des plus monstrueux priviléges, quel est le Français qui ne soit son très-humble obligé, qui ne soit tenu, sous peine de la plus noire ingratitude, de s'incliner avec respect devant elle? Loin d'avoir été éversive des bases sur lesquelles repose logiquement la société moderne, elle les a consolidées en mettant la morale et la raison à la place des préjugés, le droit à la place du privilége, la justice à la place du bon plaisir, et, pour ne citer qu'un exemple entre mille, elle a été la légitimation, l'affirmation et la consécration la plus éclatante de la propriété qui, avant elle, n'avait eu trop souvent d'autre source que la spoliation et le brigandage.

A nous donc, littérateurs, qu'elle a affranchis de l'humiliante protection des grands, et à qui elle a rendu la fierté qui convient à la dignité des lettres! A nous, artisans, industriels et marchands, qu'elle a débarrassés des entraves des corporations, jurandes et maîtrises! A nous, cultivateurs, ouvriers de la terre, anciens serfs, taillables et corvéables à merci, qu'elle a délivrés de l'oppression héréditaire! A nous, vous tous enfin que de sujets elle a faits citoyens! et saluons-la ensemble d'un immense concert de bénédictions.

Elle a aboli, pour l'honneur de l'humanité, cette absurde et arbitraire division en classes distinctes par laquelles les hommes semblaient parqués comme des troupeaux d'origine et de qualités différentes; ce n'est donc pas sans quelque peine que, dans ces derniers temps, nous avons vu ressusciter ces expressions de peuple, de bourgeoisie, de noblesse, quand, depuis 89, le premier terme a virtuellement absorbé les deux autres. La Révolution, en détruisant jusqu'aux titres de noblesse, ne cédait pas au mince plaisir d'humilier une caste qui avait usé et abusé de tout, elle voulait fonder un peuple de citoyens, et son esprit ne périra point. Toute tentative de restauration nobiliaire échouera devant le bon sens public; et les distinctions héréditaires demeureront désormais incomprises dans une nation au sein de laquelle l'égalité a poussé de si profondes racines. J'honore le grand citoyen qui a rendu d'éclatants services au pays, non le titre exposé à tomber dans des mains indignes et qui peut être porté par un sot, un intrigant ou un fripon. Est-ce orgueil de plébéien qui nous fait parler de la sorte? Allons donc! l'envie est loin de notre cœur et plus élevées sont les tendances de notre esprit! Qu'un homme de génie paraisse, écrivain, soldat, savant, artiste, homme d'État, vite je m'inclinerai respectueusement devant lui, qu'il soit sorti de l'échoppe d'un cordonnier ou d'un hôtel blasonné, et ainsi je reste dans les principes de la Révolution.

Quant à ce qui était jadis la bourgeoisie, il ne faut pas oublier qu'entre elle et le prolétariat il n'y avait pas de distinction légale, et que celui-ci était la source vive où elle se retrempait incessamment. Ce n'est pas au nom de la bourgeoisie, qui, d'ailleurs, ne formait pas une classe, qu'ont stipulé ces grands bourgeois de 89 et de 93 ; ils se sentaient peuple, cœur, tête et bras, et ce fut au nom du peuple qu'ils écrivirent fièrement sur le drapeau de la Révolution française l'évangélique devise : Liberté, Égalité, Fraternité.

Qu'on cesse donc de représenter comme en dehors du peuple ceux qui, sortis de son sein, se sont élevés par le travail, par le talent, par l'économie, et aussi par les hasards de la fortune, au-dessus du prolétariat, c'est-à-dire, sont arrivés à fournir le salaire, au lieu de le recevoir. Les hommes de la Révolution n'ont pas entendu qu'on élevât de nouvelles barrières entre les citoyens, quand ils ont brisé de leurs mains puissantes le vieil édifice social vermoulu et injurieux ; respectons leur œuvre et contentons-nous de l'amener au degré de perfection compatible avec la faiblesse humaine. Ils ont voulu que tout fût accessible à tous ; en matière d'égalité, on n'ira pas plus loin que ces logiques et hardis novateurs. Lignes de démarcation insultantes, priviléges attachés au nom, à la personne ou au titre, titres même, tout cela, grâce à Dieu et à la Révolution, évanoui, disparu, englouti dans les profondeurs du passé : il n'y a plus, à cette heure, en France, qu'une immense démocratie ; quiconque aujourd'hui ne consent pas à en faire partie, se met en dehors de la grande famille française. Mais peu nombreuses sont les exceptions. Oui, sur cette noble terre de France, il est partout des cœurs animés encore d'un ardent amour de la liberté, de l'égalité et de tous ces glorieux principes de 89, fécondés de tant de larmes et de tant de sang. Parmi les descendants de ceux dont la caste a été détruite par le grand mouvement régénérateur du siècle dernier, beaucoup, disons-le à leur honneur, n'ont pas renié le désintéressement dont leurs aïeux ont donné l'exemple, dans une nuit à jamais fameuse; et, si, dans les classes affranchies, il est quelque part des hommes que l'âpre appétit du lâche égoïsme, ou le *far-niente* d'une tranquillité léthargique rendent indifférents aux conquêtes de nos pères, combien, dans l'atelier, dans la boutique, dans la ferme, dans la caserne, se font gloire encore d'être « les serviteurs exclusifs et passionnés de la Révolution française ! »

Un publiciste célèbre, qui, de concession en concession, en est arrivé à penser qu'il n'y a pas de meilleur moyen pour répandre le progrès dans les masses et améliorer la condition sociale des hommes, qu'une main de fer, appuyée sur des canons et des baïonnettes, répudiait dernièrement la Révolution et prétendait lui substituer la civilisation. Mais il confondait ainsi deux termes dont l'un n'est que le corollaire de l'autre : la Révolution n'est pas un but, mais un moyen; tandis que la civilisation n'est que le but suprême que doivent sans cesse poursuivre les générations humaines.

Eh bien, la Révolution française a plus fait en quatre ans, pour la civilisation et le bonheur de l'humanité, qu'en quatorze siècles cette interminable monarchie, essayant toujours d'enrayer dans sa marche lente la civilisation, qui s'avançait d'un pied boiteux à travers les misères, les larmes et les gémissements des peuples. Ah! certes, dans ces heures de douloureux enfantement, il y eut de terribles et sanglantes convulsions, dont, Dieu merci, nous n'aurons plus à être témoins! Mais les calamités ont passé comme un orage, et les principes sont restés debout, malgré les attaques passionnées dont ils ont été l'objet depuis soixante-cinq ans, pareils à ce dieu de la fable qui, insulté par des sauvages et poursuivant sa marche rayonnante,

> Versait des torrents de lumière
> Sur ses obscurs blasphémateurs.

Qui ne sait, d'ailleurs, combien, dans ses commencements, la Révolution se montra douce et conciliante, appelant partout dans ses conseils, plaçant à la tête des administrations et de la garde nationale des hommes de l'ancien régime, comme pour les dédommager des priviléges qu'elle leur enlevait? Que si des sévérités inouïes et de regrettables excès ont contribué à répandre une ombre sanglante sur cette époque, la plus glorieuse de notre histoire, il faut surtout les attribuer aux résistances désespérées de la réaction, aux intrigues du parti royaliste, à la criminelle intervention de l'étranger, appelé par des traîtres, et non point en rejeter la responsabilité sur les grands citoyens qui, ayant juré de sauver la patrie, l'ont sauvée en effet.

Maintenant, en plaignant les victimes de tous les rangs et de tous les partis, en déplorant des fureurs souvent funestes, quelquefois fatalement nécessaires, en flétrissant enfin les barbaries de quelques enragés, à moitié fous, rappelons-nous aussi les atrocités commises par d'autres régimes, les souffrances séculaires du peuple; gardons la meilleure part de notre pitié et de nos larmes pour les patriotes emportés, eux aussi, par le tourbillon révolutionnaire, pour les grands citoyens victimes de leur dévouement à la cause de la justice, du bon sens et de l'humanité, et souvenons-nous de ce qu'avec tant de raison et en si beaux termes, disait notre illustre maître, Augustin Thierry, à propos de la Révolution d'Angleterre : « Infortunes royales! génie des fondateurs d'empire! voilà les mots qui ont encore le plus de prise sur notre pitié ou sur notre admiration. Que les malheurs d'un roi soient pour les rois plus touchants que ceux d'un autre homme; qu'aux yeux des courtisans de César, le génie de César, qui les engraissa dans le repos, soit le plus puissant des génies, cela se conçoit; mais nous, citoyens, fils de citoyens, quelle autre mesure pouvons-nous donner à notre intérêt ou à notre enthousiasme que la grandeur des infortunes et la moralité des actions? Les misères personnelles de Charles Stuart, que sont-elles devant les misères collectives du peuple anglais? Qu'est-ce que l'astuce de Cromwell devant la grande idée de la liberté? Le roi a péri; mais combien d'hommes ont péri pour l'autre cause! Les familles des patriotes ont payé cher une seule espérance. Le roi est mort; mais le peuple, qui ne pouvait mourir, fut obligé de contempler dans lui-même l'instrument de sa propre servitude : il vit les enseignes de la patrie foulées aux pieds par des traîtres, et le nom de la liberté inscrit par dérision sur les sabres de ses vainqueurs (1). »

L'ensemble de la Révolution est aujourd'hui suffisamment connu, pour ceux du moins qui ont pris la peine de lire les livres sérieux, appuyés sur des documents certains, que des écrivains consciencieux ont publiés, à quelque point de vue qu'ils se soient placés d'ailleurs. Mais, sur les principaux personnages de cette immense épopée, que d'erreurs, que de préjugés, que de criantes injustices sont encore répandus, et ont malheureusement trop de cours parmi des gens plus habitués à se former une opinion d'après des traditions menteuses que d'après une étude approfondie

---

(1) Voyez *Dix ans d'études historiques*, édit. Tessier, 1 vol. in-8º, p. 116.

des hommes et des choses ! La génération qui nous a précédés, à part un nombre trop restreint de personnes impartiales et convaincues, n'a guère étudié l'histoire de la Révolution que dans d'ignobles libelles et de calomnieuses compilations. Aussi les plus absurdes préjugés se sont-ils enracinés dans certains esprits, et, chaque jour, nous entendons les malédictions tomber de bouches qui ne devraient s'ouvrir que pour glorifier la Révolution et les hommes purs qui lui ont consacré leur génie, leurs vertus et leur sang. Demandez à cet honnête père de famille, qui, dans les choses ordinaires de la vie, n'affirmera jamais rien qui ne lui ait été rigoureusement démontré, où il a puisé les niaises et sanglantes calomnies dont il ne craint pas de se faire l'écho, au sujet des plus grands acteurs du drame révolutionnaire ; il vous répondra : « Je l'ai toujours entendu dire ; » et voilà pourtant sur quelle autorité beaucoup de nos concitoyens ont fondé leur jugement sur la Révolution française.

Je n'oublierai jamais, pour ma part, l'impression singulière que je ressentis lorsque, enfant encore, je lus, pour la première fois, l'*Histoire de la Révolution*, par M. Thiers. Avec quelle avidité je parcourus ces pages où l'enthousiasme remplaçait l'anathème ; la vérité, le mensonge ; et la justice, les plus criantes iniquités. Je n'avais cependant aucun parti pris ; mes premières opinions, si l'on peut compter pour quelque chose les opinions d'un enfant, étaient plutôt royalistes, et je me souviens encore du stoïcisme avec lequel je me laissais abîmer de coups, lorsque, dans les jeux brutaux du collége, des républicains de douze ans, après m'avoir terrassé, voulaient me forcer de crier : Vive la République ! Mais la lecture du livre de M. Thiers produisit en moi un changement complet : l'étude déchira le voile qui m'aveuglait. Comment, me disais-je, saisi d'admiration, voilà les hommes à qui l'on ne cesse de jeter la pierre ? Je me fis, par la pensée, acteur du grand drame dont une main savante déroulait les tableaux à mes yeux ; j'appris par cœur les discours des orateurs de la Constituante et de la Convention, auprès desquels me paraissaient bien pâles et bien monotones les plus brillants génies de l'antiquité. Les fureurs de l'époque, le sang versé, les injustices ne furent plus une énigme pour moi ; je commençai de m'expliquer comment l'emportement des passions humaines peut souiller les plus belles choses ; mais tout s'effaça dans mon esprit devant la grandeur du but et l'immensité des résultats, et dès lors je vouai une reconnaissance profonde à l'homme qui remettait ainsi en honneur des noms que j'avais si souvent entendu maudire.

Certes, depuis le jour où M. Thiers a élevé à la Révolution ce magnifique monument, bien des documents nouveaux se sont produits qui ont servi à éclairer d'une vive lumière une foule de points restés douteux ; bien des erreurs ont été relevées ; bien des réparations ont été faites, et, grâce aux travaux des plus éminents historiens, tout Français peut se rendre compte aujourd'hui, à peu près complétement, de ce qu'a été notre Révolution ; mais une histoire générale, embrassant l'ensemble des vastes choses accomplies en quelques années, ne pouvait donner qu'une idée encore imparfaite sur chacun des rudes jouteurs de cette lutte si acharnée et si glorieuse, et, avec la meilleure volonté du monde, l'écrivain le plus impartial n'a pu, dans de telles conditions, tout voir, tout réfuter, tout dire et tout mettre en relief. Il y a donc désormais un puissant intérêt à procéder par monographies, parce que, avec un cadre plus large, il y aura moyen de s'étendre beaucoup plus sur chaque individualité et de mieux faire ressortir et apprécier telle ou telle figure qu'on ne connaît encore que par des portraits de fantaisie. Prendre donc pour l'objet de la plus consciencieuse étude un des acteurs intègres et purs de cette époque; dégager sa personnalité de tout ce qui s'est produit autour de lui ; ne puiser les renseignements qu'à des sources honorables, authentiques et officielles; ne rien admettre qui ne soit rigoureusement démontré; indiquer nettement la part d'influence de cet homme sur les événements de son temps; ne rien dissimuler de ses actes ou de ses paroles; mais aussi réfuter, à l'aide des preuves les plus certaines, les odieux mensonges répandus sur sa mémoire; flétrir de toute la sévérité d'une conscience indignée les calomnies, la plupart du temps niaises et invraisemblables, dont il a été l'objet; dévoiler les calomniateurs, l'intérêt qu'ils ont eu et l'impureté des sources où ils ont puisé, c'est rendre un signalé service à la cause de la Révolution française et à l'histoire, et ce service, nous le leur avons rendu en écrivant, d'une plume sincère, la vie d'un des plus illustres membres du Comité du Salut public.

Si, d'ailleurs, il y eut jamais un moment favorable à l'étude de l'histoire, c'est, à coup sûr, celui où nous vivons présentement; profitons donc des loisirs que nous font la tribune et la presse, ces deux grandes voix si retentissantes jadis et à peu près muettes aujourd'hui. Ceux qui pensent qu'un peuple doit être pour quelque chose dans la direction de ses destinées, et que ses affaires doivent être débattues et discutées au grand jour, au soleil de la publicité, n'ont qu'à déserter cette vallée de silence et à se faire, par la pensée, citoyens de la formidable époque où, suivant l'expression du général Foy, la France « accomplit son colossal effort. » En s'identifiant aux hommes et aux choses, ils comprendront bien des faits jusqu'alors restés inintelligibles pour eux; ils comprendront, par la résistance et les trahisons des uns, les emportements et les sévérités des autres; ils comprendront comment, dans la crise la plus violente à laquelle une nation ait été en proie, l'Assemblée des représentants du peuple a pu, pour le salut commun, suspendre momentanément l'exécution d'une Constitution dans laquelle la liberté et la tolérance étaient poussées aux extrêmes limites, et qui, en permettant une excessive licence aux ennemis du dedans, d'intelligence avec ceux du dehors, eût été de nature à compromettre les moyen de défense ; ils connaîtront enfin la vérité sur des hommes que les plus odieux mensonges et les plus infâmes calomnies ont jusqu'ici défigurés à leurs yeux, et ils verront quel désintéressement, quel amour de la patrie, de la justice et de l'humanité animait la plupart de ces héroïques conventionnels.

Quant à l'écrivain qui s'imposera la tâche d'écrire sincèrement la vie d'un de ces grands acteurs, il ne devra jamais perdre de vue que tous les hommes de la Révolution qu'a dirigés un patriotisme sans arrière-pensée, ont un droit égal à son respect. Son affection et son penchant pour les uns ne devront diminuer en rien l'équité qu'il doit aux autres. S'il considère comme un devoir de se montrer sévère envers ceux qui n'ont vu dans la Révolution qu'un moyen de satisfaire des passions perverses, une ambition sordide, et qui ont élevé leur fortune sur les ruines de la liberté, il bénira, sans réserve, tous ceux qui, par conviction, se sont dévoués à la Révolution, qu'ils s'appellent, d'ailleurs, Mirabeau ou Danton, Robespierre ou Camille Desmoulins, Carnot ou Saint-Just, Romme ou Couthon, le Bas ou Merlin (de Thionville), Vergniaud ou Cambon ; il se rappellera que la plupart ont scellé de leur sang la fidélité à des principes qui eussent assuré dans l'avenir la grandeur et la liberté de la France et qu'il n'a pas tenu à eux de faire triompher ; il réconciliera devant l'histoire ceux que de déplorables malentendus ont divisés, mais qui tous ont voulu rendre la patrie heureuse, libre et prospère ; son œuvre enfin devra être une œuvre de conciliation générale, parce que là est la justice, là est la vérité, là est le salut de la démocratie.

Janvier 1859.

HISTOIRE
DE
SAINT-JUST

LIVRE PREMIER

CHAPITRE I

Préliminaires. — La famille de Saint-Just. — Son établissement à Blérancourt. — Premières années. — Madame de Saint-Just. — Le collége des oratoriens à Soissons. — La mémoire de Saint-Just. — Malheur aux vaincus! — Caractère de Saint-Just. — Le poëme d'*Organt*. — Les historiens de Saint-Just. — Préface du poëme d'*Organt*.

J'entreprends d'écrire l'histoire d'un homme qui, jeté à vingt-cinq ans sur la scène de la Révolution, s'est fait, en quelques mois, par la rigueur de ses principes, l'inflexibilité de son caractère, l'austérité de sa vie, son courage à toute épreuve et la dignité de sa mort, une réputation immense, diversement appréciée encore, mais qui grandira et qui s'épurera dans l'avenir.

Il serait souverainement injuste de juger les acteurs de nos grands drames populaires comme nous pouvons juger les hommes d'État qui, ayant pris part aux affaires publiques dans les temps de concorde et de tranquillité, doivent à la postérité un compte plus sévère de leurs paroles et de leurs actions. Avant de condamner absolument les premiers, il faut se rappeler avec quelles difficultés ils ont été aux prises, à quels périls ils ont été exposés, contre quels ennemis ils ont eu à lutter; et si, dans l'ardeur de la bataille, quelques-uns ont dépassé le but; si, croyant assurer une victoire définitive. ils se sont laissé entraîner à une violence quelquefois regrettable, souvenons-nous qu'en cela ils sont encore en reste avec leurs adversaires, ne craignons pas enfin d'honorer la mémoire de ceux qui n'ont été guidés que par une entière bonne foi, par un profond amour de la patrie, par un désintéressement sans égal, et qui sont tombés victimes de leur dévouement à leurs principes.

De tous ces jeunes hommes que la Révolution fit sortir de la foule et mit à sa tête, comme pour lui tracer sa voie, Louis-Antoine de Saint-Just fut certainement un des plus remarquables à tous les titres. Né le 25 août 1767, à Décize, petite ville du Nivernais, rude pays qui a produit plus d'un homme de forte trempe, il était issu d'une ancienne famille plébéienne et non noble, comme certains biographes l'ont avancé par erreur, sur la foi sans doute de quelques mauvaises plaisanteries de Camille Desmoulins et de Louvet (1).

---

(1) La particule n'a jamais impliqué la noblesse, non plus que le nom d'une terre ajouté à un nom patronymique. Une foule de gens dont le nom est précédé de la particule *de* ou *du* n'ont aucun titre ni aucune prétention à la noblesse, tandis que nombre de familles de la plus haute no-

Son père, vieux soldat, avait longtemps végété dans les grades inférieurs, et avait été décoré de la croix de Saint-Louis, distinction qui n'était accordée qu'en récompense d'une importante action d'éclat ou qu'après vingt-huit ans de service comme officier, mais qui ne conférait pas la noblesse. Mécontent d'une profession où les nobles seuls avaient quelque chance d'avancement et de fortune, il avait pris sa retraite, en se promettant bien de ne pas inspirer à son fils le goût d'une carrière dans laquelle il avait vécu obscurément et sans profit. Il ne se doutait guère alors qu'on n'était pas éloigné du jour où allait cesser cette injurieuse inégalité, et que bientôt, des profondeurs de ce peuple si longtemps méprisé, devait sortir une nuée de glorieux généraux, destinés à promener par toute l'Europe le drapeau de la France régénérée.

Après avoir réalisé quelques économies, il avait quitté le Nivernais et était venu s'établir dans les environs de

blesse, comme les Molé, les Séguier, etc , ont un nom sans particule.

Les biographes ont fait naître Saint-Just les uns en 1768 les autres en 1769 ; pour les mettre d'accord, nous croyons devoir reproduire ici son extrait de naissance :

« Extrait du registre des actes de baptême de la paroisse de Décize pour l'année 1767.

» Le vingt-cinquième août mil sept cent soixante-sept, a été baptisé Louis-Antoine, né aujourd'hui, fils légitime de messire Louis-Jean de Saint-Just de Richebourg, chevalier de l'ordre royal et militaire de Saint-Louis, capitaine de cavalerie, ancien maréchal des logis de gendarmerie, compagnie d'ordonnance de monseigneur le duc de Berry, et de dame Jeanne-Marie Robinot. Son parrain a été Me Jeanne-Antoine Robinot. curé de Verneuil, et sa marraine dame Françoise Ravard, qui ont signé avec nous. »

Le registre est signé : Saint-Just de Richebourg ; Robinot, curé de Verneuil ; fme Ravard; Renault, maréchal des logis des gendarmes d'Orléans, et Robinot.

Noyon. Vers l'année 1773, il se fixa à Blérancourt, où il acheta quelques biens et vécut simplement de son modeste revenu, joint à ses pensions de retraite et de chevalier de Saint-Louis. On voit encore, dans une rue étroite, sa petite maison, derrière laquelle se trouve un jardin plein d'ombre, où, chaque jour il se promenait en surveillant les jeux de ses enfants. La Providence ne lui permit pas d'être témoin du grand mouvement révolutionnaire auquel il se serait certainement associé ; il mourut en 1777, laissant une femme jeune encore, deux filles en bas âge et Louis-Antoine de Saint-Just, âgé alors de dix ans.

Madame de Saint-Just, charmante et charitable personne, qui survécut de quelques années à son fils, était d'une nature triste et comme résignée ; c'est d'elle que Saint-Just tenait cette mélancolie un peu maladive qui se reflétait sur son visage, et cette aménité de manières dont il ne départit jamais, en dehors de ses emportements politiques et de sa fougue révolutionnaire. Elle aimait d'un amour excessif ce fils prédestiné, qui, jusqu'au dernier jour, lui rendit en adoration filiale sa tendresse maternelle. Ce fut donc avec une profonde douleur qu'elle se sépara de lui pour le mettre, à Soissons, au collége de Saint-Nicolas, dirigé par les oratoriens. Cette instruction de collége, faite à coups de pensums par des maîtres souvent indifférents, cette éducation en commun, si incomplète et si funeste parfois, convenaient peu au jeune Saint-Just, dont le caractère avait besoin d'égards et de prévenances. Aussi prit-il en haine ces murs sombres et tristes, cet enseignement incertain et ces agrégations de prêtres, contre lesquelles il tonnera un jour.

Nous ferons grâce au lecteur de quelques anecdotes

plus ou moins apocryphes, racontées sur Saint-Just pendant son séjour au collége de Soissons, par un écrivain de nos jours, qui a pieusement saisi l'occasion de jeter le plus de défaveur possible sur la mémoire de l'homme dont il a cru écrire l'histoire. Dans un intérêt de réaction fougueuse, cet écrivain a parsemé son récit de petites historiettes dont la naïveté doit faire sourire de pitié le lecteur sérieux. Tantôt c'est un honorable vieillard, condisciple de Saint-Just chez les oratoriens, qui lui a dépeint le caractère sombre et emporté de son camarade de classe. Malheur à quiconque eût osé troubler, dans ses méditations solitaires, le futur membre du Comité de Salut public! Voyez-vous cet écolier de douze ans qu'on ne pouvait approcher sans danger quand, loin du tumulte des jeux, il se promenait rêvant, non pas au renversement de la monarchie, qui paraissait bien solide encore, mais sans doute à sa mère absente et à ses sœurs, dont il aimait tant la douce société!

Il était donc bien timide au collége, l'honorable vieillard de qui M. Édouard Fleury tient ces graves renseignements (1)!

Tantôt c'est une vieille femme de Blérancourt qu'il a longuement interrogée, et que Saint-Just, enfant et prophète, avait effrayée d'une terrible façon en lui prédisant tous les bouleversements à venir.

Nous savons ce que valent ces appréciations de condisciples jaloux et haineux quelquefois, ces contes de vieilles femmes, dont la mémoire incertaine peut être complaisante, et avec qui l'on cause *habilement* sur des événements accomplis depuis soixante années, événe-

---

(1) M. Édouard Fleury, *Saint-Just et la Terreur*, 2 vol. in-18, 1852.

ments dont, la plupart du temps, elles n'ont pu apprécier ni la portée ni la valeur.

A coup sûr, les détails sur l'enfance et la première jeunesse des hommes qui ont marqué dans l'histoire sont d'un grand intérêt; mais encore faut-il qu'ils découlent d'une source certaine; car, pour la satisfaction d'une opinion, imaginer quelques petites anecdotes à effet ou se faire l'écho de commérages suspects, c'est toujours en imposer à l'histoire, c'est quelquefois commettre une mauvaise action. Nous aussi, à Blérancourt et à Chauny, où nous rattachent des relations de famille, nous avons essayé de recueillir des renseignements exacts sur la vie intime de Saint-Just dans ses premières années; aucun de ceux qui nous ont été transmis ne nous a paru assez bien établi pour être digne de la publicité. Au reste, la commune de Blérancourt a été, depuis longtemps déjà exploitée au profit de la réaction, dont les écrivains ont habillé, à leur manière, les faits insignifiants qu'ils sont parvenus à recueillir. Aussi, jusqu'en 1848, la mémoire de Saint-Just ne fut guère en vénération parmi ses compatriotes, et sa famille elle-même osait à peine avouer sa parenté avec un *scélérat* qui avait eu l'idée de dépouiller ses héritiers en faisant hommage de son patrimoine à la République. La mémoire de Calvin avait eu le même sort à Noyon il y a, quelques cents ans.

A la chute du gouvernement de Juillet, on se souvint, dans Blérancourt, qu'on avait quelques titres à la protection des républicains, et l'on essaya de les produire; mais les événements ultérieurs étouffèrent bientôt ces velléités de zèle, et, grâce aux odieuses calomnies répandues sur la mémoire de Saint-Just, son nom, si puissant jadis dans cette froide contrée, y est redevenu comme un épouvantail. C'est le cas de répéter le mot du Gaulois : Malheur aux vaincus ! Réussissez, vous êtes un dieu ; succombez, vous êtes un monstre.

Dans le cours de cette histoire, au fur et à mesure des événements, nous réfuterons sévèrement et nous flétrirons de toute notre indignation d'honnête homme les calomnies éditées, plus ou moins récemment, sur le compte de Saint-Just. Chacun peut blâmer ses actes ou ses paroles, personne n'a le droit de travestir sa conduite par des imputations sciemment erronées.

Ce que nous pouvons dire de ses premières études, c'est qu'elles furent sérieuses et solides. Écolier laborieux, quoique impatient de ce joug du collége, il fut un élève remarquable, et, comme il le prouva plus tard, il acquit très-jeune une forte somme de connaissances sur toutes les matières. Platon, Montesquieu et Rousseau étaient ses auteurs favoris, et le souvenir de ses lectures est resté profondément gravé dans ses écrits et dans ses discours. Il devança la Révolution par ses idées ; il avait l'instinct de la liberté, et les odieuses inégalités sociales qui désolaient la France le blessaient justement, comme tous les hommes qui avaient en eux la conscience de la dignité humaine. Initié de bonne heure à toutes les questions politiques, économiques et sociales, possédant un esprit apte aux plus hautes conceptions, haïssant le despotisne et la noblesse dans ce qu'ils avaient d'avilissant et d'intolérable pour le reste de la nation, doué d'un coup d'œil sûr et prompt, d'une énergie et d'une volonté inflexibles, d'une rare intrépidité, il était prêt quand la Révolution éclata.

En sortant du collége de Soissons, il fut envoyé à Reims pour y étudier le droit ; mais il n'acheva pas ses études et revint bientôt dans son village, où il se livra tout entier à la littérature, vers laquelle l'entraînait une irrésistible vocation. C'est à cette époque qu'il composa son poëme d'*Organt*, œuvre d'écolier, sans importance, mais à laquelle des écrivains haineux ont essayé de donner des proportions démesurées.

Cet ouvrage parut à la fin de 1789, sans nom d'auteur, et produisit quelque sensation, s'il faut en croire Barère (1). Il fut annoncé en ces termes par Camille Desmoulins, dans son nº 6 des *Révolutions de France et de Brabant* : « ORGANT, poëme en vingt chants, avec cette épigraphe : « *Vous, jeune homme, au bon sens avez-vous dit adieu ?...* » Dans tous les cas, il était parfaitement oublié quand il reparut trois ans après, sous ce nouveau titre : « *Mes passe-temps ou le nouvel Organt*, par un député à la Convention nationale. » Cette sorte de résurrection eut lieu sans la participation de Saint-Just ; elle fut l'œuvre de quelque spéculation anonyme, qui accapara toute l'édition restée enfouie dans le magasin du libraire, espérant sans doute vendre, à l'aide d'un titre plus piquant, un grand nombre d'exemplaires de ce poëme et réaliser de gros bénéfices. En comparant l'exemplaire que je possède, et qui porte le millésime de 1789, à celui de la Bibliothèque impériale, dont le millésime est de 1792, j'ai pu me convaincre qu'il n'y a eu qu'une édition de ce livre, celle de 1789 ; le titre seul fut changé en 1792, mais l'ouvrage ne fut pas réimprimé, comme on semble le croire généralement.

Au reste, Saint-Just ne se préoccupa jamais beaucoup de son poëme ; il n'en est question dans aucune de ses lettres de famille, et MM. Édouard Fleury et Cuvillier-Fleury, en écrivant que Camille Desmoulins paya de sa

---

(1) Voyez les *Mémoires de Barère*, t. IV, p. 406.

vie le crime d'avoir remarqué ironiquement que le *Petit Almanach des Grands Hommes*, publié par Rivarol, ne fait même pas mention du livre de Saint-Just, ont avancé une odieuse calomnie. Nous dirons plus tard quelle part Saint-Just prit à la condamnation de l'auteur du *Vieux Cordelier*, et nous prouverons tout à l'heure que, bien avant la publication de la brochure où se trouve l'épigramme de Camille Desmoulins contre Saint-Just, celui-ci professait une sorte de mépris pour cet enfant terrible de la Révolution, qui porta de si rudes coups à la République, en cherchant à couvrir de ridicule ses plus purs et ses plus ardents défenseurs.

M. Éd. Fleury a minutieusement disséqué ce poëme d'*Organt* et a cité avec soin tous les passages qui lui ont paru de nature à donner quelque poids aux puériles accusations qu'il a portées contre Saint-Just. Nous ne le suivrons pas dans sa laborieuse analyse ; il serait cependant bien facile de le réfuter victorieusement dans les inductions qu'il en a tirées, mais nous craindrions de fatiguer le lecteur par une dissertation inutile ; ce n'est pas, d'ailleurs, dans cette œuvre d'écolier que nous devons chercher Saint-Just. L'*Organt*, inspiré peut-être par le souvenir de *la Pucelle*, est surtout une œuvre satirique ; mais, à part quatre ou cinq passages d'une violente crudité, ce n'est pas un ouvrage libertin. Pourquoi donc crier si vite au scandale ? Qui donc songe à incriminer Montesquieu pour avoir écrit les *Lettres Persanes* ou *le Temple de Gnide* ? Et si nous remontons plus haut, si nous fouillons dans les ouvrages de poëtes chéris et souvent lus par vous, M. Cuvillier-Fleury, ne trouverons-nous pas dans Horace, dans Tibulle, et même dans Virgile, quelques petits passages dont la pudeur s'effaroucherait à bon droit ? Ces grands poëtes, il est vrai, n'ont guère songé à ressusciter la pauvre république romaine couchée dans son cercueil, et tout leur souci était de s'attirer la bienveillance d'Auguste. Mais de quelle manière se traduirait donc votre dégoût, si, dans la maturité de l'âge, quand les débauches de l'esprit ne sont plus pardonnables, Saint-Just avait, par aventure, composé quelques-unes de ces chansons obscènes que chantent, après boire, les femmes de bonne volonté, et dont notre littérature est redevable à la verve égrillarde d'un académicien qui fut de vos amis ? Avouez que l'*Organt* est bien pâle auprès de ces œuvres de haut goût.

Saint-Just a fait précéder son poëme d'une préface qui n'a qu'une ligne : « J'ai vingt ans ; j'ai mal fait, je pourrai faire mieux. » Vous croyez peut-être, lecteur, dans votre candide simplicité, que cette courte phrase est une phrase bien modeste ; vous y voyez, comme moi, peut-être, un acte de contrition de l'auteur, qui vous prie d'excuser ses fautes et vous témoigne l'espérance de mieux faire un jour ? Hélas ! vous et moi nous nous trompons étrangement. « Cette préface, s'écrie avec une emphase comique M. Ed. Fleury, *est orgueilleuse à stupéfier l'orgueil!* » Voilà, il faut l'avouer, une singulière appréciation. Oh ! soyez sérieux, serais-je tenté de dire à M. Fleury ; ne voyez-vous pas que vous lancez là le *telum imbelle sine ictu?* Voilà pourtant de quelle force sont les traits décochés contre Saint-Just par ce véridique biographe ; mais ce qui n'est ici qu'une naïveté pardonnable prendra bientôt les proportions des plus sanglantes calomnies ; c'est surtout pour répondre à ces dernières que nous avons pris la plume ; nous accomplirons notre tâche avec dignité, mais sans ménagements et sans faiblesse.

CHAPITRE II

*Examen rapide de l'*Organt*. — Citations; allusions satiriques. — État de la société française à l'époque où l'*Organt *fut publié. — Marie-Antoinette. — Rambouillet et Trianon. — Affaire du Collier. — Impression sur la province. — Un mot de Saint-Just au club des Jacobins.*

Dans l'étrange poëme d'*Organt*, au milieu de descriptions fastidieuses, d'allégories à la façon de l'Arioste, de fades lieux communs et de passages obscurs, il y a çà et là des éclairs; de temps en temps on sent tressaillir l'âme d'un poëte qui débute, mais qui, en des jours plus calmes et sous un ciel moins orageux, eût pu devenir un grand poëte.

Quelques citations, prises au hasard, donneront une idée de la manière de l'auteur. Le fond du poëme est la guerre de Charlemagne contre les Saxons, commandés par Vitikin :

> Il prit envie, un jour, à Charlemagne
> De baptiser les Saxons mécréants.

Intervention des saints et du diable, moines débauchés, soldats pillards, miracles, vierges éperdues, forêts mystérieuses, enlèvements, combats singuliers, rien n'y manque.

Sornit, amant d'Adeline et chevauchant avec elle, rencontre un guerrier tout bardé de fer et lui crie :

>   Arrêtez,
> Chevalier preux, si n'êtes pour la France.
> — Je suis pour moi, dit l'autre avec fierté,
> Et sur-le-champ remets à ma puissance
> Ce palefroi, cette jeune beauté,
> Si n'aimes mieux mourir pour leur défense.
> — Vain chevalier, la perdrai, s'il le faut,
> Dit le Picard, mais périrai plutôt.
> Et tout à coup leurs yeux bleus s'arrondissent
> Et l'un sur l'autre ils fondent tous les deux.
> . . . .
> Plein de fureur, l'un et l'autre guerrier
> En cent détours et de taille et de pointe
> Multipliaient le volatil acier.
> Partout la force à l'adresse était jointe.
> Tantôt le fer étendu mollement
> Du fer rival suivait le mouvement,
> Puis tout à coup leur fougue redoublée
> D'un bras soudain allongé, raccourci,
> Cherche passage au sein de l'ennemi
> Et fait frémir la forêt ébranlée.

Sornit, plus brave qu'heureux, succombe dans la lutte,

et Adeline est enfermée dans un château, où elle se lamente en ces termes :

> C'est donc ici que le ciel rigoureux
> Fixe à jamais mon destin amoureux !
> Que deviendrai-je en ces déserts sauvages?
> J'entends la mer se briser sur ces plages,
> Tout est brûlé des feux ardents du jour,
> Ainsi mon cœur est brûlé par l'amour.
> O mon amant, quel effroyable espace
> En ce moment te sépare de moi !
> Que dis-je, hélas ! mon cœur est près de toi,
> Le tien peut-être a volé sur ma trace !

Ces vieux châteaux forts, dont il reste aujourd'hui si peu de traces, mais que, pour le plus grand dommage des pauvres habitants des campagnes, on rencontrait à chaque pas dans la France du moyen âge, semblent faire impression sur Saint-Just. Il y revient souvent :

> Ce pont-levis, sur son axe rouillé,
> Rappelle au cœur les pas qui l'ont foulé.
> Dans les langueurs d'une amoureuse absence
> Quelque beauté, du haut de cette tour,
> Chercha des yeux l'objet de son amour ;
> Cette terrasse a vu rompre la lance ;
> Il gît peut-être en ces débris moussus
> Quelques beautés qui ne souriront plus.
> Cette déserte et tranquille tourelle
> Vit soupirer un amant et sa belle,
> Elle entendit leurs baisers, leurs soupirs...
> Las ! où sont-ils ces moments, ces plaisirs ?

Je remarque une description de la Folie faisant son tour de France :

> Elle parcourt les rivages gaulois,
> Bords fortunés et soumis à ses lois.
> Là de tout temps elle fut adorée,
> Comme Phœbus à Delphes autrefois,
> Et le soleil, de la voûte éthérée,
> N'éclaire pas, dans ce fol univers,
> A son amour des rivages plus chers.

Il y a quelques réminiscences du *Paradis perdu* de Milton. Dieu me garde de comparer un essai d'écolier à cette œuvre gigantesque du poëte anglais ; on sent pourtant que Saint-Just a dû s'en inspirer quelquefois. Au moment de dépeindre le combat de l'ange et du démon, il s'écrie :

> O Dieu de paix, vous le permîtes donc !

Satanias, en bon général d'armée, harangue de la façon suivante sa légion de diables :

> Fiers ennemis de Dieu,
> Voici le ciel, autrefois votre place ;
> De mon forfait je n'ai point de remord,
> Par un nouveau couronnons notre audace,
> Et vengeons-nous de l'injure du sort.
> Il l'a voulu ; par un coup de tonnerre
> Précipité du séjour de lumière,
> Le noir Ténare, en ses flancs odieux,
> Servit d'asile à l'élite des dieux.

> J'ai tout perdu, ma dignité suprême,
> Mon sceptre d'or et ce trône immortel
> Qui dominait les puissances du ciel ;
> Mais, malgré tout, je suis encor moi-même,
> Indépendant des arrêts du destin :
> J'étais un dieu, je le serai sans fin ;
> Et les sillons de la foudre éclatante,
> Et les tourments de la Gehenne ardente
> Ne peuvent point arracher à mon cœur
> Ni repentir, ni l'aveu d'un vainqueur.
> Je fus jadis, dans l'Olympe céleste,
> Le dieu du bien ; le mal et la fierté
> Sont mon essence et ma divinité.
> J'ai tout perdu, mon courage me reste
> Pour triompher ici de mes rivaux
> Ou pour braver des supplices nouveaux.

Plus loin, sa verve railleuse s'exhale contre les trafics scandaleux de l'Église, qu'à une autre époque avait flétris la grande voix prophétique de Luther :

> Icelle mit à l'Olympe un portier,
> Lequel portier sa peine fit payer.
> Il repoussa durement de l'entrée
> Toute vertu qui n'était pas dorée.
> On acheta, on vendit les miracles,
> Et l'avarice inspira des oracles.
> Le dieu d'amour, le dieu de pauvreté
> Au poids de l'or vendit la charité.
> Il s'enrichit, et la chèvre Amalthée
> Vint habiter l'étable de Judée.

On sent dans les veines de sa muse un peu de ce vieux

sel gaulois qui pétille dans les ouvrages de Rabelais et de Regnier. Après la description d'un orage, suit cette comparaison :

> Telle, en hiver, après ces nuits palpables
> Où d'Éolus les sifflets importuns
> Semblent vouloir éveiller les défunts,
> Un dévote, en conjurant les diables,
> Quitte son lit où les fils de Vénus
> Nichaient jadis à côté des agnus,
> Puis, endossant sa maternelle cape,
> Au premier bruit des cloches dans les airs,
> Vole à l'église avec son chien qui jappe
> Et son missel qu'elle tient à l'envers.
> Elle aperçoit débris de cheminées,
> Par Boréas à moitié ruinées,
> Débris de saint dans sa niche ébranlé,
> Débris de toits où le vent a sifflé.
> Un pauvre hère a couché dans la rue ;
> La vieille prie et n'en est pas émue,
> Et cependant d'indécents aquilons,
> En folâtrant dans les saints cotillons,
> Laissent lorgner au plaisant qui chemine
> D'autres débris sur lesquels il badine.

Dans un voyage à Paris, Organt visite les théâtres, les promenades, le Palais, l'Académie, et il en fait une revue critique. Il décrit longuement le Palais-Royal, qui, à cette époque, était un assez mauvais lieu. Le trait suivant est décoché à l'Académie, que, du reste, plusieurs de ses membres n'ont eu garde d'épargner avant d'en faire partie :

> Figurez-vous les quarante assemblés.
> Au milieu d'eux paraissait la Science,
> Cent fois plus sotte encor que l'Ignorance.

Organt se rend ensuite au Palais, et la plaidoirie de quelque avocat braillard lui inspire cette boutade :

> Il s'agissait d'un cas très-important.
> Si l'on en croit des chroniques certaines,
> C'était, messieurs, pour un licou volé
> Que l'on avait tant et si bien hurlé ;
> Or, vous saurez que depuis six semaines
> On ne parlait, grand, petit, sage et fou,
> Que du licou, du licou, du licou.
> On en parlait à la table du prince,
> Dans les boudoirs de toute la province,
> Et ce licou fit lui seul plus d'éclat
> Que n'auraient fait mille crimes d'État ;
> Sur ce licou l'on fit un nouveau code,
> Et les licous devinrent à la mode.

Au reste, en frappant le côté ridicule d'une profession à laquelle je me fais gloire d'appartenir, Saint-Just n'avait pas la pensée d'injurier les membres du barreau dont un grand nombre étaient de ses amis, pas plus que Racine n'avait eu l'idée d'insulter les avocats de son temps quand il écrivit son immortelle comédie des *Plaideurs*. Saint-Just, après avoir fustigé tous les ridicules de l'époque, stigmatise les mauvaises passions, causes des malheurs du monde :

> Jaloux de voir son œuvre trop parfait,
> Dieu sur la terre envoya l'Intérêt ;

L'enfer ouvrit son gouffre épouvantable
Et nous vomit ce monstre impitoyable.
Dans ces beaux jours, écoulés à jamais,
Et dont nos cœurs conservent la chimère,
Jours fortunés de candeur et de paix
Où Dieu sans doute habitait sur la terre,
L'indépendance avec l'égalité
Gouvernaient l'homme, enfant de la nature,
Et destiné par son essence pure
A la vertu comme à la liberté.
L'autorité de criminelles lois
De ses penchants n'étouffait point la voix,
Les cœurs égaux, d'un accord unanime,
Brûlaient sans honte et se damnaient sans crime.
Mais dans le monde arrive l'Intérêt;
L'égalité tout à coup disparaît,
L'ambition dresse sa tête immonde,
L'amour en pleurs abandonne le monde,
La tyrannie invente les serments,
Le désespoir égare les amants,
L'or fait des lois et l'intérêt amène
Le déshonneur, les forfaits et la haine.
Ah! fallait-il, ô ciel, dans ta rigueur,
Captiver l'homme et lui donner un cœur!

Et plus loin :

L'orgueil humain de son haleine impure
De la raison détournant le flambeau,
Par les erreurs d'une aimable imposture
Promène l'homme et l'amène au tombeau.

Il fait aussi l'éloge des vertus, dont l'une des plus belles, à ses yeux, est la discrétion :

> De tous les dons que le destin avare
> A fait à l'homme, à mon sens, le plus rare
> Et moins brillant est la Discrétion.
> Cette inconnue arriva sur la terre
> Apparemment du séjour du tonnerre ;
> Elle amenait l'amitié, l'union,
> L'art de régner, l'art d'aimer, l'art de vivre.

On s'aperçoit, à la lecture de ce livre, qu'on est au siècle de l'Encyclopédie et de Diderot. Tous les préjugés, toutes les vieilles idées, cet édifice usé d'un monde assis depuis treize cents ans sur des bases incertaines, sont impitoyablement et avec raison raillés dans ce poëme ; la noblesse n'y est point oubliée :

> Les Paladins suivaient confusément ;
> Les uns montaient un point d'honneur ardent,
> D'autres un char attelé de l'envie,
> Chacun était perché sur sa folie ;
> Fortune faite en pays étrangers,
> Songes brillants enfumés de lauriers,
> Prestiges vains, caprices, héritages,
> Projets déçus, fidélité, bonheur,
> Honneur enduit de la crasse des âges,
> Protection, dettes de grand seigneur,
> La chimérique et brillante cohue
> Formait en l'air une profonde nue.

A propos de Charlemagne, Saint-Just écrit :

> Il oublia par mégarde, je croi,
> Qu'il était homme, et ne fut plus qu'un roi.

Ce n'était rien. Eh! qu'est-ce donc qu'un trône?
Ce n'est qu'un bloc où chacun peut s'asseoir.

L'esprit philosophique circule au milieu de tout cela et se répand en vers souvent heureux :

> Le cœur de l'homme est l'énigme du sphinx,
> Si l'on pouvait, avec les yeux du lynx,
> De ses replis éclairer la souplesse,
> L'œil étonné, de maints hauts faits vantés,
> Démêlerait les ressorts effrontés
> Dont un prestige a fardé la bassesse.

L'homme, ce grand orgueilleux, ce dieu déchu, est sévèrement traité :

> Il n'est, au plus, que la première bête
> De ce séjour dont il se dit le roi.
> Maître du monde, esclave de lui-même,
> Il creuse tout et ne sait ce qu'il est.
> Son cœur, pétri d'orgueil et d'intérêt,
> Craint ce qu'il hait, méprise ce qu'il aime ;
> Impudemment il appelle vertu
> Le crime sourd d'un sophisme vêtu.

Je ne voudrais pas fatiguer le lecteur par des citations trop nombreuses; il y a cependant quelques passages encore que je veux mettre sous ses yeux. Cette étude, d'ailleurs, ne manque pas d'un certain intérêt, et quelques vers, marqués au bon coin, me feront pardonner de m'y être arrêté plus longtemps peut-être que je ne l'aurais voulu. Lisez cette description du Temps :

> Père, vautour et tombeau de lui-même,
> Le Temps, un pied dans l'éternelle nuit,
> A chaque instant meurt et se reproduit.
> Sa longue faux, triste et cruel emblème,
> Par un des bouts offre un fer émoussé,
> Languissamment tourné vers le passé,
> Et l'autre bout frappe, renverse et foule
> De l'avenir le trône qui s'écroule.

Comme on le voit, l'auteur abandonne assez souvent Charlemagne et les Saxons. La cause d'un peuple qui lutte pour son indépendance lui inspire cependant une vive sympathie ; il aime ces martyrs de la liberté et ce noble chef qui tailla une si rude besogne au grand empereur d'Occident :

> Vaincus toujours et toujours invincibles,
> Chaque revers les rendait plus terribles ;
> Ils renaissaient de leurs propres débris,
> Et Vitikin, maître de leurs esprits,
> Aux noms sacrés de dieux et de patrie
> Les enflammait du mépris de la vie.
> Guerrier habile et guerrier malheureux,
> Ame et soutien de la cause commune,
> Il maîtrisa quelquefois la fortune,
> Et sa vertu lutta contre les dieux.

Parmi les glorieux soldats qui préfèrent la mort au joug des Francs, se trouve une jeune guerrière, belle et charmante, comme la Clorinde du Tasse. Victorieuse d'un chevalier ennemi, elle l'épargne et lui dit :

> Mon Dieu, plus grand sans doute que le tien,
> Me dit de plaindre et d'aimer le chrétien ;

> Jamais le sang dans ses temples ne fume ;
> Par la nature il a dicté sa loi :
> Elle nous dit que le bien est la foi,
> Que l'innocence et la pitié du sage
> Sont un encens plus pur que le carnage ;
> Et ce Dieu saint ne veut être adoré
> Que par un cœur où ce culte est sacré.

Saint-Just se complaît dans le récit des combats singuliers et des batailles sanglantes. Les luttes désespérées, les cris des mourants, les blasphèmes des vaincus, les chants joyeux des vainqueurs, tout cela est minutieusement décrit. On devine dans le poëte le futur conventionnel en mission, qui, à la tête des volontaires, s'élancera au travers des bataillons ennemis et décidera la victoire. Il met dans la bouche d'un officier de Charlemagne ces paroles, dont ses proclamations aux soldats républicains seront plus tard un écho :

> Le plus beau poste est celui du soldat
> Bravant la mort dans le feu du combat.
> Vous vous devez à l'honneur de la France,
> Chefs ou soldats, rien n'y fait ; mes enfants,
> Soyez Français, vous serez assez grands ;
> Sachez mourir, voilà la récompense.

Ne croirait-on pas qu'il songeait déjà à ses destinées futures lorsqu'il s'écriait :

> Le Rhin sanglant m'appelle sur ses bords.

Comme contraste à ces chants de guerre, à ces peintures de meurtres, il y a des vers d'amour d'une délicatesse exquise et qui révèlent un cœur plein de tendresse :

> Oh ! qu'un cœur tendre, au moment du retour,
> Sait bien payer les ennuis de l'absence !
> Récits divers, épanchements d'amour,
> Larmes, baisers, enfin tout ce qu'on pense.

Est-ce que ces quatre vers ne sont pas empreints de la plus douce et de la plus touchante mélancolie? Les paroles suivantes, d'un amant à sa maîtresse, n'ont pas moins de grâce :

> Mon éternelle mie,
> Mon univers et ma divinité,
> Toi seule au monde es la félicité,
> Mon cœur, ma vie expire sur ces rives ;
> Ah ! profitons des heures fugitives !

Et ce chœur de nymphes, n'a-t-il pas aussi quelque charme?

> Le vent se tut, les oiseaux préludèrent,
> Et ces accents dans les plaines volèrent :
> Qui que tu sois, aimable chevalier,
> Que le hasard conduit sur cette rive,
> Vois-tu le Temps ? sa course fugitive
> Nous avertit de jouir et d'aimer.
> Écoute bien : la vie est une rose
> Qu'épanouit et fane le zéphyr,
> Le char du Temps ne fait aucune pose
> Que celle-là qu'il fait pour le plaisir.

> Tout nous le dit : oui, la vie est un songe;
> Les yeux fermés, rêvons tranquillement;
> Par les erreurs le plaisir se prolonge
> Et le sommeil est moins indifférent.

Ne croirait-on pas que M. de Lamartine s'est inspiré de ces vers, en les embellissant et en leur imprimant le cachet de son génie, lorsqu'il s'écrie, dans sa belle élégie du *Lac* :

> Aimons-nous, aimons-nous, de l'heure fugitive,
> Hâtons-nous, jouissons;
> L'homme n'a point de port, le temps n'a point de rive,
> Il coule et nous passons.

Ce poëme, avons-nous dit, est rempli d'allusions aux mœurs du temps. Tout le monde sait quel était l'état pitoyable de la France au moment où Louis XVI, qui avait hérité d'une position désespérée, ne sachant plus à qui se vouer, fut contraint de convoquer les États généraux. La vieille société tout entière chancelait sur ses bases, elle était comme ivre et ne croyait plus à rien. Les caisses de l'État étaient vides, les ministres, aux abois, s'ingéniaient en vain pour combler un déficit qui s'augmentait de jour en jour. Turgot, pour avoir proposé le seul remède possible, une économie rigoureuse et l'abolition du privilége en matière d'impôts, avait été renversé par les privilégiés. Necker n'avait pas trouvé d'autre expédient, et de Calonne, qui lui succéda, laissa le gouffre se creuser de plus en plus, tout en essayant de rassurer la reine, à qui il devait sa nomination. Au milieu de cette détresse générale, la cour présentait un curieux spectacle. Si la charité y était à l'ordre du jour, on s'y laissait entraîner par un amour effréné des plaisirs. Il semblait que cette royauté, ces courtisans, cette noblesse, eussent comme un pressentiment de la suppression prochaine de toutes ces joies dont ils avaient hâte d'user. La reine elle-même, par ses dépenses excessives et sa conduite souvent imprudente, donnait lieu aux plus tristes suppositions. On s'étonnait, peut-être à juste titre, de voir, tandis que la misère était au comble, tant d'argent sacrifié en pure perte dans les jardins de Rambouillet et de Trianon. Les fêtes multipliées, les promenades aux flambeaux dans les bosquets de Versailles, prêtaient à d'injurieuses conjectures, et d'infâmes libelles couvraient de boue la pauvre Marie-Antoinette. La scandaleuse affaire de ce collier acheté par l'imbécile cardinal de Rohan, n'était guère de nature à affaiblir les accusations dont la reine de France était poursuivie. Et puis la froide réserve de Marie-Antoinette à l'égard du roi, son mari, était de notoriété publique. On connaissait son opposition à tous les projets de réforme. Son boudoir était le refuge du parti du passé; on nommait ses préférés; et enfin ses courtisans, qui poussaient le pays à un abîme, contribuaient à entretenir, autour de la fille de Marie-Thérèse, une atmosphère de haine. Ces bruits répandus sur son compte étaient de pures calomnies, je veux le croire; la reine était la personne la plus innocente du monde, pourquoi ne pas le supposer? mais toutes ces clameurs, en s'éloignant de la cour, prenaient des proportions étranges; l'envie, la malignité les grossissaient, la bonne foi les acceptait telles quelles, et elles arrivaient ainsi à la province, toute frémissante et indignée encore des scandales du dernier règne. Quoi d'étonnant alors, quand nous voyons un biographe, qui a des prétentions au titre d'écrivain sérieux, accepter si légèrement et sur des on dit des faits dénués de toute espèce de preuve, quoi d'étonnant, dis-je, qu'un jeune homme de dix-neuf ans, échappé à peine des bancs du collége, ait écrit, sous l'impression de ces clameurs et sous le poids de l'indignation dont parle Horace, des vers comme ceux-ci, adressés à Organt par son ange gardien :

>Mon filleul cher, je plains votre patrie
>De tout mon cœur, et j'ai l'âme marrie
>De voir Charlot insensé comme il est.
>Par des tyrans la France est gouvernée,
>L'État faiblit, et les lois sans vigueur
>Respectent l'or du coupable en faveur.
>Dans ses écarts, la reine forcenée
>Foule, mon fils, d'un pied indifférent
>Et la nature et tout le peuple Franc.
>Son avarice, et cruelle, et prodigue,
>Pour amasser, partout cabale, intrigue,
>Dissipe ensuite, et sans s'embarrasser,
>Crache le sang qu'elle vient de sucer !
>Cruel vautour dont la faim irritée
>Du peuple entier fait un vrai Prométhée !
>Le malheureux pousse sous ces débris
>De vains soupirs étouffés par ses ris,
>Et les sueurs et les pleurs des provinces
>Moussent dans l'or à la table des princes.
>La loi recule, et le crime insultant
>Broie en triomphe un pavé gémissant.
>D'un bras débile et flétri de misère,
>Le laboureur déchire en vain la terre ;
>Le soir, il rentre, et l'affreux désespoir
>Est descendu dans son triste manoir.

Ces vers sont certainement l'écho bien affaibli de ce qui se disait partout et très-haut. Toutefois, si transparente que soit l'allusion, l'auteur semble vouloir se défendre du reproche prévu d'avoir dépeint son époque; après avoir esquissé, d'un trait rapide, le portrait de nos rois jusqu'à Louis XV inclusivement, il ajoute :

> Quelque censeur reprendra ma palette
> Pour achever cette image imparfaite ;
> Le temps présent est une tendre fleur,
> Fleur délicate et qu'une main sensée
> Ne doit cueillir qu'après qu'elle est passée.

Nous citerons un dernier passage qui ressemble à une page de Fénelon, et dont, à coup sûr, l'auteur de *Télémaque* n'aurait pas répudié la morale :

> Je veux bâtir une belle chimère,
> Cela m'amuse et remplit mon loisir.
> Pour un moment, je suis roi de la terre.
> Tremble, méchant, ton bonheur va finir !
> Humbles vertus, approchez de mon trône,
> Le front levé, marchez auprès de moi ;
> Faible orphelin, partage ma couronne...
> Mais à ce mot mon erreur m'abandonne,
> L'orphelin pleure !... Ah ! je ne suis point roi !
> Si je l'étais, tout changerait de face ;
> Du riche altier qui foule l'indigent,
> Ma main pesante affaisserait l'audace,
> Terrasserait le coupable insolent,
> Élèverait le timide innocent,
> Et pèserait, dans sa balance égale,
> Obscurité, grandeur, pauvreté, rang.

> Pour annoncer la majesté royale,
> Je ne voudrais ni gardes, ni faisceaux ;
> Que Marius annonce sa présence
> Par la terreur et la clef des tombeaux,
> Je marcherais sans haches, sans défense,
> Suivi de cœurs et non pas de bourreaux.
>
> Si mes voisins me déclaraient la guerre,
> J'irais leur dire : « Écoutez, bonnes gens,
> N'avez-vous point des femmes, des enfants ?
> Au lieu d'aller ensanglanter la terre,
> Allez vous rendre à leurs embrassements ;
> Quittez ce fer et ces armes terribles,
> Et, comme nous, allez vivre paisibles. »

Il y a là comme le germe de toutes les grandes questions développées plus tard et discutées par Saint-Just; et il se peint tout entier dans ces vers, l'homme qui, dans une mémorable séance du club des Jacobins, fera entendre ces belles paroles : « Quel gouvernement que celui qui plante l'arbre de la liberté sur l'échafaud ! » Paroles sublimes, qu'il refoulera un jour dans son cœur, quand la Convention nationale, voyant la France impitoyablement harcelée au dedans et au dehors, se trouvera forcée de décréter les plus terribles mesures que jamais peuple ait prises pour son salut.

CHAPITRE III

Voyage à Paris. — Portrait de Saint-Just. — Les grandes dames de Blérancourt. — Le couvent de Picpus. — Madame Thorin. — Lettre de Thuillier. — Odieuse calomnie. — Une voix de prison. — Le beau-frère de Saint-Just. — Séjour à Chaulnes. — Une lettre de Saint-Just.

Après la publication de son poëme, Saint-Just se rendit à Paris et fut présenté à Camille Desmoulins, déjà célèbre. Celui-ci accueillit assez froidement le jeune poëte, dont cependant, comme on l'a vu, il consentit à annoncer l'œuvre dans son journal des *Révolutions de France et de Brabant*.

On touchait à la fin de cette année 1789, date mémorable d'affranchissement et de résurrection ! Après avoir assisté à diverses séances de l'Assemblée nationale et du club des Jacobins, Saint-Just revint à Blérancourt, émerveillé de l'Assemblée, de ce peuple déjà fait à ses nouvelles destinées, et du roi lui-même, plein de confiance alors en cette révolution qui devait les dévorer l'un et l'autre.

Il fut dans son pays le propagateur zélé des éternels principes qui venaient d'être proclamés ; il les répandit partout comme une Bible nouvelle, et fut l'apôtre éloquent de cet autre Messie personnifié dans la grande Assemblée où se trouvaient réunis les plus purs et les plus illustres talents de la France. Sa foi ardente, son enthousiasme, la grâce de sa parole exercèrent un puissant effet sur ses auditeurs, et sa renommée ne tarda pas à s'étendre au loin. La nature l'avait, d'ailleurs, admirablement favorisé pour charmer et séduire les masses. La régularité de ses traits, sculptés à l'antique, le faisait ressembler à l'Antinoüs ; ses yeux bleus au regard profond, et jusqu'à sa tournure un peu roide lui donnaient un air de gravité imposante et attractive. Il était toujours vêtu avec une certaine recherche, et n'eut garde, comme tant d'autres le firent par calcul ou par indifférence, de négliger le soin de sa personne et de sa toilette, cette distinction extérieure qui est au corps ce que l'affabilité est à l'âme.

Au milieu de ses préoccupations politiques, il continuait de vivre en famille, près de sa mère et de ses sœurs, administrant avec la plus grande sagesse le modeste patrimoine laissé par son père, et montrant déjà l'exemple d'une austérité de mœurs dont il ne se départit jamais par la suite.

M. Fleury eût été trop désolé de laisser passer intacte cette réputation d'honnêteté domestique, si longtemps respectée par les ennemis mêmes de Saint-Just. Sur je ne sais quelle tradition, tirée je ne sais d'où, il en fait un don Juan de campagne, mainte et mainte fois compromis dans des aventures galantes, avec de grandes dames *qui se seraient chargées volontiers de former ou de déformer le cœur d'un si charmant cavalier* (1). Mais, M. Éd. Fleury, ce sont donc ces grandes dames qui l'auraient provoqué à une chute ? Alors c'est elles qu'il eût fallu accuser.

Ce n'est pas tout : descendant du château à la chaumière, l'ardent jeune homme aurait poursuivi de ses tendresses les fillettes et les paysannes de Blérancourt et des villages voisins ; et madame Saint-Just, toujours au dire de M. Fleury, aurait été assaillie des plaintes continuelles des mères et des maris outragés. Comme c'est vraisemblable ! Comment un écrivain qui se respecte a-t-il pu se livrer, de gaieté de cœur, à de pareilles fantaisies diffamatoires ? Ah ! cela nous rappelle qu'après les journées de Février, on criait aussi, dans les rues de Paris, *les Amours de Louis-Philippe et de madame Adélaïde* ; et nous qui ne comprenons pas qu'on attaque légèrement la vie privée et la mémoire de ceux dont on peut être l'adversaire, nous nous sentions pris d'un affreux dégoût pour le pamphlétaire de bas étage capable d'avoir imaginé ces indignités ! Soyez sévère envers les morts, jusqu'à l'injustice, soit ; mais avant tout, soyez rigoureusement vrai, votre sévérité vous y oblige.

Encore, si M. Fleury eût cité une source, bien insignifiante, bien vague même ! S'il eût nommé une seule des personnes auprès de qui il a puisé ses renseignements ! Mais non ; rien, rien. « On dit, dit-on, » tel est l'unique criterium auquel il a soumis les faits qu'il raconte *pour le plus grand enseignement des révolutionnaires futurs*.

---

(1) Éd. Fleury, *Saint-Just*, t. I, p. 22.

Une aussi étrange manière de procéder nous donne le droit d'affirmer que toutes ces assertions proviennent d'une imagination égarée par le délire de la haine.

Seulement, il fallait à l'impartial biographe une petite préface pour une chronique qui lui a été transmise par quelques anciens du pays, morts depuis peu, a-t-il soin d'ajouter, comme s'il craignait qu'on ne voulût aller aux renseignements.

Sur la plainte de sa famille, Saint-Just, en punition des entraînements de son cœur, aurait été enfermé, pendant quelques mois, au couvent des Picpus de Vailly. « Il y a une vingtaine d'années encore, prétend M. Éd. Fleury, des contemporains connaissaient et montraient, *nous dit-on*, dans les bâtiments du couvent des Picpus, la chambre où avait été enfermé Saint-Just. » Il avoue, « *pour rester sincère,* » qu'il a vainement cherché le nom de Saint-Just sur les registres statistiques où le directeur dressait annuellement la liste des détenus ; mais il ajoute, comme correctif, que l'état n'en a pas été fait pour l'année 1790.

L'histoire de cette détention est une pure fable ; il nous est facile de le démontrer. Mieux, au reste, que M. Éd. Fleury, j'ai pu avoir des renseignements exacts sur les habitudes et la vie privée de Saint-Just, dont la famille était alliée à la mienne, et qui, jusqu'à sa mort, a vécu dans la plus complète intimité avec mon grand-père. Nous possédions de lui une grande quantité de lettres dont, malheureusement, la plupart ont été perdues, il y a quelques années, dans un incendie. Ces lettres, adressées presque toutes à son beau-frère, Adrien Bayard, juge de paix de Chaulnes, attestaient la sainte harmonie qui régna toujours entre la mère et le fils. De celles qui nous sont restées, deux seulement peuvent offrir quelque intérêt, je les publierai tout à l'heure, comme de nature à donner une juste idée du cœur de Saint-Just.

Le souvenir de sa prétendue reclusion au couvent des Picpus serait certainement demeuré dans ma famille, et jamais je n'en ai entendu parler. Maintenant j'en appelle à tous les pères, à tous les maris : en est-il un qui, offensé dans sa fille ou dans sa femme par un jeune homme de vingt et un ans, irait se plaindre piteusement aux parents, comme un écolier rapporteur, au lieu de s'adresser directement à l'auteur de l'outrage ? Voilà pour les preuves morales.

Quant à la preuve matérielle, je la trouve, pour les années qui précèdent 1790, dans le silence des registres sur lesquels le directeur des Picpus n'eût pas manqué de coucher le nom de Saint-Just ; pour l'année 1790, il me suffit de rappeler à M. Fleury qu'il a eu soin d'indiquer lui-même l'emploi du temps de Saint-Just, et que, d'ailleurs, les couvents ayant été supprimés par un décret de l'Assemblée nationale, Saint-Just n'avait pu être incarcéré dans le monastère des Picpus de Vailly.

Si M. Édouard Fleury, qui paraît être grand partisan de l'analyse en matière de biographie, eût pris la peine de passer au creuset de l'analyse ces pitoyables historiettes, il ne se serait pas fait prendre en délit de contradiction et d'erreur, pour le simple plaisir d'injurier la mémoire d'un grand citoyen.

Mon grand-père, ai-je dit, était lié d'une étroite amitié avec Saint-Just, précieuse amitié, à laquelle, pendant les plus sombres jours de la Terreur, il dut de pouvoir sauver la vie d'un assez grand nombre de ses concitoyens. Aussi garda-t-il au souvenir du vaincu de thermidor un profond attachement, et aujourd'hui, en faisant justice d'un odieux libelle, il me semble, en vérité, accomplir un acte de piété filiale.

Cela me ramène à réfuter une autre accusation de M. Édouard Fleury. Toujours avec la même bonne foi et la même absence de preuves, il accuse Saint-Just d'avoir entretenu des relations adultères avec la femme d'un monsieur Thorin, notaire du pays. De qui tient-il *cette anecdote*, suivant son expression? Sans doute de la vieille brave femme de Blérancourt, qui a été sa constante Égérie; il ne s'est pas donné la peine de nous en informer.

Peut-être, par respect pour la famille de M. Thorin, dont quelques membres peuvent encore exister, M. Fleury aurait-il bien agi en passant sous silence un fait dont il n'apporte aucune preuve? Il n'a pas cru devoir s'arrêter devant cette considération; examinons donc son roman, et, en le supposant vrai, voyons si cet entraînement du cœur, auquel Saint-Just se serait laissé emporter, ne serait pas bien excusable.

A vingt et un ans, dans le rayonnement de sa jeunesse et de sa beauté, à l'âge où l'âme est en fleur, où le cœur a besoin d'aimer, il se serait épris d'une violente passion pour une jeune fille, pleine de grâce, d'esprit et de charmes; la jeune fille n'aurait pas été insensible à cet amour, et Saint-Just, toujours d'après M. Fleury, l'aurait demandée en mariage. Quoi de plus naturel, de plus honorable? Les parents, foulant aux pieds le chaste et premier sentiment de leur fille, et sourds aux battements de ce jeune cœur, auraient repoussé cette demande et frayé, en quelque sorte, à leur enfant le chemin de l'adultère, en la forçant, sous prétexte de convenances barbares, d'épouser un homme qu'elle n'aimait pas.

Que si, plus tard, cette passion a fait explosion, que si les jeunes gens, se rencontrant quelques mois après la cruelle déception, n'ont pu résister à la puissance de leur tendresse et ont oublié le devoir dans un baiser adultère, à qui la faute? aux amants qui avaient voulu légitimer leur amour, ou aux parents qui s'étaient refusés à consentir au mariage?

Madame Thorin, ajoute M. Fleury, suivit Saint-Just à Paris, où elle excitait ses colères et lui dénonçait ses compatriotes (1). Est-il possible de s'embourber ainsi dans la calomnie! Mais cette liaison même a-t-elle jamais existé? L'unique document à l'appui est cette fin de lettre trouvée dans les papiers de Saint-Just, à qui elle avait été adressée en 1793 par un ami de province, au sujet de la situation de leur pays :

« *J'ai eu des nouvelles* de la femme Thérot (2), *et tu passes* toujours pour l'avoir enlevée. *Elle demeure hôtel des Tuileries, vis-à-vis les Jacobins, rue Saint-Honoré.* Il est instant, pour effacer de l'opinion publique *la calomnie* qu'on a fait imprimer dans le cœur des honnêtes gens, de faire tout ce qui convient pour conserver l'estime et l'honneur que tu avais avant cet enlèvement. Tu ne te fais pas une idée de tout ceci, mais il mérite ton attention. Adieu, mon ami. La poste part. Fais pour l'ami ce que tu lui as promis.

» Ton sincère ami pour la vie,
» THUILLIER. »

Étrange aberration d'un esprit aveuglé par la haine!

---

(1) *Saint-Just*, par M. Éd. Fleury, t. I, p. 150.
(2) C'est le nom qui est imprimé dans la *Collection des pièces trouvées chez Robespierre, Saint-Just*, etc.

Cette fin de lettre (1), dont M. Fleury se fait une arme terrible contre Saint-Just, est peut-être la meilleure justification de celui-ci. Madame Thorin, il paraît, se trouvait à Paris en 1793. « *Tu passes* toujours pour l'avoir enlevée, » écrit à Saint-Just son ami Thuillier. Donc, ce Thuillier, qui semble être avec Saint-Just dans les termes les plus confidentiels, sait parfaitement que cette imputation est toute mensongère. Puis il ajoute : « *Elle demeure hôtel des Tuileries, vis-à-vis des Jacobins, rue Saint-Honoré;* » Saint-Just ignorait donc complétement la présence de cette dame à Paris. « Efface de l'opinion, poursuit Thuilier, *la calomnie* qu'on a fait imprimer dans le cœur des honnêtes gens (la calomnie, entendez-vous, M. Édouard Fleury?), afin de conserver l'estime et l'honneur que tu avais avant cet enlèvement. » Donc, avant que cette calomnie eût été répandue, Saint-Just n'était pas, aux yeux de ses compatriotes, ce coureur de ruelles dépeint par le biographe. Ah! qui ne sait, d'ailleurs, combien le monde est disposé à incriminer avec une légèreté coupable les relations les plus innocentes !

« Calomniez, calomniez, il en restera toujours quelque chose. » M. Cuvillier-Fleury, ancien précepteur et ancien secrétaire des commandements de M. le duc d'Aumale, fait chorus, et, sans se donner la peine de vérifier les

(1) M. Édouard Fleury se garde bien de donner ce passage comme une simple fin de lettre ; c'est, dit-il, une lettre sévère... (honest Iago !) — Le libelle de M. Édouard Fleury n'a pas seulement excité la verve d'un des rédacteurs du *Journal des Débats*, M. Cuvillier-Fleury, dont nous avons jugé convenable de réfuter les erreurs, il a eu aussi la bonne fortune de rencontrer dans M. Sainte-Beuve un trop crédule appréciateur.

Nous avons la conviction que l'éminent auteur de *Volupté* regrettera les pages cruelles qu'il a écrites sur Saint-Just, quand il saura que sa bonne foi a été surprise, et que la plupart des faits qui avaient motivé son indignation sont des inventions de la haine et de la calomnie.

allégations de son homonyme, il les accepte comme de pures vérités ; ce qui lui fournit l'occasion d'écrire cette phrase à effet : « Saint-Just débutait dans les joies du monde et dans l'amour par un de ces adultères scandaleux et tenaces qui restent attachés, comme le vautour de la fable, à la vie d'un homme. Saint-Just, pour sa part, dut regretter plus d'une fois ce premier amour qui jette, quoi qu'on fasse, un voile si sombre sur ce grand éclat épique de sa continence (1). » Ah! messieurs, vous qui réservez toutes vos indulgences pour les adultères monarchiques, ne criez pas tant au scandale quand vos accusations ne sont pas mieux établies! Si Saint-Just, une fois entré dans la vie politique, crut devoir se renfermer dans une rigidité de mœurs qu'attestent les affirmations mêmes de ceux qui l'ont renversé, de quel droit venez-vous souiller sa mémoire par d'injustifiables calomnies ?

Il est permis de s'étonner, et de regretter surtout, qu'un écrivain qui passe généralement pour sérieux, qui connaît le monde et qui devrait mieux apprécier la valeur de ces anecdotes banales, les ait, sans le moindre scrupule, si légèrement rééditées. Passe encore pour M. Éd. Fleury, qui, se laissant aller à la pente d'une imagination pleine de fiel à l'égard de tout ce qui se rapporte à la Révolution, affirme, toujours sans preuve, que Saint-Just fit jeter M. Thorin en prison, comme si Saint-Just avait été l'auteur de toutes les arrestations ordonnées pendant la Terreur, lui qui ne put empêcher son beau-frère d'être poursuivi et enfermé à la Force!... Et enfin, croyant l'avoir renversé de son piédestal, il

---

(1) *Portraits politiques et révolutionnaires*, par M. Cuvillier-Fleury, t. II, p. 292.

l'accuse, dans un *style d'énergumène*, « preuves en main, » dit-il (quelles preuves!!!) « de charlatanisme effronté, d'hypocrisie menteuse et d'insigne tromperie (1). »

En vérité, lorsqu'on reproche tant la violence aux autres, on devrait au moins donner l'exemple de la modération et du bon ton. L'écrivain qui, égaré par la haine la plus cynique, dresse de pareilles accusations sans établir rigoureusement la preuve des faits qu'il articule, doit être condamné au blâme des honnêtes gens de tous les partis; et, à notre tour, nous sommes fondé à retourner contre lui, *preuves en mains*, les brutales apostrophes qu'il a lancées contre un mort.

Hâtons-nous d'échapper à cette atmosphère d'injures, et relisons ces lignes écrites sur Saint-Just par un ami qui, après la mort du jeune conventionnel, fut jeté dans un cachot de la Conciergerie, comme coupable d'amitié pour le vaincu de thermidor, lignes touchantes d'où s'exhale la plus pure affection et où vibre l'accent de la plus entière vérité :

« Je fus l'ami du *conspirateur* Saint-Just. Voilà donc mon acte d'accusation, mon brevet de mort, et le titre glorieux qui m'a mérité une place sur vos échafauds! Oui, je fus l'ami de Saint-Just ; mais Saint-Just ne fut pas un conspirateur, et, s'il l'avait été, il serait puissant encore, et vous n'existeriez plus. Ah! son crime, s'il en a commis, c'est de n'avoir pas formé une conspiration sainte contre ceux qui conjuraient la ruine de la liberté.

» O mon ami! à l'instant où le malheur t'accablait, je n'ai consenti à conserver la vie que pour plaider un jour

---

(1) *Saint-Just et la Terreur*, par M. Édouard Fleury, t. I, p. 28.

les intérêts de ta gloire, et pour détruire les calomnies qui sont comme les morsures des vautours acharnés sur ton cadavre. Je me suis rappelé Blossius de Cumes, qui avoue hautement, devant le sénat romain, son amitié pour Tiberius Gracchus, que le sénat romain vient d'assassiner. Et moi aussi, je suis digne d'offrir au monde un pareil exemple !

Cher Saint-Just, si je dois échapper aux proscriptions qui ensanglantent ma patrie, je pourrai dérouler un jour ta vie entière aux yeux de la France et de la postérité, qui fixeront des regards attendris sur la tombe d'un jeune républicain immolé par les factions. Je forcerai à l'admiration ceux même qui t'auront méconnu, et au silence et à l'opprobre tes calomniateurs et tes assassins.

Je dirai quel fut ton courage à lutter contre les abus, avant l'époque même où l'on put croire qu'il était permis d'être impunément vertueux. Je te suivrai au sortir de l'enfance, dans ces méditations profondes qui t'occupaient tout entier sur la science du gouvernement, les droits des peuples, et dans ces élans sublimes de l'horreur de la tyrannie qui dévorait ton âme et l'enflammait d'un enthousiasme plus qu'humain. Je dirai quel était ton zèle à défendre les opprimés et les malheureux, quand tu faisais à pied, dans les saisons les plus rigoureuses, des marches pénibles et forcées pour aller leur prodiguer tes soins, ton éloquence, ta fortune et ta vie. Je dirai quelles furent tes mœurs austères, et je révélerai les secrets de ta conduite privée, en laissant à l'histoire à faire connaître ta conduite publique et tes actions dans le gouvernement, tes discours comme législateur, et tes missions immortelles près de nos armées...

C'est une atroce calomnie de l'avoir supposé méchant. La vengeance ni la haine n'ont jamais entré dans son âme. J'en appelle à vous, citoyens de Blérancourt, sous les yeux desquels son génie et ses vertus se sont développés. Il en est parmi vous dont les liaisons, les habitudes et les passions avaient corrompu les opinions politiques, et qui avez outragé, persécuté, Saint-Just, parce qu'il marchait dans une route contraire à celle où vous vous étiez jetés. Cependant, après qu'il fut devenu membre du gouvernement, quand vous vous êtes vus traduits au tribunal révolutionnaire pour des faits ou des discours inciviques, vous n'avez pas craint d'invoquer son témoignage, et par *ses soins et ses efforts*, vous êtes rentrés dans vos foyers, et vous avez joui des embrassements de vos proches, qui n'espéraient plus vous revoir (1). »

Ce témoignage ne vaut-il pas toutes les calomnieuses assertions, empruntées peut-être à ces ennemis sauvés par Saint-Just ?

Nous examinerons plus tard quels étaient les vrais coupables, des vaincus ou des vainqueurs de thermidor ; nous verrons quels sont ceux qui ont versé le sang par vengeance, par cupidité, par envie, par instinct, et ceux qui l'ont laissé répandre par une inexorable fatalité, croyant qu'il n'y avait pas d'autre moyen de salut pour la France ; nous dirons enfin où étaient l'honnêteté, le désintéressement, le courage et l'inaltérable amour de la patrie. Quant à présent, nous voulons nous borner à restituer à Saint-Just son véritable caractère, et à le dépeindre tel qu'il était : fils excellent, frère affectueux, ami toujours prêt au dévouement.

(1) Extrait d'une note qui se trouve en tête de la première édition des *Fragments d'Institutions républicaines*, réimprimés en 1831 avec une préface de Charles Nodier.

Une de ses sœurs avait épousé Adrien Bayard, récemment nommé juge de paix par les électeurs du canton de Chaulnes, commune assez importante, éloignée d'une dizaine de lieues de Blérancourt. Saint-Just faisait à son beau-frère de fréquentes visites et logeait à Chaulnes, dans une fort belle maison, bâtie en forme de pavillon et située à l'encoignure de la place, en face du château des anciens ducs, devant des jardins admirés et décrits par madame de Sévigné. Le château, construit par Mansard, et les jardins, dessinés par le Nôtre, ont disparu; la maison de Saint-Just est restée debout, gardant encore la physionomie qu'elle avait au temps où il venait y écrire ses *Considérations sur l'Esprit de la Révolution française et de la Constitution*.

Les meilleurs jours de sa jeunesse, il les passa peut-être dans ce pays, où il s'était acquis la sympathie générale, où il noua de ces amitiés profondes qui ne cèdent pas à la mauvaise fortune et qui devaient lui survivre. Mon grand-père, devenu par alliance le parent de la jeune sœur du conventionnel futur, était le principal confident de Saint-Just. Tous deux du même âge, ayant les mêmes principes, respirant le même enthousiasme, faisaient ensemble de longues promenades, pendant lesquelles ils s'entretenaient des nouvelles de Paris, pleins d'espérance dans l'avenir, pleins de foi dans les destinées glorieuses et pacifiques de cette révolution, qui électrisait alors tous les esprits jeunes et ardents. Saint-Just émettait de ces maximes brèves, de ces pensées fortes, de ces appréciations lumineuses, que, le soir venu, il notait sur le papier.

Une fois rentré à Blérancourt, il se rapprochait de ses amis par des lettres empreintes d'une grâce infinie et d'une intimité charmante. Nous pouvons en reproduire une, écrite à un moment où sa sœur se trouvait malade ; elle est adressée au juge de paix de Chaulnes, son beau-frère ; la voici :

« J'ignorais, mon cher frère, que l'indisposition de notre sœur eût eu des suites ; maman nous avait dit l'avoir laissée tout à fait de retour à la santé. Prenez garde que les eaux et l'air cru de vos montagnes ne soient la cause de son mal. Je vous conseille de lui faire prendre beaucoup de lait et de ne lui point faire boire d'eau.

» Je ne puis vous promettre précisément quand je pourrai aller vous voir ; je suis accablé d'affaires, et voici des jours bien humides et bien courts. Cependant, d'ici à Noël, j'aurai le plaisir de vous embrasser tous les deux.

» Si vous vous aperceviez que l'air incommodât votre femme, envoyez-nous-la quelque temps ; elle ne doute point de l'amitié tendre avec laquelle elle sera toujours reçue de nous. J'espère que son mariage ne nous aura point séparés, et que nous n'oublierons, ni les uns ni les autres, les sentiments qui nous doivent unir. Écrivez-nous, l'un et l'autre, de temps en temps, et surtout ne nous laissez point ignorer, d'ici au moment où je partirai pour vous aller voir, quelles seront les suites de la maladie de ma sœur. Il me tarde de l'avoir vue pour me rassurer. Égayez votre jeune mariée, et, surtout, veillez à ce qu'elle n'éprouve aucun chagrin domestique de la nature de ceux qu'elle n'oserait point vous confier. L'idée que j'ai conçue de votre famille me fait croire qu'ils aimeront tendrement cette nouvelle sœur et cette nouvelle fille. Rendez-la souveraine après vous, mais souveraine débonnaire ; c'est ainsi que je l'entends.

Vous êtes fait pour lui tenir lieu de tout au monde; mais l'amour ne console point l'amour-propre, et l'amour-propre d'une femme, vous le connaissez. Elle vous rendra heureux, je l'espère et j'en suis convaincu. Je n'épouserais point ses torts à votre égard : vous m'êtes également chers l'un et l'autre, et, dans toutes les circonstances, je vous montrerai le cœur d'un frère et d'un bon ami.

» Adieu. Embrassez votre chère épouse, embrassez-la même de temps en temps pour moi, afin qu'elle se souvienne que je l'aime, et qu'elle vous le rende.

» Je suis votre frère et votre serviteur.
» SAINT-JUST.

» A Blérancourt, ce 9 décembre 1791.

» P. S. Je vous prie de présenter mon respect à madame Hannotier et à M. le curé, et à votre famille que j'aime comme la mienne.

» On vous embrasse ici, et l'on se porte bien. »

Non, ce n'était pas un débauché, l'homme qui a écrit cette lettre touchante, animée des plus purs et des plus doux sentiments de la famille. En la citant, j'éprouve un regret plus amer de la perte de celles qui ont été brûlées. Leur publication eût été la plus belle vengeance des odieuses imputations répandues sur le compte de Saint-Just.

Braves gens qui paraissez tant souffrir de la vertu de vos adversaires, et qui, pour le besoin de votre cause, travestissez et inventez des faits; prétendus historiens invoquant sans cesse le témoignage de personnes que vous ne nommez jamais et qui n'ont peut-être existé que dans votre imagination complaisante; vous qui, d'un acte, d'un geste, d'une parole et du silence même de Saint-Just, tirez les inductions les plus étranges et les plus diffamatoires, continuez votre œuvre de dénigrement : les hommes impartiaux ne vous croiront pas ; ils se sentiront pris de sympathie et de compassion pour le jeune membre du Comité de Salut public, tué jadis par la calomnie et dont, par la calomnie encore, vous voulez assassiner la mémoire !

CHAPITRE IV

Organisation des gardes nationales. — Fédération du 14 juillet 1790. — Saint-Just et madame du Barry. — Discussion sur le choix du chef-lieu du département de l'Aisne. — Discours de Saint-Just. — Son échec et son ovation. — Les pavots de Tarquin. — Protestation de quelques membres de l'Assemblée constituante contre la liberté de conscience. — Adresse de la commune de Blérancourt. — Saint-Just et Mutius Scevola. — Les marchés de Blérancourt. — Premières relations avec Robespierre.

L'influence acquise par Saint-Just sur ses concitoyens est la meilleure preuve de la considération dont il jouissait et dont il était digne par ses talents, par sa conduite privée et par son dévouement à la chose publique. Ils sont rares ceux qu'un sentiment désintéressé pousse à ambitionner les honneurs, et qui ne cherchent à obtenir les suffrages de leurs concitoyens que pour aider au triomphe d'un système dont l'application leur paraît devoir assurer le bonheur et la prospérité de la patrie. Aussi, dans les circonstances difficiles, deviennent-ils les élus du peuple ; car les hommes se trompent rarement quand ils peuvent choisir en toute liberté et suivant leur conscience.

L'attitude qu'avait prise Saint-Just, dès le début même de la Révolution, son enthousiasme profond et religieux pour les idées nouvelles, sa fermeté dans les occasions périlleuses, le désignaient d'avance au choix de ses compatriotes. Lors donc que l'Assemblée constituante eut décrété, pour toute la France, l'organisation de la garde nationale, cette noble institution, si digne d'un grand peuple, il fut, malgré son extrême jeunesse, nommé lieutenant-colonel. Ce fut en cette qualité qu'il conduisit à Paris les gardes nationaux de son pays, pour assister avec eux à la grande fédération du 14 juillet 1790, cette fête touchante, où l'on put croire un moment que le peuple français se réconciliait à jamais avec son roi qui, à la face de la nation, venait de jurer fidélité à la nouvelle Constitution qu'on était en train d'élaborer (1).

Pourquoi sommes-nous forcé de réfuter ici encore une petite calomnie avancée par M. Éd. Fleury, sous une forme douteuse, il est vrai, mais qui n'en est pas moins traîtresse ? Elle est exhumée des *Mémoires de madame du Barry*, lesquels sont l'œuvre d'un imposteur, comme chacun sait, et racontée avec un sel attique tout à fait réjouissant. Saint-Just aurait rencontré au Champ-de-Mars madame du Barry, alors âgée de quarante-six ans (ce à quoi n'a sans doute pas songé M. Fleury), et lui aurait offert son bras pour l'aider à sortir de la foule et la reconduire chez elle. Naturellement il n'aurait pas

---

(1) Voyez *le Moniteur* du 5 juillet et celui du 16 juillet 1790.

manqué de débiter, chemin faisant, les plus jolies galanteries du monde à la courtisane sur le retour, qui, de son côté, l'aurait vivement engagé à venir la voir ; invitation dont Saint-Just aurait profité « pour le plus grand plaisir de la dame (1). »

Voilà pourtant le conte absurde que M. Fleury ne craint pas de mettre sous les yeux du lecteur. Qu'un faiseur de Mémoires, en belle humeur, ait trouvé piquant ce rapprochement de l'austère jeune homme et de la grande prostituée, et ait inventé cette fable ridicule, passe encore ; mais qu'un écrivain, qui a des prétentions à la gravité, ait consenti à la répéter, même sous toutes réserves, cela est impardonnable.

Saint-Just avait vraiment en tête bien autre chose que ces galantes aventures sur lesquelles se plaît tant à revenir M. Éd. Fleury. Il s'agissait de préparer l'avenir ; on était au temps des réformes radicales ; on régénérait l'ancienne société française, et tout homme ayant au cœur un peu de patriotisme ne pouvait rester spectateur muet et indifférent de ce grand drame.

L'Assemblée nationale venait, après un travail immense, d'adopter une nouvelle division du territoire (2). Au lieu de provinces rivales, ayant chacune leurs coutumes et leurs mœurs différentes et paraissant autant de nations diverses dans un même pays, il y eut des circonscriptions limitées, autant que possible, par les rivières, les cours d'eau et les montagnes dont elles empruntèrent le nom sonore, et qu'on appela départements. Au lieu de Bretons, de Normands, de Picards, de Flamands, de Lorrains, etc., il y eut un peuple français ;

---

(1) *Saint-Just et la Terreur*, par M. Édouard Fleury, t. I, p. 108.
(2) Février 1790.

c'était l'unité décrétée, cette unité rêvée en vain par Richelieu et Louis XIV.

Dans chaque circonscription, on choisit la ville principale pour y établir l'administration centrale du département; mais, par respect pour les droits acquis, l'Assemblée consulta souvent les citoyens sur le choix du chef-lieu. Le 15 avril 1790, elle fixa, dans un décret présenté par Gossin, au nom du comité de constitution, les fonctions des électeurs convoqués à Chauny pour décider laquelle des villes de Laon ou de Soissons serait chef-lieu du département de l'Aisne.

Saint-Just était un des électeurs délégués. Il se fit l'avocat de la ville de Soissons, et prononça un discours dans lequel il invoqua d'excellentes raisons qui, selon lui, devaient décider les électeurs à donner la préférence à cette dernière ville. La minute de ce discours, fort applaudi, existe encore dans les archives du département.

Saint-Just, après s'y être excusé de son extrême jeunesse, qui déjà lui avait suscité des ennemis et des envieux, proteste de son ardente affection pour les concitoyens sous les yeux de qui il a fait ses premières armes, et pour le pays où son âme s'est trempée à la liberté, « cette liberté plus jeune encore que lui. » Il déclare que c'est avec le plus grand regret qu'il se voit obligé de prendre parti pour l'une ou pour l'autre de deux villes également chères à son cœur, et il se félicite de la modération qui préside à une discussion de cette nature, où tant d'intérêts opposés se trouvent en jeu.

Après avoir fait l'éloge de la ville de Laon qui offrait généreusement de se charger seule des frais d'établissement du chef-lieu, et abandonnait ses casernes pour y loger l'administration départementale, il défend les droits de la ville de Soissons, siége de l'ancienne intendance, et qui, ayant été plus éprouvée jadis, a dû apprendre à gouverner sagement. « Son intendance, dit-il, monument de despotisme et de cruauté, servira désormais à un plus glorieux usage, semblable au temple des idoles où l'on sacrifiait des victimes humaines, et voué ensuite au Dieu de paix par de plus pures mains. L'intendance de Soissons peut loger avec dignité le département ; c'est rendre à la patrie le sang qu'on lui a tiré, c'est venger la vertu, c'est venger l'humanité et le pauvre. Il le bénira désormais, cet asile parricide que la sueur a bâti, et la source de son infortune deviendra celle de sa félicité. »

Il pense qu'en gardant ses casernes et sa garnison, Laon doit jouir d'une importance suffisante, et qu'il y a lieu d'accorder, en compensation, le chef-lieu du département à Soissons. Il termine en ces termes : « N'embarrassons point dans une discussion métaphysique une question aussi simple ; ne nous évaporons point en de vains sophismes ; dépouillons tout ressentiment de terreur, parce que notre jugement est éternel, et que nous nous repentirions à loisir d'un choix légèrement fait. Laon a ses avantages ; Soissons paraît avoir les siens, et la conscience doit prononcer. N'oubliez pas surtout que les moments sont précieux pour le pauvre, que chacun de nous doit avoir apporté ici son opinion déterminée, et que, tandis que nous délibérons, les enfants de plusieurs de nos frères ici présents n'ont peut-être pas de pain et en demandent à leurs mères qui pleurent. Je vote au nom des miens pour Soissons. »

Malgré ce discours très-bien fait, très-habile et très-modéré, Soissons n'en perdit pas moins son procès. Saint-Just dut se consoler de cet échec dans l'ovation dont le gratifièrent ses concitoyens de Blérancourt, qui vinrent en foule à sa rencontre pour le féliciter. Ce fut à leur tête que, étant allé rendre visite au comte de Lauraguais, qui, bien que colonel de la garde nationale, ne voyait sans doute pas d'un très-bon œil ces manifestations patriotiques, il abattit d'un coup de baguette la tête d'une fougère dans les jardins du château. « Moi, cependant, écrit-il à Camille Desmoulins, je fis comme Tarquin : j'avais une baguette avec laquelle je coupai la tête à une fougère qui se trouva près de moi sous les fenêtres du château, et, sans mot dire, nous fîmes volte-face. »

Ce fait, qui serait passé inaperçu sans la lettre de Saint-Just, avait-il la sinistre signification qu'on s'est plu à lui attribuer ? C'est absurde de le croire ; mais il exprimait certainement que le temps était venu de réprimer l'orgueil d'une noblesse singulièrement fâchée du désintéressement un peu forcé de ses chefs, et qui traitait volontiers de vol la suppression des droits féodaux, lesquels n'étaient pourtant autre chose que le brigandage organisé. A cette époque, en effet, l'aristocratie relevait partout la tête, essayait de ressaisir le terrain perdu, entravait par sa mauvaise volonté la marche pacifique de la Révolution, et l'on doit rendre un éternel hommage aux adversaires de cette réaction, qui fut la cause des malheurs de la patrie, et finit par s'abîmer dans la sanglante journée du 10 août.

Au milieu de la discussion sur les biens du clergé, l'Assemblée nationale avait, dans sa sagesse, sanctionné par un décret en date du 13 avril 1790, la liberté de conscience. Quelques membres de la noblesse et du clergé crurent devoir protester publiquement contre ce décret, et firent imprimer leur protestation, manquant ainsi de respect à l'illustre assemblée au sein de laquelle ils avaient l'honneur de siéger.

Un grand nombre de communes blâmèrent énergiquement cet acte coupable, et, entre autres, la commune de Blérancourt, dont la municipalité condamna au feu trente exemplaires de la protestation. L'Assemblée constituante fut informée de cette exécution par une adresse très-probablement rédigée par Saint-Just, adresse qui eut les honneurs de la lecture et que nous avons sous les yeux. Nous la citons ici comme une pièce très-rare et très-curieuse :

« Voici ce qui se passe dans les campagnes, tandis que vous travaillez à la liberté. Puissent-ils rougir, à la lecture de ce qui suit, les tyrans qui cherchent à nous séduire et qui nous représentent la religion comme la Fortune, une bourse à la main, elle qui est si pure et si modérée!

» *Extrait du registre des délibérations de la municipalité du bourg de Blérancourt.*

» Cejourd'hui 15 mai 1790, la municipalité de Blérancourt étant extraordinairement convoquée,
» François Monneveux, procureur de la commune, a porté la parole, et nous a dit :
» Que le 11 du présent mois, il a été adressé à M. de Saint-Just, électeur au département de l'Aisne, et demeurant audit Blérancourt, un paquet contenant trente exemplaires d'une feuille ayant pour titre *Déclaration d'une partie de l'Assemblée nationale, sur un décret rendu le 13 avril 1790, concernant la religion ;*
» Qu'à cet envoi était jointe une lettre, remplie de maximes odieuses, qui l'engageait à employer le crédit qu'il a dans ce pays en faveur de la religion sapée par les

décrets de l'Assemblée nationale, et à promulguer l'écrit contenu dans l'envoi.

» Ici, l'assemblée a demandé, d'un seul cri, la lettre et M. de Saint-Just. Ce dernier a été prié de se rendre à l'assemblée, et a fait lecture de la lettre qu'il avait dénoncée lui-même au procureur de la commune.

» Toute l'assemblée, justement révoltée des principes abominables que les ennemis de la Révolution cherchent à faire circuler dans l'esprit du peuple, a arrêté que la Déclaration serait lacérée et brûlée sur-le-champ, ce qui a été fait à l'instant même; et M. de Saint-Just, la main sur la flamme du libelle, a prononcé le serment de mourir pour la patrie, l'Assemblée nationale, et de périr plutôt par le feu, comme l'écrit qu'il a reçu, que d'oublier ce serment. Ces paroles ont arraché des larmes à tout le monde. M. le maire, la main sur le feu, a répété le serment avec les autres officiers municipaux; il a ensuite félicité M. de Saint-Just en lui disant : « Jeune homme, j'ai connu votre père, votre grand-père et votre *tayon* ; vous êtes digne d'eux. Poursuivez comme vous avez commencé, et nous vous verrons à l'Assemblée nationale. Et ont signé : Honoré, *maire*; Monneveux, Thuillier l'aîné ; Carbonnier, Dutailly, Quentelat, J.-B. Cappeton et Thuillier le jeune, secrétaire-greffier.

» Heureux le peuple que la liberté rend vertueux et qui n'est fanatique que de la vérité et de la vertu ! Voilà l'esprit qui nous anime; et ce qu'il y a de plus consolant pour nous, c'est que toute la France éprouve les mêmes sentiments. Excusez les paysans qui savent mal exprimer la tendresse, la reconnaissance; mais qui conservent à l'Assemblée nationale, dans l'occasion, des cœurs, du sang et des baïonnettes.

» Nous avons l'honneur d'être, etc.

» Et ont signé les officiers municipaux ci-dessus désignés. »

Cette adresse est un curieux échantillon de l'esprit dont étaient animées la plupart des communes de France, et témoigne combien la justice et la nécessité de la Révolution étaient vivement ressenties. Comme on le voit, il n'y a plus à révoquer en doute ce serment prêté par Saint-Just sur la flamme vengeresse. Cet acte, qui est bien en rapport avec le caractère déterminé de l'austère jeune homme, nous semble avoir quelque chose de stoïque : quatre ans plus tard, Saint-Just mourut fidèle à son serment. Pour M. Cuvillier-Fleury, qui n'est guère de nature à comprendre l'enthousiasme, ce n'est qu'une stupide parade. « Le récit est du temps, dit-il ; il en reproduit, sans trop d'exagération, le mensonge et la folie (1). » Cette appréciation d'une époque qui a vu naître la liberté de conscience, la liberté individuelle, l'égalité devant la loi et tant d'autres immortelles institutions, nous paraît bonne à enregistrer, venant d'un homme qui a dû à une famille élevée au trône par une révolution, des places et des honneurs dont la perte, pour cruelle qu'elle soit, devrait être regrettée peut-être avec moins d'amertume dans les pages maussades où il s'attaque à l'un des hommes les plus intègres de notre grande Révolution.

Pour nous, qui ne pouvons admettre l'assassinat, quels qu'en soient, d'ailleurs, le prétexte et le but, nous avouons naïvement qu'au trait de ce Mutius Scevola dévouant au feu la main qui a trompé sa fureur, nous préférons mille fois l'acte de ce jeune homme ardent qui, la main éten-

(1) Cuvillier-Fleury : *Portraits politiques et révolutionnaires*, t. II, p. 292.

due sur la flamme dévorant le libelle contre-révolutionnaire, jure un dévouement éternel à sa patrie.

Saint-Just justifiait donc pleinement la confiance de ses concitoyens; il ne perdait aucune occasion de leur être utile; les causes honorables avaient en lui un défenseur toujours prêt, et les opprimés de toute sorte pouvaient s'adresser à lui sans crainte d'être repoussés. Un jour, la commune de Blérancourt fut menacée de perdre ses marchés. Grande désolation dans le pays, dont ils étaient la principale source de prospérité. On s'adressa bien vite à Saint-Just, qui rédigea une pétition à l'Assemblée nationale. Ce fut à cette occasion qu'il écrivit à Robespierre la lettre suivante, qui a été l'origine de sa liaison avec le député d'Arras :

« Vous qui soutenez la patrie chancelante contre le torrent du despotisme et de l'intrigue, vous que je ne connais que comme Dieu, par des merveilles, je m'adresse à vous, monsieur, pour vous prier de vous réunir à moi pour sauver mon triste pays. La ville de Coucy s'est fait transférer, le bruit en court ici, les marchés francs du bourg de Blérancourt. Pourquoi les villes engloutiraient-elles les priviléges des campagnes? Il ne restera donc plus à ces dernières que la taille et les impôts?

» Appuyez, s'il vous plaît, de tout votre talent une adresse que je fais partir par le courrier, dans laquelle je demande la réunion de mon héritage aux domaines du canton pour que l'on conserve un privilége sans lequel il faut qu'il meure de faim. Je ne vous connais pas; mais vous êtes un grand homme. Vous n'êtes pas seulement député d'une province, vous êtes celui de l'humanité et de la république. Faites, s'il vous plaît, que ma demande ne soit point méprisée. »

A propos de cette lettre, certain biographe a crié bien fort à l'adulation ; mais l'adulation qui ne s'adresse pas aux puissants, loin d'être coupable, est digne et généreuse. Robespierre n'était pas puissant alors : il votait avec la minorité ; mais il était à la tête des plus ardents défenseurs de la liberté, mais il soutenait, de toute son énergie, les droits du peuple qu'une fraction de l'Assemblée s'efforçait de réduire à néant ; et, certes, il pouvait mériter le titre de député de l'humanité, l'homme qui venait de proposer l'abolition de la peine de mort, sous prétexte qu'une loi de sang altérait le caractère national et entretenait des préjugés féroces, et qui, voyant sa motion rejetée, avait demandé, lors de la création du jury, que cette peine de mort ne pût être prononcée qu'à l'unanimité ! Saint-Just, d'ailleurs, quoique lié plus tard avec Robespierre d'une amitié qui ne s'éteignit qu'à la mort de tous deux et qui les honore également, conserva toujours la plus complète indépendance d'opinion ; et nous les verrons l'un et l'autre traiter, dans un sens absolument contraire, les questions les plus importantes.

A cette époque déjà, Robespierre avait été surnommé l'incorruptible ; Saint-Just, qui était de la même trempe, devait nécessairement s'adresser à lui. Le désintéressement de ce dernier est une de ses vertus incontestées, et l'offre d'abandonner sa part de patrimoine pour le maintien des marchés de Blérancourt en est une preuve irrécusable. Que cette offre ait été acceptée ou non, elle n'en a pas moins été faite, et n'en demeure pas moins méritoire. Ils ne sont pas si nombreux ceux qui, ayant exercé les plus hautes magistratures de l'État, sont morts sans laisser une obole. Ah ! ces grands hommes de la République n'eussent-ils eu que leur désintéressement sublime, elle devrait suffire, cette haute et rare qualité, pour commander le respect devant leurs froides cendres !

Saint-Just terminait sa lettre par un mot qui peut-être ouvrit les yeux à Robespierre et le fit songer à la possibilité d'établir en France le régime républicain. Quant à lui, si l'espérance de la république était dans son cœur, si déjà, comme c'est probable, il rêvait à un gouvernement personnifié dans la loi et qui ne fût pas soumis aux chances d'incapacité d'une même famille, rien ne prouve qu'à cette époque il ne désirât pas sincèrement l'application de la nouvelle Constitution.

Les pouvoirs de la Constituante allaient bientôt expirer ; depuis longtemps, Saint-Just avait l'intention de se présenter comme candidat à la députation, au moment des élections pour l'Assemblée législative, et sa popularité lui donnait l'espérance de réussir. Par de fortes études, il s'était mis à même de remplir dignement le mandat de législateur, et il avait résumé ses idées sur le gouvernement dans un livre intitulé *Esprit de la Révolution et de la Constitution de France* (1); œuvre remarquable, sur laquelle nous allons jeter un rapide coup d'œil.

(1) *Esprit de la Révolution et de la Constitution de France*, par Louis-Léon de Saint-Just, électeur au département de l'Aisne pour le canton de Blérancourt, district de Chauny. Paris, Beuvin, 1791, in-8° de 182 pages.

CHAPITRE V

Esprit de la Révolution et de la Constitution de France,
par Saint-Just.

S'il y eut, en cette mémorable époque de 1791, une œuvre de nature à solliciter une imagination ardente, une conscience pure, un cœur débordant de patriotisme, ce fut certainement celle qui fût tentée par Saint-Just. Définir l'esprit de la Révolution ; assigner à celle-ci ses limites, établir les rapports qui doivent exister entre l'opinion, les mœurs et la Constitution, voilà ce qu'il essaya en quelques pages où les pensées les plus fortes, les plus élevées et les plus douces sont burinées dans un style d'airain. « La Révolution de France, dit-il lui-même dans une courte préface, n'est point le coup d'un moment ; elle a sa cause, sa suite et son terme. »

Le rédacteur de la table du *Moniteur*, suivi par quelques

biographes qui l'ont cru sur parole, a attribué ce livre à un autre Saint-Just. Son erreur vient évidemment de ce que l'annonce du livre, dans le *Moniteur*, portait : « *Esprit de la Révolution et de la Constitution de France*, par Louis-*Léon* de Saint-Just. » Or Saint-Just se nommait légalement Louis-*Antoine*, comme on l'a pu voir par son acte de naissance que nous avons mis sous les yeux du lecteur. Mais ce prénom d'Antoine ayant paru un peu commun et peu harmonieux dans la famille, on lui avait donné celui de *Léon* ; il était donc tout naturel qu'il signât ses ouvrages du prénom sous lequel il était connu. Voilà ce que sans doute ignorait le rédacteur de la table du *Moniteur* ; mais s'il eût attentivement pris connaissance de la qualification dont le nom de Saint-Just était suivi : « *Électeur au département de l'Aisne, pour le canton de Blérancourt, district de Chauny*, » laquelle ne pouvait laisser aucun doute sur l'auteur du livre, il n'aurait pas commis une erreur, toujours regrettable dans un recueil où l'on ne voudrait puiser que des renseignements authentiques.

Cela dit, essayons de donner une idée de ce livre, qui eut, au moment où il parut, un grand retentissement, et qui avait été inspiré à Saint-Just par une lettre d'un Anglais célèbre, adressée à son ami Thuillier, secrétaire de la municipalité de Blérancourt, quand celle-ci brûla la déclaration du clergé.

Ce qui frappe tout d'abord, à la lecture de cet ouvrage, c'est le profond respect de l'auteur pour les législateurs qui se sont imposé la tâche de résumer la Révolution en acte constitutionnel, et sa reconnaissance sans bornes pour les hommes qui ont préparé l'affranchissement du pays et posé les bases de la société moderne.

Dans la première partie, où il traite des pressentiments

de la Révolution, il dépeint admirablement ces moments de crise dans la vie des peuples qui ont vécu sous de mauvaises lois, où la régénération doit sortir de la conquête ou d'une grande commotion intérieure. « Si le peuple n'est point attaqué par les étrangers, dit-il, sa corruption le dévore et le reproduit. S'il a abusé de sa liberté, il tombe dans l'esclavage; si le prince a abusé de sa puissance, le peuple est libre. »

Puis il fait honneur aux philosophes du siècle et aux parlements d'avoir porté les premiers coups à la monarchie, et montre comment le peuple, accablé d'impôts, devait peu craindre une révolution. Quand il parle du roi, c'est toujours avec de grands ménagements et une politesse excessive, sans lui épargner pour cela de sévères vérités, tout en attribuant le mal aux intrigants dont la cour était remplie. Je ne crois pas qu'on ait porté sur Louis XVI de meilleur jugement que la courte appréciation suivante de cet écrivain de vingt-trois ans : « Brusque et faible, parce qu'il pensait le bien, il croyait le faire. Il mettait de l'héroïsme aux petites choses, de la mollesse aux grandes; chassait M. de Montbarrey du ministère pour avoir donné secrètement un somptueux repas, voyait de sang-froid toute sa cour piller sa finance, ou plutôt ne voyait rien... » De la reine, il dit peu de chose et évite soigneusement de se faire l'écho, même affaibli, de tous les bruits injurieux répandus sur la pauvre femme : « Plutôt trompée que trompeuse, dit-il, plutôt légère que parjure, Marie-Antoinette, appliquée tout entière aux plaisirs, semblait ne régner point en France, mais à Trianon. »

Mais l'imprudence du ministre Calonne, les fautes de Brienne, de Maurepas et de Vergennes, les prodigalités de la cour, la bassesse des courtisans, le bouleversement des fortunes, l'avidité des traitants, l'élévation et la chute de la famille des Guéménée, tout cela est écrit avec une plume de maître. Flatte-t-il le peuple, cet enthousiaste, cet ami dévoué des malheureux et des classes déshéritées? Écrit-il, comme Camille Desmoulins, à l'aide duquel on a si souvent essayé de le ravaler : « *Guerre aux châteaux?* » Citons : « La postérité se pourra figurer à peine combien le peuple était avide, avare, frivole; combien les besoins que sa présomption lui avait forgés le mettaient dans la dépendance des grands; en sorte que les créances de la multitude étant hypothéquées sur les grâces de la cour, sur les fourberies des débiteurs, la tromperie allait par reproduction jusqu'au souverain, descendait ensuite du souverain dans les provinces et formait dans l'état civil une chaîne d'indignités. » Cherche-t-il à excuser les cruautés qui ensanglantèrent les commencements de la Révolution et qui amenèrent des hommes honnêtes, mais timides, à déserter une cause mal servie par quelques furieux? Citons encore : « Le peuple n'avait point de mœurs, mais il était vif. L'amour de la liberté fut une saillie, et la faiblesse enfanta la cruauté. Je ne sache pas qu'on ait vu jamais, sinon chez des esclaves, le peuple porter la tête des plus odieux personnages au bout des lances, boire leur sang, leur arracher le cœur et le manger... On verra un jour, et plus justement peut-être, ce spectacle affreux en Amérique; je l'ai vu dans Paris, j'ai entendu les cris de joie du peuple effréné, qui se jouait avec des lambeaux de chair en criant : *Vive la liberté!...* »

Eh bien, l'homme qui flétrissait ainsi les excès des commencements de la Révolution, flétrira également ceux de 93 et de 94, et périra pour avoir voulu les réprimer. Mais, à côté de ces sombres tableaux, avec quelle effusion et quel élan il dépeint la prise de la Bastille, les embrassements prodigués aux captifs, la joie pure et fière de la liberté recouvrée et la bonne foi du peuple désavouant les meurtres dont il avait souillé ses mains! Et comme, dans cette sorte d'exposition de principes, il est bien le même homme qui ne se démentit jamais, l'ennemi acharné des êtres impurs qui, couverts d'un masque de patriotisme, ne voyaient dans la Révolution qu'un moyen de s'enrichir! Quelle tendresse pour les honnêtes gens! quelle âpre censure de tous les misérables qui désertent la cause populaire dès qu'elle a servi à leur fortune!

Dans son appréciation des hommes célèbres du temps, il n'a garde d'oublier le duc d'Orléans, qu'il n'aime pas, mais qu'il défend contre l'accusation de conspirer, et Necker, qu'il appelle « homme à tête d'or, à pieds d'argile, » et qui, dit-il, après avoir flatté le peuple sous le despotisme, et la cour, quand le peuple fut libre, « devenu enfin indifférent à tout le monde, s'enveloppa de sa gloire et se rendit l'ennemi de la liberté parce qu'elle ne lui fut bonne à rien. »

Sur la « pénétrante » sagesse de cette grande Assemblée nationale, qui s'est conduite avec tant de fermeté, de vigueur et de prudence, et dont l'œuvre ne lui paraît pécher que dans quelques détails, il écrit des pages dignes de Montesquieu. Quelle âme française n'applaudira sans réserve à ce passage? « La postérité saura mieux que nous quels mobiles animaient ce grand corps... Il faut avouer, pour peu que la reconnaissance attache du prix à la vérité, que cette compagnie, la plus habile qu'on ait vue depuis longtemps, fut pleine d'âmes rigides que dominait le goût du bien, et d'esprits exquis qu'éclairait le goût de la vérité. Le secret de sa marche toute découverte fut impénétrable, en effet; c'est pourquoi le peuple, inconsidéré, ploya sous une raison supérieure qui le conduisait malgré lui; tout était fougue et faiblesse dans ses desseins, tout était force et harmonie dans les lois. »

Toute la seconde partie du livre est consacrée à l'examen de la nature et des principes de la Constitution française et des institutions qui en dérivent. Le républicain n'apparaît pas encore (qui songeait alors à la République?), mais on le pressent singulièrement, comme nous le ferons voir par quelques citations. Mais ce qui éclate à chaque ligne, c'est l'amour de la liberté, de cette liberté qu'on ne recouvre que difficilement, suivant l'auteur, quand on l'a une fois perdue. « Car alors, dit-il, les âmes ont perdu leur moelle, si je puis ainsi parler, et ne sont plus assez vigoureuses pour se nourrir de liberté; elles en aiment encore le nom, la souhaitent comme l'aisance, et n'en connaissent plus la vertu. » Il croit donc que, pour conserver longtemps cette liberté, il faut surtout éviter les extrêmes; et tout en admirant le mécanisme ingénieux de la Constitution qui a su fondre ensemble la démocratie, l'aristocratie et la monarchie, il félicite la France de s'être rapprochée de l'état populaire autant qu'elle l'a pu, et de n'avoir pris de la monarchie que ce qu'il lui avait été impossible de ne pas prendre.

Dans une brillante comparaison entre les républiques anciennes et la France moderne, régénérée par la Révolution, il accorde une immense supériorité à celle-ci, en ce que ses législateurs ont tout fait pour le citoyen, tandis que les législateurs anciens avaient tout fait pour l'État. La sévérité des lois lui répugne; nous l'entendrons bientôt s'expliquer admirablement là-dessus. Si, dans les

États dont le territoire est restreint, cette sévérité a sa raison d'être, parce que là, la faute d'un seul peut perdre tout le monde, il n'en est pas ainsi, pense-t-il, dans ceux dont le territoire est immense, et il écrit : « Plus *la République* est étendue, plus les lois doivent être douces, parce que les périls sont rares, les mœurs calmes. » Les droits de l'homme, dont un jour il rédigera lui-même une déclaration fameuse, lui paraissent parfaitement convenir à son époque, tandis qu'ils eussent tué Athènes ou Lacédémone, où l'homme était absorbé dans l'État. « Les vieux républicains, dit-il, se dévouaient aux fatigues, au carnage, à l'exil, à la mort pour l'honneur de la patrie; ici, la patrie renonce à la gloire pour le repos de ses enfants et ne leur demande que la conservation. »

Ce qu'il préconise, c'est la liberté modérée, l'égalité des droits, et par-dessus tout la justice, et nous le verrons, dans la suite, toujours fidèle à ces mêmes principes. Écoutez ces belles définitions :

« La nature de la liberté est qu'elle résiste à la conquête et à l'oppression; conséquemment, elle doit être passive. La France l'a bien senti; la liberté qui conquiert doit se corrompre... La servitude consiste à dépendre de lois injustes; la liberté, de lois raisonnables; la licence, de soi-même. »

Il ne veut pas de l'égalité de Lycurgue, antipathique aux mœurs modernes, de cette égalité qui consiste dans le partage des terres, dans les repas pris en commun et dans les mêmes vêtements imposés à chacun, qui serait la négation de la liberté et qui n'amènerait, en France, que « la révolte ou la paresse. » Et, à ce propos, nous devons dire ici que ce fut un des hommes qui s'inspiraient de Saint-Just, l'agent national Payan qui plus tard s'éleva contre les fameux repas civiques et engagea les bons citoyens à ne pas tomber dans ce piége tendu à la dignité de la République et à la liberté des citoyens. L'égalité, pour Saint-Just, c'est que chaque individu soit une portion égale de la souveraineté, c'est-à-dire du tout; comme, pour Voltaire, c'est qu'il n'y ait d'autre différence entre les hommes que celle de la vertu et des talents.

Quant à la justice, dont nous l'entendrons bientôt parler sans cesse, et vers laquelle il essayera en vain de ramener les esprits, elle lui semble le comble de la sagesse. Sans elle tout est artifice, écrit-il, et ne peut longtemps prospérer : « Le fruit le plus doux de la liberté, c'est la justice, elle est la gardienne des lois... Elle entretient la vertu parmi le peuple et la lui fait aimer; au contraire, si le gouvernement est inique, le peuple qui n'est juste qu'autant que les lois le sont et l'y intéressent, devient trompeur et n'a plus de patrie. »

Après avoir loué l'Assemblée d'avoir soumis à l'élection la plupart des fonctions administratives et judiciaires et d'avoir proscrit la publicité des suffrages, qui « eût fait un peuple d'ennemis ou d'esclaves, » il s'élève contre les administrations départementales qui croient devoir envoyer des commissaires dans les réunions électorales et violent ainsi le droit de souveraineté. Combien vrai le passage suivant : « Tout ce qui porte atteinte à une Constitution libre est un crime affreux; la moindre tache gagne tout le corps. Il n'est rien de plus doux pour l'oreille de la liberté que le tumulte et les cris d'une assemblée du peuple; là, s'éveillent les grandes âmes; là, se démasquent les indignités ; là, le mérite éclate dans toute sa force; là, tout ce qui est faux fait place à la vérité.

» Le silence des comices est la langueur de l'esprit

public; le peuple est corrompu ou peu jaloux de sa gloire. »

Il approuve cette pondération des pouvoirs, favorable à la conservation de la liberté, et cette monarchie tempérée par des lois vigoureuses qui doivent l'empêcher de devenir exorbitante : « La monarchie, dit-il, au lieu d'ordres moyens dans le peuple, par où circule la volonté suprême, a divisé son territoire en une espèce de hiérarchie qui conduit les lois de la législation au prince; de celui-ci dans les départements; de ceux-ci dans les districts ; de ces derniers dans les cantons; en sorte que l'empire, couvert des droits de l'homme comme de riches moissons, présente partout la liberté près du peuple, l'égalité près du riche, la justice près du faible...

» Tout émane de la nation, tout y revient et l'enrichit; tout coule de la puissance législative ; tout y retourne et s'y épure, et ce flux et reflux de la souveraineté et des lois unit et sépare les pouvoirs qui se fuient et se cherchent.

» La noblesse et le clergé, qui furent le rempart de la tyrannie, ont disparu avec elle ; l'une n'est plus, l'autre n'est que ce qu'il doit être...

» La monarchie n'aura point de sujets : elle appellera le peuple ses enfants, parce que l'opinion aura rendu le despotisme ridicule ; mais elle n'aura pas plus d'enfants que de sujets, le peuple sera libre. Son caractère sera la bienveillance, parce qu'elle aura la liberté à ménager, l'égalité à reconnaître, la justice à rendre. »

Cependant à travers ces louanges prodiguées à l'œuvre de l'Assemblée constituante, il y a çà et là quelques critiques de détail qui dénotent que l'auteur a déjà dépassé les législateurs de 1789. Ainsi Saint-Just blâme la sanction royale, comme étant en contradiction avec le principe de la souveraineté populaire, et il semble fâché que la Constitution ait confié au roi le commandement des armées de terre et de mer. « S'il était guerrier, politique, populaire, dit-il quelque part, la Constitution pencherait au bord d'un abîme. »

Étonnez-vous donc de l'influence de ce jeune homme qui pense si bien, qui voit si clair, qui méprise l'indolence, l'orgueil et l'or, qui prêche la fraternité, la souveraineté de la nation, *l'assurance entre les citoyens*, chose toute nouvelle alors et dont on n'avait point encore parlé, et qui enfin est animé d'un si profond amour de l'humanité et de la justice! Mais poursuivons l'analyse de ce livre si curieux, si honnête et si remarquable.

Dans la troisième partie, l'auteur examine l'état civil de la France, ses lois et leurs rapports avec la Constitution. Il commence par établir en principe que toute institution doit émaner de celle-ci, sous peine d'être tyrannique, et que les lois doivent être positives, de façon à ne rien laisser soit aux fantaisies, soit aux présomptions de l'homme. Il s'occupe ensuite de la dette publique et félicite l'Assemblée des mesures qu'elle a prises pour la garantir. Mais laissons-le parler : « Les lois somptuaires, si dangereuses à établir, se sont offertes d'elles-mêmes ; la nécessité exigeait des réformes ; la féodalité détruite élevait le cœur du peuple et renversait la noblesse ; le peuple, si longtemps insulté, devait applaudir à sa chute. La dette publique fut un prétexte pour s'emparer des biens du clergé ; les débris de la tyrannie préparaient une république. M. de Montesquieu l'avait prévu quand il a dit : « Abolissez dans une monarchie les prérogatives des seigneurs, du clergé, de la noblesse, des villes, vous aurez bientôt un État populaire ou un

État despotique. » Un État populaire dans le cas où les priviléges seraient détruits par le peuple; despotique, dans le cas où le coup serait porté par les rois. »

Le chapitre suivant, où il est question des mœurs, est plein de passages de la plus délicate observation, tout cela dans ce style net, sobre et énergique dont Montesquieu semble lui avoir livré le secret. Selon Saint-Just, les mœurs, qui sont les rapports que la nature a établis entre les hommes, ont été dénaturées. La crainte a succédé à la piété filiale, la galanterie à l'amour, la familiarité à l'amitié, et l'intérêt domine le tout. Et qui plus que lui avait droit de flétrir cet égoïsme général, lui qui, dans un de ces accès d'enthousiasme qu'on ne saurait trop admirer, avait fait hommage de ses biens au pays? Il s'agit donc, suivant lui, de ramener les mœurs à leur origine pour que les parents soient chéris, les inclinations pures et les liaisons sincères. En vain les déclamateurs poursuivent les mauvaises passions, suite inévitable du déplorable état dans lequel a si longtemps vécu la société française, les peintures qu'ils en font, pense-t-il, ne peuvent que servir d'aliments à la corruption. Le seul remède est dans la Constitution, si elle est bonne, car « alors, dit-il, elle réprime les mœurs ou les tourne à son profit, comme un corps robuste se nourrit d'aliments vils. » Sur l'âpre amour de la propriété, auquel sont subordonnés les plus doux sentiments de la nature, il y a des lignes vraiment admirables. Cette propriété, si inique telle qu'elle existait jadis, et de source si impure, la Révolution l'a relevée à ses yeux par des lois pleines de sagesse, et il écrit : « L'oubli de ces lois avait fait naître la féodalité, leur ressouvenir l'a renversée; ses ruines ont étouffé l'esclavage; elles ont rendu l'homme à lui-même, le peuple aux lois. » La suppression des règles féodales, de ces abus, de ces horreurs « qui ont donné l'exemple, chez les modernes, d'une servitude inconnue à l'antiquité même, » a fait pardonner à la propriété qui, dépouillée de ces abus, « rend l'homme soigneux, et attache les cœurs ingrats à la patrie. »

Plus loin, il applaudit à la destruction de la noblesse, incompatible avec les principes d'un peuple qui veut la liberté et l'égalité, non point l'une sans l'autre, comme chez les Anglais où la liberté est toute au profit de l'aristocratie. « D'ailleurs, écrit Saint-Just, la loi n'a point proscrit la vertu sublime; elle a voulu qu'on l'acquît soi-même, et que la gloire de nos aïeux ne nous rendît pas insouciants sur nos vertus personnelles. C'est une absurde maxime que celle de l'honneur héréditaire. Si la gloire que nous avons méritée n'est à nous qu'après notre mort, pourquoi ceux qui l'ont acquise en jouiraient-ils audacieusement pendant leur vie oisive? »

L'éducation n'est point oubliée dans ce livre, où sont effleurées toutes les questions sociales. C'est faute d'une éducation convenable, suivant Saint-Just, que la jeunesse et que l'amour prennent de si fâcheuses directions. C'est cette éducation viciée qui engendre la corruption des mœurs et qui fait conclure ces mariages imprudents, sources de tant de malheurs et aboutissant fatalement au divorce ou à la séparation. Cependant il ne peut comprendre ni l'un ni l'autre. « C'est, dit-il, une infamie qui souille la dignité du contrat social : que répondrai-je à mes enfants quand ils me demanderont où est leur mère? »

Mais il croit trop à la vertu humaine renforcée par l'éducation, quand il prescrit l'indissolubilité des liens. Il ne se rend pas assez compte de la différence des humeurs, des incompatibilités sociales que l'éducation est impuissante à réformer, et ne prend pas suffisamment garde aux tortures auxquelles certains êtres sont condamnés par une union indissoluble. Quant à la séparation de biens, qui lui répugne parce qu'elle n'est, le plus souvent, qu'un prétexte pour frauder les créanciers, il ne considère pas assez la triste position d'une femme réduite à la misère par l'imprudence ou les prodigalités d'un mari.

Il y a des pages charmantes sur l'infidélité des époux et sur la femme. Mais quelques citations vaudront mieux ici qu'une analyse, rendue, d'ailleurs, impossible par la sobriété de l'auteur, qui ne fait pas de phrases et ne dit rien de trop. Si quelques lectrices se risquent à feuilleter avec une certaine attention cette histoire un peu sévère, elles se prendront, j'en suis sûr, à aimer ce Saint-Just, qu'une tradition menteuse leur a dépeint si terrible. « On a dit que la dépendance naturelle de la femme rendait son infidélité plus coupable que celle du mari; ce n'est point ici tout à fait que je veux examiner si cette dépendance est naturelle ou politique, je prie seulement qu'on y réfléchisse; mais je veux une bonne fois qu'on m'explique pourquoi le mari qui met des enfants adultérins dans la maison d'un autre ou de plusieurs autres est moins criminel que la femme qui n'en peut mettre qu'un dans la sienne. Il y a un contrat entre les époux (je ne parle pas du contrat civil). Le contrat est nul si quelqu'un y perd; dire que l'époux infidèle n'est pas coupable, c'est dire qu'il s'est réservé, par le contrat, le privilége d'être mauvais... Ceux qui portent des lois contre les femmes et non contre les époux, auraient dû établir aussi que l'assassin ne serait point le criminel, mais la victime... O vous qui faites des lois, vous en répondez; les bonnes mœurs peuplent les empires...

» Chez les peuples vraiment libres, les femmes sont libres et adorées et mènent une vie aussi douce que le mérite leur faiblesse intéressante. Je me suis dit quelquefois dans la capitale : Hélas ! chez ce peuple esclave, il n'est point une femme heureuse, et l'art avec lequel elles ménagent leur beauté ne prouve que trop que notre infamie leur a fait quitter la nature ; car, à la modestie d'une femme, on reconnaît la candeur de son époux...

» Dans vingt ans, je verrai sans doute avec bien de la joie ce peuple qui recouvre aujourd'hui sa liberté recouvrer à peu près ses mœurs. Nos enfants rougiront peut-être des tableaux efféminés de leurs pères. Moins énervés que nous par la débauche et le repos, leurs passions seront moins brutales que les nôtres ; car, dans des corps affaiblis par le vice, on trouve toujours des âmes dures.

» Quand les hommes n'ont plus de patrie, bientôt ils deviennent scélérats ; il faut bien poursuivre, à tel prix que ce soit, le bonheur qui nous fuit ; les idées changent, on le trouve dans le crime. O législateurs, donnez-nous des lois qui nous forcent à les aimer ; l'indifférence pour la patrie et l'amour de soi-même sont la source de tout mal ; l'indifférence pour soi-même et l'amour de la patrie sont la source de tout bien. »

Il n'y a pas longtemps, un écrivain, distingué d'ailleurs, mais grand ennemi de la Révolution, répandait dans un journal, réactionnaire à outrance, un flot d'invectives contre les malheureux dont la naissance n'a pas été légitimée et qu'il rendait ainsi responsables de la faute d'une mère. Il est peu de lecteurs qui n'aient été indignés de cet anathème impie. A ces apostrophes barbares comparez ces lignes de Saint-Just : « Toute patrie vertueuse se rendra la mère des infortunés à qui la honte aura refusé le lait et les caresses de la nature. Il reste à l'orphelin des mains qui l'élèvent et qu'il baise ; on lui parle quelquefois de sa mère, dont l'art a pu conserver les traits ; le bâtard, plus malheureux mille fois, se cherche dans le monde ; il demande à tout ce qu'il voit le secret de sa vie ; et, comme sa jeunesse est ordinairement trempée d'amertume, le malheur le rend industrieux dans un âge plus avancé. Est-il rien de plus intéressant que ce triste inconnu ? S'il est une hospitalité religieuse, c'est celle qui recueille celui que la nature lui envoie ; c'est le bienfait le plus sublime qui se puisse rendre dans le monde. Il est le moins intéressé ; il est perdu pour le cœur d'une mère. »

Plus on lit ce livre, plus on y découvre, non pas les rêves d'un philanthrope, mais toutes les qualités qui constituent l'homme pratique, le moraliste profond. Le duel, les manières, l'armée de ligne, la garde nationale y sont successivement l'objet des plus judicieuses appréciations. Les chapitres consacrés à la religion sont d'une force singulière. Que de vues sages et élevées ! L'auteur, il est vrai, ne veut pas du despotisme des prêtres ; il ne veut pas qu'ils prennent part au gouvernement et que le sacerdoce devienne un moyen politique. « L'Évangile, dit-il avec raison, n'a voulu former que l'homme et ne s'est pas mêlé du citoyen, et ses vertus, que l'esclavage a rendues politiques, ne sont que des vertus privées. » Mais comme il comprend admirablement ce que doit être la religion parmi les hommes, une œuvre de moralisation avant tout ! Comme il remercie la Révolution et l'Assemblée d'avoir, tout en respectant la piété de nos pères, asservi le prêtre aux lois du monde ! « La France n'a point démoli son Église, mais en a repoli les pierres. » Comme le génie du christianisme apparaît à ses yeux sous son jour véritable et civilisateur : « Les premiers Romains, les premiers Grecs, les premiers Égyptiens furent chrétiens. Ils avaient des mœurs : voilà le christianisme... Si le Christ renaissait en Espagne, il serait de nouveau crucifié par les prêtres comme un factieux, un homme subtil, qui, sous l'appât de la modestie et de la charité, méditerait la ruine de l'Évangile et de l'État. En effet, ce législateur porta le coup à l'empire romain ; le règne de la vertu, de la patience, de la pauvreté, devait abattre l'orgueil de la monarchie en rectifiant les mœurs. » Comme enfin il flétrit éloquemment le fanatisme « né de la domination des prêtres européens, » les attentats dont il a été la cause, et comme il bénit cette Révolution sous les coups de laquelle était tombée « cette terrible théocratie qui avait bu tant de sang ! » — « Ainsi, dit-il, Dieu et la vérité furent affranchis du joug de leurs prêtres. »

Saint-Just, dans la quatrième partie de son livre, traite de l'État politique. Il reproche à J.-J. Rousseau, « tout sublime qu'il est, » d'avoir pris la liberté pour un art de l'orgueil humain, tandis qu'à ses yeux elle a son unique source dans la simplicité et dans la vertu. De bonnes lois, des mœurs et de l'activité, voilà, selon lui, les principales conditions de conservation d'un peuple et de son indépendance. Une nation lui paraîtrait sage par excellence, qui pourrait se passer de magistrats et de soldats. Il fait cependant l'éloge de la nouvelle organisation judiciaire : « Les nouveaux tribunaux de France ont brisé les plus grands ressorts de la tyrannie, en substituant aux justices irascibles des seigneurs des juridictions de paix, dont le nom seul soulage des premiers ; leur compétence est bornée à la nature des intérêts du pauvre, etc. »

Mais il ne peut comprendre le droit dont est investi un tribunal de prononcer une peine capitale. « Oh ! entrailles de la nature, s'écrie-t-il, nous ne vous connaissons plus ! » Oui, ce jeune homme qui, un jour, exaspéré par les défis jetés à la Révolution, par les machinations de toute sorte imaginées pour la terrasser, par les trahisons incessantes, demandera, lui aussi, les mesures les plus sévères contre les irréconciliables ennemis de la République, ce jeune homme, à l'heure où la Révolution ne rencontrait pas encore de ces résistances féroces qui la rendirent sanglante plus tard, n'admettait point les peines corporelles, et son cœur se soulevait à l'idée de la peine de mort. Écoutez, écoutez : « Quelque vénération que m'inspire l'autorité de J.-J. Rousseau, je ne te pardonne pas, ô grand homme, d'avoir justifié le droit de mort. Si le peuple ne peut communiquer le droit de souveraineté, comment communiquera-t-il les droits sur sa vie?... Remarquez que, lorsqu'un peuple emploie la force civile, on ne punit que les crimes maladroits, et la corde ne sert qu'à raffiner les fripons. Rousseau, tu t'es trompé; c'est, dis-tu, pour n'être pas victime d'un assassin que tu consens à mourir si tu le deviens; mais tu ne dois pas consentir à devenir assassin ; mais tu violes la nature et l'inviolabilité du contrat, et le doute du crime suppose déjà qu'il te sera possible de t'enhardir à le commettre. Quand le crime se multiplie, il faut d'autres lois; la contrainte ne fait que le fortifier, et comme tout le monde brave le pacte, la force elle-même est corrompue; il ne reste plus de juge intègre; le peuple qui se gouverne par la violence l'a sans doute bien mérité. Je ne vois plus en France que des gendarmes, que des tribunaux, que des sentinelles; où sont donc les hommes libres ? »

Que la peine soit terrible chez les despotes ; pour lui, il la veut douce et sensible dans les gouvernements fondés sur la liberté. « Dans le despotisme, dit-il, tout est délit, sacrilége, rébellion ; l'innocence se perd embarrassée ; dans l'autre, tout est salut, pitié, pardon. »

Il y a plus loin, dans un chapitre consacré aux supplices et à l'infamie, les idées les plus neuves, les plus originales et les plus vraies. Tout supplice lui paraît en contradiction avec la loi française qui déclare les fautes personnelles, car au supplice est attachée l'infamie, qui, quoi qu'on fasse, rejaillira toujours sur les enfants du supplicié. Il imagine donc de le remplacer par l'effigie, ce qui est pousser loin, comme on voit, la douceur de la répression. Mais ce qui est horrible par-dessus tout, à ses yeux, ce sont les tourments auxquels n'est point attaché le déshonneur et qui ne sont plus alors que des cruautés juridiques et stériles pour l'opinion. « Le supplice, poursuit-il avec une éloquente émotion, est un crime politique, et le jugement qui entraîne peine de mort, un parricide des lois. Qu'est-ce, je le demande, qu'un gouvernement qui se joue de la corde et qui a perdu la pudeur de l'échafaud ? Et l'on admire de semblables férocités ! Combien est barbare la politesse européenne ! La roue n'est point une chose honteuse, respectez-vous donc le crime ? Le coupable meurt, et meurt inutilement dans la rage et les sueurs d'une poignante agonie ; quelle indignité ! Ainsi on méprise la vertu comme le vice, on dit aux hommes : Soyez traîtres, parjures, scélérats, si vous voulez, vous n'avez point à redouter l'infamie, mais craignez le glaive et dites à vos enfants de le craindre. Il faut tout dire, les lois qui régnent par le bourreau, périssent par le sang et l'infamie... La preuve que ces supplices sont indignes des hommes, c'est qu'il est impossible de concevoir les bourreaux... Je ne vois que des constitutions pétries d'or, d'orgueil et de sang, et je ne vois nulle part la douce humanité, l'équitable modération qui devraient être la base du traité social... Malheur au gouvernement qui ne peut se passer de l'idée des tortures. et de l'infamie!... Bienheureuse mille fois la contrée où la peine serait le pardon!... L'arbre du crime est dur, la racine en est tendre; rendez les hommes meilleurs qu'ils ne sont, et ne les étranglez pas. » Que le lecteur rassemble ses souvenirs, et qu'il se demande s'il a souvent entendu de telles paroles.

La liberté de la presse est célébrée par l'auteur en termes magnifiques; c'est la sauvegarde de l'indépendance nationale et la terreur de l'oppression. Aussi écrit-il : « L'impression ne se tait point, elle est une voix impassible, éternelle, qui démasque l'ambitieux, le dépouille de son artifice et le livre aux méditations de tous les hommes ; c'est un œil ardent qui voit tous les crimes et les punit sans retour; elle est une arme à la vérité comme à l'imposture. Il en est de l'imprimerie comme du duel, les lois qu'on porterait contre elle seraient mauvaises, elles prendraient le mal loin de sa source. »

En quelques paroles, il peint admirablement les principaux écrivains et orateurs de l'époque : « On ne peut s'empêcher d'admirer l'intrépidité de Loustalot qui n'est plus et dont la plume vigoureuse fit la guerre à l'ambition. » De Marat, il dit : « Il eut une âme pleine de sens, mais trop inquiète. » De Camille Desmoulins : « Quelle que soit l'ardeur et la passion de son style, il ne put être redouté que par des gens qui méritaient qu'on informât contre eux. » Après un pompeux éloge des Lameth, des Mirabeau, des Robespierre, il termine ainsi ce chapitre : « Ces écrivains et ces orateurs établirent une censure qui fut le despotisme de la raison et presque toujours de la vérité : les murs parlaient ; les intrigues devenaient bientôt publiques ; les vertus étaient interrogées ; les cœurs fondus au creuset. »

Je suis obligé de rappeler, seulement pour mémoire, les choses excellentes qu'il dit sur les administrations, sur les ministères, sur l'impôt, qu'il appelle le gouvernail du vaisseau public, sur l'aliénation des domaines, sur les rentes viagères, sur le commerce et sur l'agriculture, à laquelle manquent les bras : « Laissez au paysan ses enfants, dont vous faisiez de mauvais soldats, laissez-lui les bons habitants des campagnes masqués en valets ; qu'il puisse s'enrichir par lui-même ; sa vertu engraissera bientôt ses sillons, et vous ne verrez plus de pauvres. L'agriculture, devenue une source d'abondance, sera honorée comme elle mérite de l'être... »

A propos des assignats, il écrit, avec quelle vérité ! « Établissez chez un peuple la vertu politique, faites en sorte que cette nation se fie à ses lois parce qu'elle sera sûre de sa liberté, mettez partout une morale à la place des préjugés habituels, et faites ensuite des monnaies de cuir ou de papier, elles seront plus solides que l'or. »

Dans la cinquième et dernière partie, où il est question du droit des gens, que de fortes maximes dignes de se fixer dans la mémoire des hommes ! « Où il n'est point de lois, il n'est point de patrie... Un peuple qui aime les conquêtes n'aime que sa gloire et finit par mépriser ses lois. Il est beau de ne prendre les armes que pour défendre sa liberté ; celui qui attaque celle de ses voisins fait peu de cas de la sienne... Pour qu'un peuple aime longtemps sa patrie, il faut qu'il ne soit pas ambitieux ;

pour qu'il conserve sa liberté, il est nécessaire que le droit des gens ne soit pas à la disposition du prince. Dans la tyrannie, un seul homme est la liberté, un seul homme est la patrie, c'est le monarque... Il n'y avait plus de patrie à Rome, tout était César. Quand je pense où devaient aboutir la discipline et la frugalité de tant de héros; quand je pense que ce fut le sort des plus belles constitutions, et que la liberté perdit toujours ses principes pour conquérir, que Rome mourut après Caton, que l'excès de sa puissance produisit des monstres plus détestables et plus superbes que les Tarquins, la douleur déchire mon âme et arrête ma plume. »

Saint-Just, comme nous l'avons dit, acceptait parfaitement, malgré les quelques taches signalées par lui dans la Constitution de 1791, la monarchie telle qu'elle était sortie des mains de cette grande Assemblée constituante. Cependant, çà et là, que d'aspirations républicaines! « La souveraineté des nations est aussi imprescriptible que celle de l'Être suprême, quoiqu'on l'ait usurpée. » A propos du club des Jacobins : « Les amis de la patrie formèrent des sociétés où régnait le plus habile. Celle des Jacobins fut la plus fameuse. Elle était remplie de quatre hommes vraiment grands, et dont nous parlerons un jour; rien n'est mûr aujourd'hui. » Et plus loin, en parlant de la fédération : « Si le triste honneur de la monarchie doit périr en France, on devra beaucoup l'égalité aux assemblées fédératives... Toute prétention des droits de la nature qui offense la liberté est un mal ; tout usage de la liberté qui offense la nature est un vertige... Un corps social a manqué ses proportions quand les pouvoirs ne sont pas suffisamment distraits l'un de l'autre; que le peuple trop éloigné de sa souveraineté est trop près du gouvernement ou trop soumis, en sorte qu'il ressente plutôt l'obéissance que la vertu ou la fidélité... »

Il y a, dans la cinquième partie, des idées tout à fait neuves et curieuses sur les rapports entre nations. L'auteur espère le jour où les peuples ne seront plus rivaux et formeront une immense famille humaine ; en attendant, il trace, d'après le bon sens et l'économie, les règles sur lesquelles doivent être établies leurs relations.

En terminant ce rapide aperçu sur la nouvelle société française, il recommande qu'on n'oublie pas les hommes généreux qui ont été l'honneur du monde. « La piété publique, dit-il, doit aux grands hommes qui ne sont plus, quelle que soit leur patrie, des monuments qui les éternisent et entretiennent dans le monde la passion des grandes choses. » Puis, en jetant les yeux sur les innombrables statues de rois et d'empereurs répandues en Europe, il ne voit que trois monuments dignes de la majesté humaine, ceux de Pierre le Grand, de Frédéric et de Henri IV, et se demande avec amertume où sont les statues des d'Assas, des Montaigne, des Pope, des Rousseau, des Duguesclin et de tant d'autres. « Dans leurs livres, ajoute-t-il, et dans le cœur de cinq ou six hommes par génération. »

Étonnez-vous donc encore de l'influence considérable d'un homme qui écrivait : « La vie active durcit les mœurs, qui ne sont altières que quand elles sont molles. Les hommes qui travaillent se respectent...

» La justice sera simple, quand les lois civiles, dégagées des subtilités féodales, bénéficiaires et coutumières, ne rappelleront plus que la bonne foi parmi les hommes ; quand l'esprit public, tourné vers la raison, laissera les tribunaux déserts... »

Ce vigoureux coup d'essai d'un écrivain de vingt-trois

ans eut, comme nous l'avons dit, un grand retentissement. Barère en parle ainsi dans ses Mémoires : « Saint-Just publia en 1790 (c'est 91), un volume sur la Révolution française, et cet écrit fut distingué par les politiques éclairés de l'Assemblée constituante. L'édition fut épuisée en peu de jours (1). » Mais ce qui distingue particulièrement ce livre, entre toutes les choses excellentes qu'il renferme, c'est ce puissant amour de Saint-Just pour l'humanité, un culte profond et sincère pour la raison, et un dévouement sans bornes à la liberté individuelle, à la liberté en dehors de toutes les exagérations. Ce livre enfin fait aimer son auteur. C'est tout ce que demandait Saint-Just par ces quelques lignes de sa préface, adressées à ses lecteurs et qui seront la conclusion de ce chapitre : « Je n'ai rien à dire de ce faible essai, mais qui que vous soyez, puissiez-vous, en le lisant, aimer le cœur de son auteur; je ne demande rien davantage et je n'ai pas d'autre orgueil que celui de ma liberté. »

(1) *Mémoires de Barère*, t. IV, p. 407.

CHAPITRE VI

Élection des députés à l'Assemblée législative. — Lettre à Daubigny. — Le 10 août. — Saint-Just est nommé représentant du peuple à la Convention. — Lettre à son beau-frère. — Les massacres de septembre. — Une erreur de M. de Lamartine. — Les enrôlements volontaires en 1792.

Ce fut ce livre à la main que Saint-Just se présenta aux suffrages de ses concitoyens lorsque furent convoqués les colléges électoraux pour la nomination des députés à l'Assemblée législative. La loi exigeait l'âge de vingt-cinq ans accomplis comme condition d'éligibilité; Saint-Just n'en avait que vingt-quatre. Malgré cela, ses partisans étaient en grande majorité, et il eût été certainement élu, sans les réclamations d'un petit nombre d'électeurs qui parvinrent à le faire rayer de la liste des citoyens actifs, dans laquelle il avait été compris jusqu'à ce jour.

Nonobstant son désir d'être utile et les grands services qu'il rendait, Saint-Just n'avait pu éviter de se faire des ennemis. Qui donc est assez heureux pour n'en point avoir? Eussiez-vous les plus hautes qualités du monde, fussiez-vous le meilleur, le plus pur des hommes, vous aurez toujours contre vous la cohue des envieux et des méchants, vous aurez toujours à subir la morsure de certains êtres que toute supériorité exaspère et qui font le mal par nature, par plaisir, semblables à ces animaux qui détruisent et ravagent sans besoin, sans but, obéissant seulement à leur instinct de férocité native.

Il venait sans doute d'être cruellement froissé lorsqu'il adressa à son ami Daubigny (1), qui fut depuis secrétaire du ministre Bouchotte, la lettre suivante, écrite sous l'empire d'une profonde irritation; cette lettre a été retrouvée chez Saint-Just, après sa mort, ce qui nous fait penser qu'elle était restée dans ses papiers et n'avait pas été envoyée à son destinataire.

« Je vous prie, mon cher ami, de venir à la fête ; je vous en conjure. Mais ne vous oubliez pas toutefois dans votre municipalité. J'ai proclamé ici le destin que je vous prédis : vous serez un jour un grand homme de la République. Pour moi, depuis que je suis ici, je suis tourmenté d'une fièvre républicaine qui me dévore et me consume. J'envoie, par le même courrier, à votre frère la deuxième. Procurez-vous-la dès qu'elle sera prête.

(1) C'est ce même Daubigny qui, accusé faussement de complicité dans le vol du garde-meuble, fut noblement défendu à la tribune de la Convention par Robespierre et par Saint-Just, à la protection desquels il dut sa nomination de secrétaire au ministère de la guerre. Il paya sa dette de reconnaissance à la mémoire de ses protecteurs en devenant, après thermidor, un de leurs plus lâches détracteurs.

Donnez-en à MM. de Lameth et Barnave; j'y parle d'eux. Vous m'y trouverez grand quelquefois. Il est malheureux que je ne puisse rester à Paris : je me sens de quoi surnager dans le siècle. Compagnon de gloire et de liberté, prêchez-la dans vos sections ; que le péril vous enflamme. Allez voir Desmoulins, embrassez-le pour moi, et dites-lui qu'il ne me reverra jamais ; que j'estime son patriotisme, mais que je le méprise, lui, parce que j'ai pénétré son âme et qu'il craint que je ne le trahisse. Dites-lui qu'il n'abandonne pas la bonne cause, et recommandez-le-lui, car il n'a point encore l'audace d'une vertu magnanime. Adieu ; je suis au-dessus du malheur. Je supporterai tout, mais je dirai la vérité. Vous êtes tous des lâches qui ne m'avez pas apprécié. Ma palme s'élèvera pourtant et vous obscurcira peut-être. Infâmes que vous êtes, je suis un fourbe, un scélérat, parce que je n'ai pas d'argent à vous donner. Arrachez-moi le cœur et mangez-le, vous deviendrez ce que vous n'êtes point : grands.

» J'ai donné à Clé un mot par lequel je vous prie de ne lui point remettre d'exemplaire de ma lettre. Je vous le défends très-expressément, et si vous le faisiez, je le regarderais comme le trait d'un ennemi. Je suis craint de l'administration, je suis envié, et tant que je n'aurai point un sort qui me mette à l'abri de mon pays, j'ai tout ici à ménager. Il suffit ; j'espère que Clé reviendra les mains vides, ou je ne vous ne le pardonnerais pas.

» O Dieu ! faut-il que Brutus languisse oublié loin de Rome ! Mon parti est pris cependant : si Brutus ne tue pas les autres, il se tuera lui-même. Adieu ; venez.

» SAINT-JUST. »

Noyon, 20 juillet 1792 (1).

(1) On sait que le conventionnel Courtois fit trafic des papiers trouvés chez Robespierre, Saint-Just et autres. L'original de la lettre à Daubigny

L'ouvrage auquel Saint-Just fait allusion dans cette lettre est, sans nul doute, son livre sur l'esprit de la Révolution et de la Constitution, dans lequel il est, en effet, question de Lameth et de Barnave en termes très-dignes et favorables. L'opinion marchait vite en ce temps, et l'on peut voir combien les idées de Saint-Just se sont progressivement modifiées depuis l'année précédente. La Constitution de 1791, mal exécutée, ne lui suffit plus. Un gouvernement monarchique lui paraît désormais incompatible avec la liberté et l'égalité ; le voici décidément républicain. Dans sa méfiance farouche, il craint que les premiers apôtres de la Révolution n'abandonnent la bonne cause ; peut-être lui semblent-ils trop aimer cette vie facile et luxueuse, si peu en harmonie avec le puritanisme qu'il rêvait. Son jugement très-défavorable sur Camille Desmoulins prouve la médiocre estime qu'il en avait dès l'année 1792. Sans partager entièrement son opinion sur l'auteur du *Vieux Cordelier*, dont la physionomie a des côtés si sympathiques et si séduisants, nous tenons à constater que, bien longtemps avant d'avoir été l'objet d'une épigramme de Camille Desmoulins, il se sentait pour lui une sorte de mépris.

A cette même époque, l'Assemblée législative, où dominait la Gironde républicaine, irritée du mauvais vouloir de la cour, faisait au gouvernement royal une opposition menaçante. D'un côté les tendances contre-révolutionnaires des serviteurs de Louis XVI, les menées des émigrés, la coalition étrangère, de l'autre, les soupçons des patriotes, l'impatience des fédérés accumulés dans Paris, tout annonçait une catastrophe imminente ; on était à trois semaines à peine du jour où le tocsin

faisait partie de la collection de M. Failly, et appartient aujourd'hui à la fille de ce dernier, madame des Bordes.

allait sonner le glas funèbre de l'antique monarchie des Capétiens.

Tout à coup, la nouvelle de l'insurrection victorieuse du 10 août se répandit dans les départements, et y causa un enthousiasme presque universel. On n'était pas encore blasé de la Révolution, et l'espérance de voir sortir de toutes ces grandes commotions un gouvernement rationnel, pur et fort, était alors dans tous les cœurs. En même temps, on apprit le décret du lendemain, par lequel l'Assemblée législative convoquait les collèges électoraux pour nommer une Convention nationale.

Saint-Just se présenta de nouveau aux suffrages des électeurs de son département. De là ce reproche d'ambition que des biographes de mauvaise foi n'ont pas manqué de lui jeter à la tête. Que ces messieurs daignent nous expliquer pourquoi les candidats qui ont le malheur de ne pas épouser leurs opinions sont, à leurs yeux, de purs ambitieux, tandis que les candidats de leur parti sont tous des gens tout à fait désintéressés? Quiconque sollicite le mandat de législateur a l'ambition d'être nommé; cela est évident, mais cette ambition est plus ou moins honnête. Ceux qui, sous le couvert d'un libéralisme chanté sur toutes les gammes, demandent les voix de leurs concitoyens au nom d'un drapeau qu'ils jurent de tenir d'une main ferme, et qui, une fois élus, répudient sans pudeur ce qu'ils appelaient leurs convictions, et se font de leur mandat un marchepied pour les honneurs et la fortune, apostats d'une religion qui était sur leurs lèvres, mais qui n'a jamais été dans leurs cœurs, ceux-là sont des ambitieux dignes de l'universel mépris; quant à ces utopistes qui, pour le triomphe de leurs principes, pour l'amélioration des lois de leur pays, pour le soulagement des classes souffrantes, cherchent à entrer dans une Assemblée législative, et meurent quelquefois à leur poste sans avoir dévié de leur chemin, ils sont animés d'une ambition peut-être, mais d'une ambition loyale et que le blâme ne peut atteindre.

Telle était l'ambition de Saint-Just quand il se proposa comme candidat à la Convention nationale, pour l'élection de laquelle les scrutins s'ouvrirent le 2 septembre 1792. Il venait d'atteindre sa vingt-cinquième année. Les idées dont il était la personnification triomphaient cette fois, et ses ennemis, qui avaient si bien cabalé contre lui quand la réaction paraissait l'emporter, n'osèrent pas élever la voix. C'eût été cependant un acte de courage de leur part : ils jugèrent plus prudent de garder le silence. L'opinion, d'ailleurs, était pour Saint-Just, qui fut élu aux applaudissements unanimes; et les électeurs qui avaient voté contre lui furent peut-être les premiers à le féliciter et à lui serrer la main. Le triomphe nous fait tant d'amis! Et son triomphe fut grand dans la salle où son élection venait d'être proclamée; on lit les lignes suivantes au procès-verbal de la réunion électorale : « M. le président lui a dit deux mots sur ses vertus qui ont devancé son âge. M. Saint-Just a répondu en marquant à l'Assemblée toute sa sensibilité et la plus grande modestie; il a en outre prêté le serment de maintenir la liberté et l'égalité, et le son des cloches a annoncé sa nomination. »

Ces simples paroles ne sont-elles pas une nouvelle preuve bien concluante de la grande réputation d'honnêteté dont il jouissait, à juste titre, parmi ses concitoyens, réputation que des biographes, peu dignes de ce nom, cherchent à ternir aujourd'hui, au moment où l'impartiale postérité doit juger, de sang-froid et sans prévention, les hommes de cette grandiose époque, et diminuer la part de responsabilité trop lourde qu'on a fait peser sur leur mémoire ?

Saint-Just ne pouvait être étonné de son élection ; il avait la foi la plus profonde en ses destinées, et sa place lui semblait marquée d'avance au sein de cette Convention, où il allait briller d'un si vif éclat, et qui devait être le théâtre de ses succès et de sa chute. Aussi annonça-t-il sa victoire à son beau-frère, le juge de paix de Chaulnes, dans les termes les plus simples :

« Frère, je vous annonce que j'ai été nommé, lundi dernier, député à la Convention par l'assemblée électorale du département de l'Aisne. Faites-moi le plaisir de me mander, dans le courant de la semaine, si je puis disposer, pour une quinzaine, de votre logement, en attendant que j'en aie trouvé un. Dans le cas où cela se pourrait, donnez-moi une lettre pour le concierge.

» Donnez-nous des nouvelles de votre épouse ; envoyez-la-moi, si vous voulez, quand je serai installé.

» Je vous embrasse tous les deux de tout mon cœur.

     » Votre frère et ami,
     » Saint-Just.

» Soissons, ce 9 septembre 1792.

» *P. S.* Je pars lundi prochain. »

Pendant que les élections pour la nouvelle Constituante se faisaient, en pleine révolution, avec un calme qu'on ne retrouve pas toujours sous un gouvernement régulier, Paris était témoin d'une épouvantable orgie sanguinaire. Des hommes qui semblent prendre à tâche de déshonorer les plus belles causes, se livraient à cette horrible boucherie de septembre, qui, dans les temps modernes, n'a eu de précédent que les tueries de la Saint-Barthélemy, les dragonnades des Cévennes, et n'a été dépassée depuis que par les assassinats commis lors de la réaction de thermidor et les massacres du Midi, après la chute de l'empire... Ah! ces affreuses journées, ne cessons pas de le redire, elles furent spontanées comme la foudre, et terribles comme elle, mais elles ne furent point préméditées ; c'est au moins une consolation pour l'humanité.

Comme on l'a vu, Saint-Just s'occupait de son élection tandis que s'accomplissaient ces événements qu'il flétrira si éloquemment plus tard, à la tribune de la Convention. Il est donc à regretter que M. de Lamartine, dans son épopée des *Girondins*, ait cru devoir lui faire jouer un rôle, si inoffensif qu'il soit, pendant la nuit qui précéda le massacre. Suivant l'auteur des *Girondins*, Robespierre et Saint-Just seraient sortis ensemble des Jacobins, à onze heures du soir, tandis qu'on préparait le grand égorgement du lendemain (M. de Lamartine suppose la préméditation); Robespierre ayant accompagné, tout en conversant, Saint-Just jusqu'à la maison où demeurait celui-ci, serait monté dans la chambre du jeune homme pour continuer l'entretien ; mais laissons parler l'illustre poëte :

« Saint-Just jeta ses vêtements sur une chaise et se disposa pour le sommeil. — Que fais-tu donc? lui dit Robespierre. — Je me couche, répondit Saint-Just. — Quoi! tu peux dormir dans une nuit pareille! n'entends-tu pas le tocsin? Ne sais-tu pas que cette nuit sera peut-être la dernière pour des milliers de nos semblables, qui sont des hommes au moment où tu t'endors, et qui seront des cadavres au moment où tu te réveilleras?

» — Hélas! répondit Saint-Just, je sais qu'on égorgera

peut-être cette nuit, je le déplore, je voudrais être assez puissant pour modérer les convulsions d'une société qui se débat entre la liberté et la mort, mais que suis-je ? Et puis, après tout, ceux qu'on immolera cette nuit ne sont pas les amis de nos idées. Adieu. Et il s'endormit (1). »

Si M. de Lamartine avait réfléchi qu'on était alors au moment des élections, et qu'un candidat à la députation devait être nécessairement sur les lieux où se débattait son sort ; s'il s'était rappelé surtout en quels termes Saint-Just, dans son rapport fait au nom du Comité de Salut public, dans la séance du 9 juillet 1793, a reproché aux Girondins de ne pas s'être interposés entre les assassins et les victimes de septembre, alors qu'ils étaient au pouvoir, il n'aurait pas raconté cette anecdote erronée et se serait bien gardé de faire jouer ce rôle à Saint-Just, qui, à la date du 9 septembre, se trouvait encore à Soissons. Mais cette erreur, très-involontaire sans doute, n'entache en rien la mémoire de Saint-Just ; dans tous les cas, ce n'était pas à M. Édouard Fleury à la reprocher à M. de Lamartine, en termes d'où l'urbanité est exclue et où le mot « mensonge » est prononcé.

Saint-Just, avant de quitter Soissons, voulut présider en personne au recrutement des volontaires qui allaient courir aux frontières défendre le pays entamé par l'étranger. On sait avec quel enthousiasme se firent ces enrôlements de 1792. Ce fut au point que, dans beaucoup de localités, il y eut nécessité de mettre un frein à l'ardeur du peuple, qui répondait avec un si noble empressement à ce cri sinistre : « La patrie est en danger ! » Ah ! c'était un beau spectacle ! Et, certes, toutes les cours de l'Europe durent tressaillir en voyant avec quel fier

---

(1) Lamartine : *Histoire des Girondins*, t. III, p. 333.

héroïsme la France se disposait à braver leur coalition.

Sur l'autel de la patrie, dressé soit dans l'église, soit sur la place publique de chaque commune, des citoyens de tout âge, de toutes conditions, désertant les champs ou les ateliers, jetant leurs plumes, leurs pinceaux, leurs robes, ou s'arrachant aux loisirs d'une vie dorée, ouvriers, artistes, hommes de lettres, avocats, commerçants, venaient en foule inscrire leurs noms sur le registre des enrôlements. Les femmes, ces douces natures, furent à la hauteur de la situation; les mères, les sœurs, les fiancées, surmontant leur douleur, encourageaient au départ le fils, le frère ou l'amant qu'elles ne devaient plus revoir. Hélas! il en revint si peu de ces braves gens qui furent le rempart et le salut de la France républicaine! Mais leur mort n'a pas été stérile; sur tous les points du sol ennemi où ils sont tombés, ils ont laissé, comme un germe fécond pour l'avenir, l'empreinte éternelle de leurs idées et de leurs principes.

Soissons fournit, pour sa part, un chiffre respectable d'enrôlements, et ce dut être pour Saint-Just un jour à jamais sacré que celui où, du sein de la vieille cathédrale, il électrisa par sa parole le cœur de tous ces volontaires qui allaient devenir des héros, et qui, comme lui, quittaient, pour toujours peut-être, le pays où avait grandi leur enfance et où dormaient leurs aïeux. Quant à Saint-Just, ils devaient le revoir, l'année suivante, aux armées.

LIVRE DEUXIÈME

CHAPITRE I

Arrivée de Saint-Just à Paris. — Premières séances de la Convention nationale. — Abolition de la royauté. — Situation générale au moment de la mise en jugement de Louis XVI. — Manifeste du duc de Brunswick. — Procès du roi. — Opinion de Morisson. — Discours de Saint-Just. — Sa réponse aux défenseurs de Louis XVI. — Son vote.

Saint-Just arriva à Paris le 18 septembre 1792, l'avant-veille du jour fixé par l'Assemblée législative pour l'ouverture de la Convention nationale. Il ne put donc assister à ces réunions préparatoires dont parlent certains écrivains pour qui le culte de l'anecdote est sacré ; il ne put prendre part non plus à ces dîners fameux dont il est aussi question, fins dîners où, *inter pocula*, disent les chroniqueurs, quelques patriotes complotaient de forcer, même par la terreur, les nouveaux représentants du peuple à proclamer la République, et où l'on a fait si gratuitement jouer un rôle au jeune et honnête député de l'Aisne.

Sa première visite fut certainement pour Robespierre, à qui l'attachaient déjà des liens étroits et vers qui l'attirait une sorte de respect, dont témoigne la lettre que nous avons reproduite. Robespierre logeait alors rue Saint-Honoré, presque en face de l'église de l'Assomption, dans une maison appartenant à un riche entrepreneur en menuiserie, nommé Duplay, brave et digne homme, entièrement dévoué aux principes de la Révolution. Ce fut dans cette modeste et respectable demeure que Saint-Just rencontra Philippe le Bas, qui devait bientôt épouser la plus jeune des filles de Duplay, et avec qui il se lia d'une inséparable amitié.

Certes, ces trois hommes, à la foi ardente, aux vues élevées, voulaient fonder la République; mais le désir d'en finir à jamais avec le passé monarchique était aussi dans presque tous les cœurs. Ni Robespierre, ni Saint-Just, ni Lebas ne prirent la parole dans la séance du 21 septembre; ce fut Grégoire qui proposa l'abolition de la royauté. Ouvrons la *Gazette nationale*, qui déjà s'appelait aussi le *Moniteur universel*, et nous pourrons nous convaincre de l'enthousiasme avec lequel cette proposition fut acceptée :

« Je demande, dit Grégoire, après avoir, en quelques mots, stigmatisé toutes les dynasties, je demande que, par une loi solennelle, vous consacriez l'abolition de la royauté.

» M. Bazire : Je demande à faire une motion d'ordre. L'Assemblée vient de manifester, par l'unanimité de ses acclamations, sa haine profonde pour les rois. On ne peut qu'applaudir à ce sentiment si concordant avec celui de l'universalité du peuple français. Mais il serait d'un exemple effrayant pour le peuple de voir une assemblée, chargée de ses plus chers intérêts, délibérer dans un moment d'enthousiasme. Je demande que la question soit discutée.

» M. Grégoire : Eh! qu'est-il besoin de discuter quand tout le monde est d'accord? Les rois sont, dans l'ordre moral, ce que les monstres sont dans l'ordre physique. Les cours sont l'atelier des crimes et la tanière des tyrans. L'histoire des rois est le martyrologe des nations. Dès que nous sommes tous également pénétrés de cette vérité, qu'est-il besoin de discuter? Je demande que ma proposition soit mise aux voix, sauf à la rédiger ensuite avec un considérant digne de la solennité de ce décret.

» M. Ducos : Le considérant de votre décret, ce sera l'histoire des crimes de Louis XVI, histoire déjà trop bien connue du peuple français. Je demande donc qu'il soit rédigé dans les termes les plus simples; il n'a pas besoin d'explications après les lumières qu'a répandues la journée du 10 août.

» La discussion est fermée.

» Il se fait un profond silence.

» La proposition de M. Grégoire, mise aux voix, est adoptée au bruit des plus vifs applaudissements.

» La Convention nationale décrète que la royauté est abolie en France.

» Les acclamations de joie, les cris de : *Vive la Nation!* répétés par tous les spectateurs, se prolongent pendant plusieurs instants (1). »

---

(1) Voyez *le Moniteur* du 22 septembre 1792, n° 266.

Ce ne fut donc pas Saint-Just qui, par son immense influence, comme M. Fleury lui en attribue le mérite, décida la Convention à abolir la royauté. Combien de fois, d'ailleurs, les Girondins n'ont-ils pas revendiqué l'honneur d'avoir provoqué l'établissement du gouvernement républicain? Saint-Just, inconnu alors, ne pouvait influencer personne; eh! qui donc avait besoin d'être influencé? Pour lui, comme pour la plupart des membres de la nouvelle assemblée, la République démocratique était le seul gouvernement selon la raison; c'était l'anéantissement des priviléges, le retour à cette égalité depuis si longtemps disparue de la terre, et la destruction définitive d'un régime sous lequel un homme, déifié, pour ainsi dire, et placé en dehors de la loi commune, pouvait, sans contrôle, imposer à un grand peuple ses fantaisies les plus ruineuses et ses caprices les plus désastreux.

De l'abolition de la royauté au jugement du roi, il n'y avait qu'un pas, et il fut bientôt franchi. L'accusation partit des Girondins : ce fut un des leurs, Valazé, qui se chargea de faire le rapport sur les crimes reprochés à Louis XVI; ce fut aussi un des leurs, Mailhe, qui rédigea le rapport sur les questions relatives au jugement.

Jusqu'à l'heure où s'ouvrirent les débats de ce grand procès, Saint-Just resta muet dans les discussions de la Convention. Il rêvait l'unanime concorde, aussi fut-il singulièrement attristé des symptômes de désunion qui éclatèrent dès les premiers jours entre la Gironde, dont quelques membres soupçonneux voyaient partout la trahison et la dictature, et la Montagne, où il siégeait, et qui se montra d'abord beaucoup plus réservée, plus calme et plus modérée. Une fois, aux Jacobins, il prit la parole et témoigna son étonnement de voir tant de troupes appelées à Paris, au moment où des accusations sans fondement étaient portées contre Robespierre et quelques autres représentants du peuple. Cela se passait peu de temps avant le jour où devait commencer le procès du roi.

Avant d'aborder cette douloureuse et solennelle affaire et de préciser toute la part qu'y eut Saint-Just, il est important d'examiner avec soin la situation de la France à cette époque, afin de se bien rendre compte de la disposition des esprits et de voir sous quelle impression funeste, dans quelles circonstances fâcheuses, les représentants du peuple à la Convention nationale allaient juger l'infortuné monarque qui assumait fatalement sur sa tête la responsabilité des fautes et des crimes de ses prédécesseurs.

De toutes parts la surexcitation patriotique était au comble; elle croissait en raison même des périls qui menaçaient la jeune République. Jamais peuple n'avait été soumis à une plus cruelle épreuve : la trahison au dedans, la coalition de l'Europe au dehors, exaspéraient les plus modérés. Les membres les plus influents de la Convention crurent qu'un exemple terrible était nécessaire. Tout, d'ailleurs, semblait accuser Louis XVI des malheurs de la patrie. C'était en invoquant son nom que l'étranger avait envahi notre territoire; et la nation entière était toute frémissante encore de l'indignation produite par l'insolente déclaration du duc de Brunswick, qui était comme le manifeste des rois coalisés contre la France. A coup sûr, Louis XVI ne pouvait avoir de plus dangereux amis. Le peuple français était traité comme un enfant mutin, et les menaces les plus ridicules lui étaient adressées à chaque ligne, dans cette proclamation insensée.

Quelle ne dut pas être la colère des Parisiens, à la lecture de ce passage :

« La ville de Paris et tous ses habitants, sans distinction, seront tenus de se soumettre, sur-le-champ et sans délai, au roi, de mettre ce prince en pleine et entière liberté et de lui assurer, ainsi qu'à toutes les personnes royales, l'inviolabilité et le respect auxquels le droit de la nature et des gens oblige les sujets envers les souverains. Leurs Majestés impériale et royale rendent personnellement responsables de tous les événements, sur leurs têtes, pour être punis militairement, sans espoir de pardon, tous les membres de l'Assemblée nationale, du district, de la municipalité et de la garde nationale de Paris, les juges de paix et tous autres qu'il appartiendra ; déclarent, en outre, Leursdites Majestés, sur leurs foi et parole d'empereur et roi, que si le château des Tuileries est forcé et insulté ; que, s'il est fait la moindre violence, le moindre outrage à Leurs Majestés le roi et la reine et à la famille royale ; s'il n'est pas pourvu immédiatement à leur sûreté, à leur conservation et à leur liberté, elles en tireront une vengeance exemplaire et à jamais mémorable, en livrant la ville de Paris *à une exécution militaire et à une subversion totale*, et les révoltés coupables d'attentat, aux supplices qu'ils auront mérités. Leurs Majestés impériale et royale promettent, au contraire, aux habitants de la ville de Paris, d'employer leurs bons offices auprès de Sa Majesté Très-Chrétienne pour obtenir le pardon de leurs torts et de leurs erreurs, et de prendre les mesures les plus vigoureuses pour assurer leurs personnes et leurs biens, s'ils obéissent promptement et exactement à l'injonction ci-dessus. »

Ne dirait-on pas que l'Europe eût juré la perte du malheureux roi ? Comment, en effet, croire qu'il ne fût pas un peu complice de ces folies tentées en son nom, et de cette guerre dont il était le prétexte ? Par sa famille, d'ailleurs, il tenait plus à l'étranger qu'à la France ; et ce qui, aux yeux de la nation, était un crime irrémissible, lui semblait peut-être une chose toute naturelle. Au reste, la Convention, après ces débats qui durèrent près de trois mois, fut convaincue de sa culpabilité, puisqu'elle le déclara coupable à l'unanimité (moins vingt-six voix qui se récusèrent).

Aujourd'hui que ces temps fiévreux sont loin de nous, nous sommes douloureusement affectés au souvenir de cette grande infortune ; nous nous étonnons que nos pères n'aient pas pris en considération tant de circonstances atténuantes qui militaient en faveur du roi déchu : l'habitude d'un long règne, les vices de la première éducation, un entourage funeste ; nous nous disons que d'un homme dont la vie n'était nullement menaçante, ils ont fait un martyr, grandi et rendu puissant par la mort ; mais, si, comme eux, nous avions vécu au milieu de ces tempêtes qui frappent de vertige les plus fortes natures ; si nous avions vu la trahison s'organiser autour de nous, au nom d'un passé odieux, et chercher à frapper de stérilité tant de nobles efforts tentés pour cette régénération sociale, si nécessaire et si légitime alors ; si enfin nous avions entendu quelques despotes nous traiter en écoliers insoumis et nous adresser d'impudentes menaces, pouvons-nous affirmer que, comme ces grands conventionnels, nous n'aurions pas dévoué notre mémoire au salut de la République, et que, en réponse aux fanfaronnades des rois, nous n'aurions pas, comme eux, jeté cette tête sanglante en défi à l'Europe ?

Ces considérations ne furent pas les seules qui décidèrent Saint-Just à prendre une part très-active dans le procès de Louis XVI : profondément convaincu, exalté jusqu'au fanatisme, il regardait les rois comme des obstacles éternels au bonheur public ; il en était arrivé à les considérer comme des espèces de monstres en dehors du droit commun. « On ne peut régner innocemment, » disait-il ; dans Louis XVI, c'est la royauté qu'il condamnera à l'échafaud.

Sur le rapport de Mailhe, il avait été décidé que le roi serait jugé par la Convention nationale qui fixerait le jour auquel il comparaîtrait devant elle ; que, soit par lui-même, soit par ses conseils, il présenterait sa défense verbalement ou par écrit ; que trois commissaires, pris dans l'Assemblée, seraient chargés de recueillir toutes les pièces, renseignements et preuves relatifs aux délits imputés au roi ; que le rapport énonciatif de ces délits serait imprimé et communiqué à Louis XVI et à ses défenseurs ; qu'enfin la Convention porterait son jugement par appel nominal (1).

Manuel ayant pris la parole pour demander que tous ceux qui défendraient le roi fussent mis sous la sauvegarde de la loi, l'Assemblée passa à l'ordre du jour sur l'observation que cela était de droit et que ce serait faire injure au peuple français que d'en douter un moment. La discussion, ajournée au lundi 12 novembre, ne commença cependant que le 13, jour qui parut de mauvais augure à bien des gens.

Le 13 novembre, les débats s'ouvrirent sous la présidence de Hérault-Séchelles. La Convention commença par adopter une proposition de Pétion qui avait demandé qu'on délibérât d'abord sur cette question : « Le roi peut-il être jugé ? » Morisson, de la Vendée, prit ensuite

(1) Voyez *le Moniteur* du 9 novembre 1792, n° 314.

la parole. Après avoir longuement parlé « des crimes, des perfidies et des atrocités dont Louis XVI s'était rendu coupable ; » après avoir déclaré que « de toutes ses affections, la première et la plus naturelle était de voir *ce monstre sanguinaire* expier ses forfaits dans les plus cruels tourments, » il conclut à l'inviolabilité, « malgré l'énormité de ses forfaits, » ajouta-t-il en terminant.

Saint-Just monta alors à la tribune qu'il abordait pour la première fois. Son discours, nous allons le reproduire entièrement, parce qu'il est le plus meurtrier de ceux qu'il prononça à la Convention, et que nous ne voulons pas avoir l'air de jeter un voile sur quelques-uns de ses actes. Nous en avons dit assez du discours de Morisson, pour montrer au lecteur quelle était, sur l'innocence du roi, l'opinion des membres les plus modérés de la Convention. Il est bien plus violent et, en quelque sorte, plus à la charge de Louis XVI que celui de Saint-Just, qui semble en vouloir surtout à la royauté. Qu'on remonte le cours du temps ; que, par la pensée, on se transporte, pour quelques minutes, au sein de cette illustre assemblée dont la haine contre les rois avait grandi encore au bruit du canon de Jemmapes ; qu'on se rappelle le manifeste de Brunswick, les premières agitations de la Vendée, les menées des royalistes, le fanatisme républicain qui était alors à l'ordre du jour, et l'on s'étonnera moins du discours qu'on va lire.

« J'entreprends, dit Saint-Just d'une voix grave, de prouver que le roi peut être jugé ; que l'opinion de Morisson, qui conserve l'inviolabilité, et celle du Comité, qui veut qu'on le juge en citoyen, sont également fausses, et qu'il doit être jugé dans des principes qui ne tiennent ni de l'une ni de l'autre.

» L'unique but du Comité fut de vous persuader que le roi devait être jugé en simple citoyen, et moi je dis que le roi doit être jugé en ennemi ; que nous avons moins à le juger qu'à le combattre, et que n'étant pour rien dans le contrat qui unit les Français, les formes de la procédure ne sont point dans la loi civile, mais dans la loi du droit des gens.

» Faute de distinction, on est tombé dans des formes sans principes, qui conduiraient le roi à l'impunité, fixeraient trop longtemps les yeux sur lui, ou qui laisseraient sur son jugement une tache de sévérité excessive.

» Je me suis souvent aperçu que de fausses mesures de prudence, les lenteurs, le recueillement étaient souvent ici de véritables imprudences ; et après celle qui recule le moment de nous donner des lois, la plus funeste serait celle qui nous ferait temporiser avec le roi. Un jour peut-être, les hommes, aussi éloignés de nos préjugés que nous le sommes de ceux des Vandales, s'étonneront de la barbarie d'un siècle où ce fut quelque chose de religieux que de juger un tyran, où le peuple qui eut un tyran à juger, l'éleva au rang de citoyen avant d'examiner ses crimes.

» On s'étonnera qu'au XVIIIe siècle, on ait été moins avancé que du temps de César ; le tyran fut immolé en plein sénat, sans autre formalité que vingt-deux coups de poignard, sans autres lois que la liberté de Rome. Et aujourd'hui l'on fait avec respect le procès d'un homme, assassin d'un peuple, pris en flagrant délit, la main dans le sang, la main dans le crime ! Ceux qui attacheront quelque importance au juste châtiment d'un roi ne fonderont jamais une république. Parmi nous, la finesse des esprits et des caractères est un grand obstacle à la liberté.

On embellit toutes les erreurs, et, le plus souvent, la vérité n'est que la séduction de notre goût.

» C'est ainsi que chacun rapproche le procès du roi de ses vues particulières : les uns semblent craindre de porter plus tard la peine de leur courage; les autres n'ont point renoncé à la monarchie. Ceux-ci craignent un exemple de vertu qui serait un lien d'esprit public et d'unité dans la République. Nous nous jugeons tous avec sévérité, je dirai même avec fureur. Nous ne songeons qu'à modifier l'énergie du peuple et de la liberté; tandis qu'on accuse à peine l'ennemi commun, et que tout le monde, ou rempli de faiblesse ou engagé dans le crime, se regarde avant de frapper le premier coup. Nous cherchons la liberté, et nous nous rendons esclaves l'un de l'autre; nous cherchons la nature, et nous vivons armés comme des sauvages furieux; nous voulons la République, l'indépendance et l'unité, et nous nous divisons, et nous ménageons un tyran.

» Citoyens, si le peuple romain, après six cents ans de vertu et de haine contre les rois; si la Grande-Bretagne, après Cromwell mort, vit renaître les rois malgré son énergie, que ne doivent pas craindre parmi nous les bons citoyens, amis de la liberté, en voyant la hache trembler dans nos mains, et un peuple, dès le premier jour de sa liberté, respecter le souvenir de ses fers! Quelle république voulez-vous établir au milieu de nos combats particuliers et de nos faiblesses communes? On semble chercher une loi qui permette de juger le roi; mais, dans la forme du gouvernement dont nous sortons, s'il y avait un homme inviolable, il l'était dans ce sens pour chaque citoyen; mais de peuple à roi, je ne connais plus de rapport naturel. Il se peut qu'une nation, stipulant les clauses du pacte social, environne ses magistrats d'un caractère capable de faire respecter tous les droits et d'obliger chacun; mais, ce caractère étant au profit du peuple, l'on ne peut jamais s'armer contre lui d'un caractère qu'il donne et retire à son gré. Ainsi, l'inviolabilité de Louis n'est point étendue au delà de son crime et de l'insurrection ; ou, si on le jugeait inviolable après, si même on le mettait en question, il en résulterait qu'il n'aurait pu être déchu et qu'il aurait eu la faculté de nous opprimer sous la responsabilité du peuple.

» Le pacte est un contrat entre les citoyens et non pas avec le gouvernement. On n'est pour rien dans un contrat où l'on ne s'est point obligé : conséquemment Louis, qui ne s'était point obligé, ne peut être jugé civilement. Ce contrat était tellement oppressif, qu'il obligeait les citoyens et non le roi. Un tel contrat était nécessairement nul, car rien n'est légitime de ce qui manque de sanction dans la morale et dans la nature.

» Outre tous ces motifs qui vous portent à ne pas juger Louis comme citoyen, mais à le juger comme rebelle, de quel droit réclamerait-il, pour être jugé civilement, l'engagement que nous avions pris envers lui, lorsqu'il est clair qu'il a violé le seul qu'il avait pris envers nous, celui de nous conserver? Quel sera cet acte dernier de la tyrannie, que de prétendre être jugé par des lois qu'il a détruites? Quelle procédure, quelle information voulez-vous faire des entreprises et des pernicieux desseins du roi, lorsque ses crimes sont partout écrits avec le sang du peuple; lorsque le sang de vos défenseurs a ruisselé, pour ainsi dire, jusqu'à vos pieds, par son commandement? Ne passa-t-il pas, avant le combat, les troupes en revue? Ne prit-il pas la fuite, au lieu de les empêcher de tirer? Et l'on vous propose de le juger civilement, tandis que vous reconnaissez qu'il n'était pas citoyen !

» Juger un roi comme un citoyen! Ce mot étonnera la postérité froide. Juger, c'est appliquer la loi. Une loi est un rapport de justice. Quel rapport de justice y a-t-il donc entre Louis et le peuple français, pour le ménager après sa trahison? Il est telle âme généreuse qui dirait, dans un autre temps, que le procès doit être fait à un roi, non point pour les crimes de son administration, mais pour celui d'avoir été roi ; car rien au monde ne peut légitimer cette usurpation ; et de quelques illusions, de quelques conventions que la royauté s'enveloppe, elle est un crime éternel contre lequel tout homme a le droit de s'élever et de s'armer ; elle est de ces attentats que l'aveuglement même de tout un peuple ne saurait justifier. Ce peuple est criminel envers la nature par l'exemple qu'il a donné. Tous les hommes tiennent d'elle la mission secrète d'exterminer la domination en tout pays. On ne peut régner innocemment, la folie en est trop évidente. Tout roi est un rebelle et un usurpateur. Les rois mêmes traitaient-ils autrement les prétendus usurpateurs de leur autorité? Ne fit-on pas le procès à la mémoire de Cromwell, et, certes Cromwell n'était pas plus usurpateur que Charles Ier; car, lorsqu'un peuple est assez lâche pour se laisser dominer par des tyrans, la domination est le droit du premier venu, et n'est pas plus sacrée et plus légitime sur la tête de l'un que sur celle de l'autre.

» On nous dit que le roi doit être jugé par un tribunal, comme les autres citoyens; mais les tribunaux ne sont établis que pour les membres de la cité.

» Comment un tribunal aurait-il la faculté de rendre un maître à sa patrie et de l'absoudre? Comment la volonté générale serait-elle citée devant lui? Citoyens, le tribunal qui doit juger Louis XVI n'est point un tribunal judiciaire, c'est un conseil, et les lois que nous avons à suivre sont celles du droit des gens. C'est vous qui devez le juger. Louis est un étranger parmi nous; il n'était pas citoyen; avant son crime, il ne pouvait voter, il ne pouvait porter les armes, il l'est encore moins depuis son crime. Et par quel abus de la justice même en feriez-vous un citoyen pour le condamner? Aussitôt qu'un homme est coupable, il sort de la cité; et, point du tout, Louis y entrerait par son crime! Je ne perdrai jamais de vue que l'esprit avec lequel on jugera le roi sera le même que celui avec lequel on établira la République. La théorie de votre jugement sera celle de vos magistratures, et la mesure de votre philosophie dans ce jugement sera aussi la mesure de votre liberté dans la Constitution.

» Je le répète, on ne peut pas juger un roi selon les lois du pays, ou plutôt les lois de la cité. Il n'y avait rien dans les lois de Numa pour juger Tarquin, rien dans les lois de l'Angleterre pour juger Charles Ier. On les jugea selon le droit des gens; on repoussa un étranger, un ennemi : voilà ce qui légitima ces expéditions, et non point de vaines formalités qui n'ont pour principe que le consentement du citoyen par le contrat.

» J'ajoute qu'il n'est pas nécessaire que le jugement du ci-devant roi soit soumis à la sanction du peuple; car le peuple peut bien imposer des lois par sa volonté, parce que ses lois importent à son bonheur; mais le peuple même ne peut effacer le crime de la tyrannie : le droit des hommes contre la tyrannie est personnel, et il n'est pas donné à la souveraineté d'obliger un seul citoyen à lui pardonner. Si votre générosité venait à l'absoudre, ce serait alors que ce jugement devrait être sanctionné par le peuple; car si un seul citoyen ne pouvait être légitimement contraint, par un acte de la souveraineté, à pardonner au roi, à plus forte raison un acte de magistrature ne serait pas obligatoire pour le souverain.

» Mais hâtez-vous de juger le roi, car il n'est pas de citoyen qui n'ait sur lui le droit qu'avait Brutus sur César. Vous ne pourriez pas plutôt punir cette action envers cet étranger, que vous n'avez puni la mort de Léopold et de Gustave. Louis était un autre Catilina. Le meurtrier, comme le consul de Rome, jurerait qu'il a sauvé la patrie. Vous avez vu ses desseins perfides; vous avez vu son armée; le traître n'était pas le roi des Français, c'était le roi de quelques conjurés. Il faisait des levées secrètes de troupes; il avait des magistrats particuliers; il regardait les citoyens comme des esclaves; il avait proscrit secrètement tous les gens de bien et de courage; il est le meurtrier de Nancy, du Champ-de-Mars, de Courtrai, des Tuileries; quel ennemi, quel étranger nous a fait plus de mal? Il doit être jugé promptement, c'est le conseil de la sagesse et de la saine politique. On cherche à remuer la pitié; on achètera bientôt des larmes, comme aux enterrements de Rome; on fera tout pour nous intéresser, pour nous corrompre même. Peuple! si le roi est jamais absous, souviens-toi que nous ne serons plus dignes de ta confiance, et tu pourrais nous accuser de perfidie. »

Ce discours produisit un immense effet. Ce ne fut pas la Montagne seulement qui l'accueillit par les plus vifs applaudissements, ce fut aussi la Gironde, qui se mit au diapason du jeune orateur; ce ne fut pas seulement le rédacteur du journal *le Républicain*, qui en fit le plus pompeux éloge et qui y trouva « force de raisonnements, de vues profondes et cette philosophie si nécessaire à ceux qui doivent rédiger le pacte social d'une grande nation ; » ce fut aussi le girondin Brissot, qui écrivit, dans *le Patriote :* « Parmi des idées exagérées, qui décèlent la jeunesse de l'orateur, il y a, dans ce discours, des détails lumineux, un talent qui peut honorer la France. »

Saint-Just, on peut le dire, avait débuté par un coup de maître : inconnu la veille, il était célèbre le lendemain. Conséquent dans sa haine contre la monarchie, il voulait, par une inflexible logique, la frapper dans l'homme qui en était la personnification. Le peuple devina en lui le génie même de la Révolution, et il en fit son héros. Saint-Just, au reste, méritait bien l'immense popularité dont il a joui tant qu'il est resté au pouvoir ; car ce fut lui qui, peut-être, s'occupa le plus des intérêts du peuple, comme nous en donnerons la preuve lorsque nous étudierons son projet de Constitution et ses fragments d'institutions républicaines. « S'il fût né Romain, a dit de lui Barère qui a été l'un de ses proscripteurs, il eût fait des révolutions comme Marius, mais n'aurait jamais opprimé comme Sylla. Il exécrait la noblesse autant qu'il aimait le peuple, » pensant, en cela, comme l'intrépide Lanjuinais, qui écrivait, dans un de ses ouvrages : « La noblesse n'est point un mal nécessaire. » Il devait, en effet, avoir en horreur tout ce qui s'opposait à cette liberté et à cette égalité dont il voulait, à tout prix, assurer le triomphe.

Sous l'empire de cette grande idée, il reprit deux fois la parole dans le procès du roi. Louis XVI avait comparu le 11 décembre, devant la Convention, pour y subir son interrogatoire. Dans la séance du 16, quelques membres de l'Assemblée, Lanjuinais entre autres, en faisant allusion à la famille d'Orléans, accusèrent vaguement la Montagne de vouloir rétablir la royauté. Saint-Just se leva alors pour demander l'exil éternel de tous les Bourbons, et la mort de celui d'entre eux qui remettrait le pied en France ; il demanda aussi que le Comité de Constitution présentât, avant le jugement du roi, les droits de l'homme et l'acte constitutionnel de la République, et que la famille d'Orléans se retirât le lendemain (1). Après une séance orageuse, l'Assemblée, ajournant à deux jours la question relative à Philippe-Égalité, adopta un décret par lequel tous les membres de la famille des Bourbons-Capet furent bannis du territoire de la République, ainsi que du territoire occupé par ses armées.

Dans la séance du 27 décembre, Saint-Just se chargea de répondre aux défenseurs de Louis XVI. L'éloquent plaidoyer de Desèze était surtout basé sur le reproche d'incompétence adressé à la Convention, laquelle cependant, par voie de représentation, pouvait seule statuer sur le sort du roi déchu. C'est ce que comprit parfaitement Saint-Just, qui, voyant l'Assemblée hésiter, en quelque sorte, sur son propre droit, monta de nouveau à la tribune et parla ainsi :

« Citoyens, quand le peuple était opprimé, ses défenseurs étaient proscrits. Les rois persécutaient les peuples dans les ténèbres. Nous, nous jugeons les rois à la lumière. Il faut encore qu'un peuple généreux, qui brisa ses fers, se justifie de son courage et de sa vertu. O vous qui paraissez des ennemis de l'anarchie, vous ne ferez pas dire que vous gardez votre rigueur pour le peuple et votre sensibilité pour les rois ! La faiblesse ne nous est plus permise, car, après avoir demandé l'exil de tous les Bourbons, nous ne pouvons, sans injustice, épargner

---

(1) Voyez *le Moniteur* du 18 décembre 1792, n° 353.

le seul d'entre eux qui fut coupable. Tout ce qui porte un cœur sensible sur la terre, respectera notre courage. Vous vous êtes érigés en tribunal judiciaire, et en permettant qu'on portât outrage à la majesté du souverain, vous avez laissé changer l'état de la question. Louis est accusateur, et le peuple est accusé. Le piége eût été moins délicat, si l'on eût décliné votre juridiction. Mais la résistance ouverte n'est point le caractère de Louis. Il a toujours affecté de marcher avec tous les partis, comme il paraît aujourd'hui marcher avec ses juges mêmes. Je ne pense pas qu'on veuille vous persuader que c'est le dessein de rendre la liberté au peuple qui fit, en 89, convoquer les États généraux. La volonté d'abaisser les parlements, le besoin de pressurer de nouveau le peuple, voilà ce qui nécessita cette convocation. Après que l'Assemblée nationale eut porté ses premiers coups, le roi rassembla toutes ses forces pour l'attaquer elle-même. On se souvient avec quel artifice il repoussa les lois qui détruisaient le régime ecclésiastique et le régime féodal.

» On ne fut point avare de ces flatteuses paroles qui séduisaient le peuple. Alors, on voyait le roi, noir et farouche au milieu des courtisans, se montrer doux et sensible au milieu des citoyens. Louis vous a répondu qu'à cette époque il était le maître, et qu'il opérait ce qu'il croyait le bien. Au moins, Louis, vous n'étiez pas exempt d'être sincère. Vous étiez au-dessus du peuple, mais vous n'étiez point au-dessus de la justice, votre puissance avait à rendre compte aussitôt que votre perfidie en serait dépouillée. Celui-là qui disait : mon peuple, mes enfants; celui-là qui disait n'être heureux que de leur bonheur, n'être malheureux que de leurs peines, refusait les lois qui consacraient les droits du peuple et devaient assurer sa félicité. Ses larmes ne sont point perdues, elles coulent encore sur le cœur de tous les Français. On ne conçoit point cet excès d'hypocrisie. Le malheureux ! il a fait égorger depuis ceux qu'il aimait alors. En songeant combien il outragea la vertu par sa fausse sensibilité, on rougira de paraître sensible. Vous savez avec quelle finesse les moyens de corruption étaient combinés ; on n'a point trouvé parmi ses papiers de projets pour bien gouverner, mais on en a trouvé pour séduire le peuple : on créait des séditions, afin de l'armer contre les lois et de le tuer ensuite par elles. Quel est donc ce gouvernement libre où, par la nature des lois, le crime est inviolable? La puissance exécutrice n'agissait que pour conspirer ; elle conspirait par la loi, elle conspirait par la liberté, elle conspirait par le peuple. Il est aisé de voir que Louis s'aperçut trop tard que la ruine des préjugés avait ébranlé la tyrannie; vous les connaissez les projets hostiles qu'il médita contre le peuple, je ne vous les rappellerai point. Passons au 10 août. Le palais est rempli d'assassins et de soldats. Louis vient à l'Assemblée ; les soldats qui l'accompagnent insultent les députés ; et lui, parut-il s'inquiéter du sang qu'on répandait? On frémit lorsqu'on songe qu'un seul mot de sa bouche eût arrêté le sang. Défenseurs du roi, que demandez-vous ? Si le roi est innocent, le peuple est coupable.

» On a parlé d'un appel au peuple, n'est-ce pas rappeler la monarchie? Il n'y a pas loin de la grâce du tyran à la grâce de la tyrannie. Si le tyran en appelle au peuple qui l'accuse, il fait ce que fit Charles Ier, dans le temps d'une monarchie en vigueur. Ce n'est pas vous qui accusez, qui jugez Louis ; c'est le peuple qui l'accuse et le juge par vous. Vous avez proclamé la loi martiale contre les tyrans du monde, et vous épargneriez le vôtre ! Ne fera-t-on jamais de lois que contre les opprimés ? On a parlé de récusation ; et de quel droit le coupable récuserait-il notre justice ? Dira-t-on qu'en opinant on l'a accusé ? Non, on a délibéré. S'il veut nous récuser, qu'il montre son innocence ; l'innocence ne récuse aucun juge. La révolution ne commence que quand le tyran finit. Vous devez éloigner toute autre considération que celle du bien public ; vous ne devez permettre de récuser personne. Si l'on récuse ceux qui ont parlé contre le roi, nous récuserons, au nom de la patrie, ceux qui n'ont rien dit pour elle ; ayez le courage de dire la vérité ; la vérité brûle dans les cœurs, comme une lampe dans un tombeau. Pour tempérer votre jugement, on vous parlera de faction. Ainsi la monarchie règne encore parmi nous. Eh ! comment fera-t-on reposer le destin de la patrie sur le jugement d'un coupable ! Je demande que chacun des membres monte à la tribune et prononce : Louis est ou n'est pas convaincu. »

Il y a loin de ce discours grave, sensé, magistral, à l'ironique projet de décret présenté par Camille Desmoulins, qui, avec la plus déplorable légèreté de caractère, trouva le courage de mêler le sarcasme à cette lugubre discussion. Saint-Just, en descendant de la tribune, fut de nouveau salué par d'enthousiastes acclamations, que le président, Barère, dut réprimer en faisant observer qu'il s'agissait d'une sorte de solennité funèbre, et que les applaudissements ou les murmures étaient également interdits.

Après avoir encore entendu un certain nombre d'orateurs, la Convention, sous la présidence de Vergniaud, acceptant courageusement, pour tous ses membres, la responsabilité d'un vote motivé, décréta l'appel nominal sur chacune des trois questions suivantes :

Louis est-il coupable de conspiration contre la liberté et d'attentat contre la sûreté de l'État?

Le jugement sera-t-il soumis à la ratification du peuple réuni dans ses assemblées primaires?

Quelle peine Louis, ci-devant roi des Français, a-t-il encourue?

Sur la première question, six cent quatre-vingt-treize députés, y compris Saint-Just, répondirent : « Louis est coupable. » Vingt-six se récusèrent.

Avec quatre cent vingt-trois de ses collègues, Saint-Just repoussa le recours au peuple.

Sur la troisième question, il motiva ainsi son vote : « Puisque Louis XVI fut l'ennemi du peuple, de sa liberté et de son bonheur, je conclus à la mort. »

Les autres députés de l'Aisne votèrent dans le même sens; excepté Belin, qui demanda la détention jusqu'à la paix, et Condorcet, qui vota pour la peine la plus grave dans le Code pénal, autre que la mort.

Trois cent quatre-vingt-sept représentants ayant voté pour la mort, en comptant les quarante-six qui avaient réclamé le sursis, Vergniaud, au nom de la Convention, déclara, au milieu du plus lugubre silence, que la peine prononcée contre Louis Capet était la mort.

Quelques mots encore sur ce long et triste procès, sur cet acte d'inexorable justice. Nous sommes forcé de reconnaître, avant tout, que la Convention n'a obéi qu'au cri de sa conscience. Si Saint-Just s'est trompé lorsqu'il a conclu à la mort, il s'est trompé en grande et illustre compagnie. Mais, en songeant à la lutte désespérée soutenue alors par la France, comment oser affirmer que l'erreur a été de son côté? Ah! si le sang de Louis XVI doit retomber sur quelque mémoire, c'est sur celle de ces émigrés armés contre leur pays, et sur celle de ces rois, si mal à propos coalisés contre nous !

Si certains écrivains s'obstinent encore à traiter de bêtes fauves les juges inflexibles de Louis XVI, de quel nom flétriront-ils donc ceux de ses prédécesseurs qui, de gaieté de cœur, sans cause, sans raison, sans utilité, sans force majeure, ont proscrit et fait tuer tant de milliers d'innocents ? Non, ce n'étaient pas des hommes cruels, ce n'étaient pas des barbares, les Carnot, les Cambon, les Guiton Morveau, les Levasseur, les le Bas, les Saint-Just, les Lakanal, les Robespierre, les Couthon, et tant d'autres qui, du fond de leurs tombeaux, pourraient jurer, comme le consul de Rome, qu'ils ont sauvé la patrie.

Comme contre-poids à d'aveugles et injurieuses appréciations sur la Révolution française, je me rappelle et je cite, avec plaisir, ces lignes écrites, au sujet de la Révolution d'Angleterre et de la nôtre, par M. Guizot, qu'on n'accusera certainement pas d'être un révolutionnaire bien fanatique :

« Qu'on cesse donc de les peindre comme des apparitions monstrueuses dans l'histoire de l'Europe; qu'on ne nous parle plus de leurs prétentions inouïes, de leurs infernales inventions : elles ont poussé la civilisation dans la route qu'elle suit depuis quatorze siècles; elles ont professé les maximes, avancé les travaux auxquels l'homme a dû, de tout temps, le développement de sa nature et l'amélioration de son sort; elles ont fait ce qui a fait tour à tour le mérite et la gloire du clergé, de la noblesse et des rois.

» Je ne pense pas qu'on s'obstine longtemps à les condamner parce qu'elles sont chargées d'erreurs, de malheurs et de crimes : il faut, en ceci, tout accorder à leurs adversaires, les surpasser même en sévérité, ne regarder à leurs accusations que pour y ajouter, s'ils en oublient, et puis les sommer de dresser à leur tour le compte des erreurs, des crimes et des maux de ces temps et de ces pouvoirs qu'ils ont pris sous leur garde. Je doute qu'ils acceptent le marché (1). »

Plaignons donc l'infortuné Louis XVI, comme il faut plaindre toutes les victimes politiques, à quelque parti qu'elles appartiennent; mais défions-nous des sensibilités hypocrites. Fils du tiers état, ne craignons pas d'honorer tous ceux qui ont travaillé à lui restituer sa véritable place; et sauvegardons, comme un patrimoine que nous ne pourrions répudier sans la plus lâche ingratitude, la mémoire des hommes intègres d'une Révolution à laquelle nous devons cette part de dignité humaine dont nos pères ont été si longtemps sevrés.

(1) Préface de la *Révolution d'Angleterre*, t. I, p. xii et xiii.

CHAPITRE II

Discussion sur les subsistances. — Opinion de Saint-Just sur les principes de l'économie française et la libre circulation des grains. — Impression de son discours sur l'assemblée. — *Le Patriote* de Brissot et la *Biographie universelle*.

Durant le procès du roi, une importante question avait été discutée à la Convention, c'était celle des subsistances, question vitale et épineuse qui déjà, à plusieurs reprises, avait été une grande cause de discorde et de troubles, et à la solution de laquelle tous les talents devaient leur contingent de lumière.

Dans la séance du 29 novembre 1792, une députation du conseil général de la Commune avait été admise dans l'Assemblée, et avait présenté une pétition au sujet des subsistances. L'orateur de la députation, après avoir décrit les grandes et légitimes inquiétudes du peuple, la cruelle misère dont il était menacé, par suite de la coalition des riches capitalistes et de la cupidité des accapareurs et de certains industriels qui, non contents d'entretenir la cherté des subsistances, les dénaturaient en falsifiant les boissons, avait demandé que l'Assemblée, au nom du salut public, rendît aux autorités constituées le droit de taxer les denrées de première nécessité.

A cette occasion, Saint-Just monta à la tribune et prononça un admirable discours, qu'interrompirent fréquemment les applaudissements de la Convention tout entière.

« Je ne suis point de l'avis du Comité, dit-il en commençant, je n'aime point les lois violentes sur le commerce. On peut dire au peuple ce que disait un soldat carthaginois à Annibal : Vous savez vaincre, mais vous ne savez point profiter de la victoire. Les hommes généreux qui ont détruit la tyrannie, ignorent-ils l'art de se gouverner et de se conserver ? »

Suivant lui, tous les maux proviennent d'un mauvais système d'économie et d'administration; il faut, avant tout, porter la lumière dans le dédale où elles se sont égarées, et faire triompher les saines doctrines au milieu de la vigueur et de l'indépendance de l'esprit public.

De telles pensées dénotaient, à coup sûr, un ami du peuple, qui n'était point son servile courtisan.

Après s'être plaint de la trop longue durée d'un gouvernement provisoire « dans lequel tout est confondu, dans lequel les purs éléments de la liberté se font la guerre, comme on peint le chaos avant la nature, » il examine le déplorable état de la société présente, où le désordre général naît de l'absence de tout frein légitime et de toute garantie.

« Il est dans la nature des choses, poursuit-il, que nos affaires économiques se brouillent de plus en plus, jusqu'à ce que la République, établie, embrasse tous les rapports, tous les intérêts, tous les droits, tous les devoirs, et donne une allure commune à toutes les parties de l'État.

» Un peuple qui n'est pas heureux n'a point de patrie; il n'aime rien; et si vous voulez fonder une république, vous devez vous occuper de tirer le peuple d'un état d'incertitude et de misère qui le corrompt. Vous voulez une république, faites en sorte que le peuple ait le courage d'être vertueux. On n'a point de vertus politiques sans orgueil; on n'a point d'orgueil dans la détresse. En vain demandez-vous de l'ordre; c'est à vous de le produire par le génie de bonnes lois.

» On reproche souvent à quelques hommes de trop parler de morale; c'est que l'on ne voit pas que la morale doit être la théorie des lois, avant d'être celle de la vie civile. La morale qui gît en préceptes isole tout; mais fondue, pour ainsi dire, dans les lois, elle incline tout vers la sagesse, en n'établissant que des rapports de justice entre les citoyens. »

Grand partisan de la liberté du commerce, qui est, selon lui, la mère de l'abondance, il cherche ensuite d'où peuvent venir les entraves mises à cette liberté. Il pense que l'émission déréglée du signe représentatif de la valeur a jeté la perturbation dans le commerce des grains; il y voit un abus qui peut devenir funeste, en dépréciant les assignats. Hélas! il n'était que trop prophète! Mais ce ne fut qu'après la catastrophe de thermidor que les assignats tombèrent à un taux dérisoire.

L'abolition du luxe, la rareté des métaux qui manquent

à l'industrie, la diminution du commerce, nos ressources épuisées, lui paraissent d'effrayants symptômes. « Lorsque je me promène au milieu de cette grande ville, ajoute-t-il, je gémis sur les maux qui l'attendent, et qui attendent toutes les villes, si nous ne prévenons la ruine totale de nos finances. Notre liberté aura passé comme un orage, et son triomphe comme un coup de tonnerre. »

Si les subsistances ont disparu en raison de l'accroissement de notre liberté, « fille de la misère, » c'est, pense-t-il, parce que les principes du gouvernement ont été trop négligés. Il faut de bonnes lois pour prévenir le retour de la servitude qui reviendrait à la suite de l'ambition, de l'erreur et de la famine.

« La cherté des subsistances et de toutes choses, continue-t-il, vient de la disproportion du signe ; les papiers de confiance augmentent encore cette disproportion ; car les fonds d'amortissement sont en circulation. L'abîme se creuse tous les jours par les nécessités de la guerre. Les manufactures ne font rien ; on n'achète point ; le commerce ne roule guère que sur les soldats. Je ne vois plus, dans le commerce, que notre imprudence et notre sang. Tout se change en monnaie. Les produits de la terre sont accaparés ou cachés. Enfin, si vous ne prenez des mesures grandes et décisives, qui peuvent encore vous sauver, et je me permettrai de vous en indiquer quelques-unes, bientôt on ne verra plus dans l'État que de la misère et du papier. Je ne sais pas de quoi vivent tant de marchands ; on ne peut pas s'en imposer là-dessus ; ils ne peuvent plus subsister longtemps, si vous ne réformez notre législation financière. Une trop grande abondance de signes numériques détruirait tout équilibre, toute économie politique. Il n'est pas possible que l'on reste longtemps dans cette situation. Il faut lever le voile. Personne ne s'en plaint; mais que de familles pleurent solitairement ! »

Les salaires avaient été augmentés en proportion du prix des denrées. — Augmentation dérisoire! l'ouvrage manquait. Saint-Just touche du doigt la plaie. Il dépeint cette multitude qui vivait jadis des superfluités du riche, et qui doit périr, entraînant le commerce avec elle, si l'équilibre n'est pas rétabli. Alors il cherche les moyens de sauver cette société qui, dévorée d'une activité fiévreuse, ne peut vivre, à la façon des Scythes ou des Indiens, dans la paresse et la fainéantise. Puis, faisant allusion à l'Angleterre, à laquelle la guerre n'était pas encore déclarée, il montre cette nation nous combattant avec son or, et attendant, « d'un cœur avide, » la ruine prochaine de notre commerce, pour se partager nos dépouilles.

Il se trompe peut-être en anathématisant trop rigoureusement l'assignat qu'il accusait d'être, en partie, la cause des périls de la situation, et qui cependant, il ne faut pas l'oublier, a été le salut de nos finances.

« La disproportion du signe, dit-il, tend, au contraire, à détruire notre commerce et l'économie..... Autrefois, le signe était moins abondant; il y en avait toujours une partie de thésaurisée, ce qui baissait encore le prix des choses. Dans un nombre d'années donné, l'on voyait, au milieu de la même abondance, varier le prix des denrées; c'est que, dans ce temps donné, par certaines vicissitudes, le signe thésaurisé sortait des retraites et rentrait en circulation, en plus ou moins grande quantité. Aujourd'hui l'on ne thésaurise plus. Nous n'avons point d'or, et il en faut dans un État; autrement, on amasse ou l'on retient les denrées, et le signe perd de plus en plus. La disette des grains ne vient point d'autre chose. Le laboureur, qui ne veut point mettre de papier dans son trésor, vend à regret ses grains. Dans tout autre commerce, il faut vendre pour vivre de ses profits. Le laboureur, au contraire, n'achète rien; ses besoins ne sont point dans le commerce. Cette classe était accoutumée à thésauriser tous les ans, en espèces, une partie du produit de la terre; aujourd'hui, elle préfère de conserver ses grains à amasser du papier. Il résulte de là que le signe de l'État ne peut point se mesurer avec la partie la plus considérable des produits de la terre qui sont cachés, parce que le laboureur n'en a pas besoin, et ne met guère dans le commerce que la portion des produits nécessaire pour acquitter ses fermages. »

Après avoir amèrement déploré l'égoïsme général, et flétri éloquemment tous les vices qu'il fallait vaincre pour faire triompher l'état républicain à l'intérieur, il ajoute :

« Ceux qui nous proposent une liberté indéfinie de commerce, nous disent une très-grande vérité, en thèse générale; mais il s'agit des maux d'une révolution, il s'agit de faire une république d'un peuple épars, avec les débris, les vices de sa monarchie; il s'agit d'établir la confiance; il s'agit d'instruire à la vertu les hommes durs qui ne vivent que pour eux. Ce qu'il y a d'étonnant dans cette révolution, c'est qu'on a fait une république avec des vices; consolidez-la sur les vertus, si vous voulez qu'elle puisse subsister longtemps; la chose n'est pas impossible. Un peuple est conduit facilement aux idées vraies. Je crois qu'on a plus tôt fait un sage peuple qu'un homme de bien. »

Selon lui, la Constitution pourra donner au peuple des mœurs politiques en harmonie avec elle; il faut, en conséquence, se hâter de la faire. Quant aux mœurs d'une autre sorte, il laisse au temps et aux lois d'ensemble le soin de les améliorer; mais les moyens de coercition lui répugnent. « Pour fonder la République, disait-il souvent, il faut la faire aimer. » Il veut surtout calmer l'incertitude du crédit public, et adoucir des maux qui font douter de la bonté d'un gouvernement.

« Vous avez juré, dit-il aux représentants, de maintenir l'unité; mais la marche des événements est au-dessus de ces sortes de lois, si la Constitution ne les consacre point. Il faudrait l'interroger, deviner les causes de tous les maux, et ne point traiter comme un peuple sauvage un peuple aimable, spirituel et sensible, dont le crime est de manquer de pain. »

Après avoir habilement traité la question des défrichements, des pâturages, des troupeaux si nécessaires aux engrais; après avoir comparé le prix ancien de la viande, des draps, du pain, avec le prix actuel, accru dans de menaçantes proportions; après s'être étonné qu'on fût obligé de tirer les cuirs de l'Angleterre, et qu'on n'eût, en quelque sorte, travaillé que pour l'Europe, il reprend :

« On est devenu plus avare et plus fripon ; les travaux excessifs des campagnes ont produit des épidémies; les économistes ont perfectionné le mal; le gouvernement a trafiqué. Les seigneurs avaient tiercé trois fois depuis quarante ans; et, pour conserver leurs entreprises par un acte de possession, ils plantaient ces tiercements en mauvais bois qui multipliaient le gibier, occasionnaient le ravage des moissons et diminuaient les troupeaux ; en sorte que la nature et le loisir n'étaient plus faits que pour les bêtes, et le pauvre ne défrichait encore que pour elles. La révolution est venue, et, comme je l'ai dit, les produits étant cachés, le signe a perdu sa valeur. »

Il insiste donc pour qu'on porte, sans retard, assistance aux manufactures, au commerce, à l'industrie et à l'agriculture ; il demande qu'on encourage par des primes l'exportation des denrées ouvrées en France. Si l'on ne coupe le mal dans sa racine, il prévoit le jour où il faudra d'énormes sommes pour représenter les moindres valeurs commerciales ; où le peuple gémira dans une immense détresse ; où les rentes fixes seront réduites à rien ; où enfin l'État ne pourra plus honorablement payer ses dettes avec des monnaies discréditées.

« Le vice de notre économie étant l'excès du signe, poursuit-il, nous devons nous attacher à ne pas l'augmenter, pour ne pas en accroître la dépréciation. Il faut créer le moins de monnaie qu'il nous sera possible. On peut y parvenir sans augmenter les charges du trésor public, soit en donnant des terres à nos créanciers, soit en affectant les annuités à leur acquittement ; alors nous ne chercherons plus des ressources dans des créations immodérées de monnaies, méthode qui corrompt l'économie, et qui, comme je l'ai démontré, bouleverse la circulation et la proportion des choses. Si vous vendez, par exemple, les biens des émigrés, le prix anticipé de ces fonds, inertes par eux-mêmes, sera en circulation et se mesurera contre les produits qui représentent trente fois moins. Comme ils seront vendus très-cher, les produits renchériront proportionnellement, comme il est arrivé des biens nationaux, et vous serez toujours en concurrence avec vous-mêmes. Au contraire, les annuités étant de simples contrats, qui n'entrent point comme signes dans le commerce, elles n'entreront point non plus en concurrence avec les produits. L'équilibre se rétablira peu à peu. Si vos armées conquièrent la liberté pour les peuples, il n'est point juste que vous vous épuisiez pour ces peuples; ils doivent soulager notre trésor public, et dès lors nous avons moins de dépenses à faire pour entretenir nos armées. Enfin, le principal et le seul moyen de rétablir la confiance et l'augmentation des denrées, c'est de diminuer la quantité du papier en émission et d'être avare d'en créer d'autre.

» Les dettes de l'État seront acquittées sans péril par ce moyen. Vous attacherez tous les créanciers à la fortune de la République; le payement de la dette n'altérera point la circulation naturelle; au lieu que, si vous payez par anticipation, le commerce sera tout à coup noyé, et vous préparerez la famine et la perte de la liberté par l'imprudence de l'administration. »

Ce qu'il veut comme palliatif à tous les maux, à tous les abus, c'est que la quantité de papier n'augmente point; que le laboureur puisse vendre librement ses grains; que le gouvernement ait des greniers pour les temps malheureux; que les charges du trésor public diminuent. Pour arriver à ce résultat, il propose le décret suivant, dont il demande le renvoi aux comités de finance et d'agriculture réunis :

« ART. I. Les biens des émigrés seront vendus; les

annuités seront converties en contrats, qui serviront à rembourser la dette.

» Art. II. L'impôt foncier sera payé en nature et versé dans les greniers publics.

» Art. III. Il sera fait une instruction sur la libre circulation des grains ; elle sera affichée dans toutes les communes de la République.

» Art. IV. La Convention nationale déclare que la circulation des grains est libre dans l'intérieur.

» Art. V. Qu'il soit fait une loi, qui nous manque, concernant la liberté de la navigation des rivières, et une loi populaire qui mette la liberté du commerce sous la sauvegarde du peuple même, selon le génie de la République.

» Art. VI. Cette dernière loi faite, je proposerai que l'on consacre ce principe, que les fonds ne peuvent point être représentés dans le commerce.

» Telles sont, dit-il en terminant, les vues que je crois propres à calmer l'agitation présente ; mais, si le gouvernement subsiste tel qu'il est, si l'on ne fait rien pour développer le génie de la République, si l'on abandonne la liberté au torrent de toutes les imprudences, de toutes les immoralités que je vois, si la Convention ne porte point un œil vigilant sur tous les abus, si l'orgueil et l'amour de la sotte gloire ont plus de part aux affaires que la candeur et le solide amour du bien, si tous les jugements sont incertains et s'accusent, enfin, si les bases de la République ne sont pas incessamment posées, dans six mois la liberté n'est plus (1).

(1) Voyez ce magnifique discours dans *le Moniteur* du 1er décembre 1792, n° 336.

La Convention vota à l'unanimité l'impression de ce remarquable discours, dont quelques erreurs, suivant nous, l'impôt en nature entre autres, vieux remède déjà proposé par Vauban, n'altèrent point la haute portée.

L'homme qui le prononça, à un âge où si peu de nous se sont familiarisés avec ces grandes questions économiques, avait dû faire de sérieuses études, et n'était point le frivole écolier du xviiie siècle dont parle je ne sais plus quel biographe.

Des hommes éminents, contraires à Saint-Just, lui ont rendu cependant une meilleure justice. Le lendemain même du jour où avait été prononcé ce discours, Brissot, dans *le Patriote*, l'apprécia en ces termes : « Saint-Just traite la question à fond, et sous tous les rapports politiques et moraux ; il déploie de l'esprit, de la chaleur et de la philosophie, et honore son talent en défendant la liberté du commerce. »

« Ce juge législateur de *vingt-quatre ans*, s'est écrié un écrivain royaliste, discutait dans un même temps à la tribune les questions les plus importantes et les plus difficiles de l'administration et de la politique. Dans un discours du 29 novembre 1792, il avait dit des choses véritablement étonnantes sur les assignats et les subsistances (1). »

Quant à nous, lorsque nous lisons de tels éloges échappés à des adversaires de Saint-Just, nous déplorons plus amèrement encore la destinée cruelle qui le frappa si jeune, et nous songeons avec tristesse aux services qu'eût rendus à la République ce talent si énergique, si élevé et si pur.

(1) *Biographie universelle*, à l'article *Saint-Just*.

CHAPITRE III

Discussion sur un plan de réorganisation du ministère de la guerre. — Rapport de Siéyès, au nom du comité de défense générale. — Opinion de Saint-Just. — Son discours sur l'organisation de l'armée. — Critique historique. — Saint-Just et les députés des sections de Paris admis à la barre de la Convention, le 12 février 1793.

Malgré les éloges prodigués à Saint-Just par un des principaux chefs de la Gironde, le jeune député montagnard ne répondit pas aux avances des Girondins, qui déjà se laissaient égarer par leurs rancunes personnelles, et qui bientôt, quoiqu'ils fussent animés, pour la plupart, d'un pur et ardent patriotisme, allaient involontairement, pour ainsi dire, servir de rempart et de prête-nom à tous les ennemis de la République.

Au milieu de ces accusations réciproques, au milieu de ces scènes orageuses où des adversaires imprudents se jetaient l'injure au visage, Saint-Just, calme et triste sur son banc, déplorait des discussions menaçant parfois de dégénérer en pugilat, et de nature à déconsidérer la représentation nationale. Scènes douloureuses, éternellement invoquées par les ennemis de la liberté, trop disposés à oublier que de ces violences mêmes jaillit parfois la vérité flamboyante qui éclaire et guide les peuples.

Étranger à toutes ces querelles de personnes, Saint-Just reparaissait aussitôt qu'il s'agissait d'un intérêt général. Travailleur infatigable, il avait minutieusement étudié, dans le silence de ses veilles laborieuses, les rouages, les besoins et les nécessités de l'administration. Il s'occupait surtout des affaires militaires, comme le prouve un petit volume, relié en maroquin rouge, portant la date de 1793, trouvé chez lui après le 9 thermidor, et tout rempli de notes écrites de sa main, sur l'organisation des armées de la République.

Dans la séance du 26 janvier 1793, il développa, à la tribune de la Convention, une partie de ses vues sur ce sujet.

Les plus intolérables abus régnaient alors dans l'administration de la guerre. Des employés concussionnaires, des fournisseurs sans entrailles, volaient, à qui mieux mieux, les sommes destinées à l'entretien du pauvre soldat qui, dénué de tout, manquant de souliers, de linge et d'habits, n'en combattait pas moins héroïquement pour la patrie en danger.

Afin de remédier à ces désordres, le comité de défense générale, obéissant à un décret de la Convention, chargea Siéyès de présenter un plan de réorganisation du ministère de la guerre. Siéyès avait divisé son rapport en trois parties : la fourniture des hommes et des choses ; l'organisation du ministère de la guerre ; le commandement, dans ses rapports avec l'administration.

Saint-Just prit la parole pour appuyer la première partie du plan proposé par Siéyès et combattre les deux dernières parties. Il prouva, par son discours, à quel haut degré il possédait le génie pratique du gouvernement.

Le ministre, suivant lui, ne peut être responsable des désordres dont on se plaint au sujet du département de la guerre, parce que ses moyens de répression sont insuffisants. Il en voit la preuve dans la réorganisation même proposée par Siéyès, dont la nécessité atteste l'impuissance du ministère.

« La République périrait, dit-il, si les ressorts de l'administration provisoire manquaient d'un mouvement commun et d'un principe d'activité ; car les principes et les idées de la liberté ne remplacent point l'harmonie du gouvernement. Naguère, la malignité et l'inertie du chef entravaient la marche des affaires ; aujourd'hui, l'incohérence des rapports politiques produit le même effet. Rien ne remplace l'ordre et n'en tient lieu ; et, si, sans examiner la nature du mal, on se contente d'invoquer la sévérité contre les agents, on repousse des emplois des hommes éclairés qui gémissent de l'impossibilité de faire le bien dans une place très-orageuse. »

Après avoir insisté sur ce point, que tout pouvoir, pour ne pas dégénérer en royauté, doit être dépendant de la Convention, centre d'autorité suprême, il demande néanmoins pour le ministre une part d'initiative suffisante, et ajoute :

« Aujourd'hui, la puissance exécutrice qui gouverne la République ne peut rien prescrire, diriger, réprimer par elle-même, où le pouvoir lui manque. Les ministres n'ont bien souvent contre les abus que la voie de dénonciation. On croirait, au premier coup d'œil, que cette faiblesse de l'autorité qui gouverne est favorable à la liberté, et qu'elle lui ôte les moyens d'entreprendre sur le peuple ; mais on se trompe. Si vous refusez aux magistrats la puissance nécessaire, fondée sur des lois, les mesures arbitraires s'y glissent nécessairement; ou tout languit, faute de lois. »

Il passe ensuite en revue les vices de l'administration actuelle. Les marchés conclus pour l'habillement des troupes ne sont pas contrôlés par le ministre, qui ne connaît point la qualité des fournitures, et se trouve sans moyen d'exercer une surveillance immédiate sur leur emploi.

Critiquant sévèrement l'achat des chevaux, fait également sans garantie, il constate qu'aucune peine n'est portée contre les inspecteurs de la cavalerie qui reçoivent de mauvais chevaux et s'entendent avec les fournisseurs pour prélever des gains énormes et illicites. De là, une horrible dilapidation des deniers publics.

Si le ministre n'a point d'agents immédiats pour surveiller l'emploi des fonds envoyés par la trésorerie aux payeurs spéciaux de l'armée, dont la comptabilité est désastreuse, la faute en est au manque d'harmonie, si nécessaire dans l'administration de la guerre.

Quant aux subsistances, même incurie, mêmes désordres, même impuissance de la part du ministre.

« Les préposés aux charrois, poursuit-il, les distributeurs et les agents subalternes comptent également avec la régie de manutention, qui manque de garantie contre eux-mêmes, comme le ministre en manque contre elle. La régie est sans compétence effective sur le nombre et le complet des corps. La moitié des rations est pillée, les camps sont des foires où la patrie est à l'encan. Rien n'est contesté, et beaucoup de fripons traitent de confiance les uns avec les autres. Vous devez croire, et la triste expérience se renouvelle tous les jours, vous devez croire que le désordre, par les mêmes principes, doit régner dans toutes les parties. Si le courage des soldats pouvait dépendre du malheur et de l'anarchie présente, la liberté ni la république ne verraient pas le printemps prochain. Les ministres et vous ne savez où porter la main; le fragile édifice du gouvernement provisoire tremble sous vos pas; l'ordre présent est le désordre mis en lois. Ce n'est point par des plaintes ni par des clameurs qu'on sauve sa patrie; c'est par la sagesse. Que quelques-uns accusent tant qu'il leur plaira vos ministres, moi, j'accuse ceux-là mêmes. Vous voulez que l'ordre résulte du chaos, vous voulez l'impossible. Siéyès m'a paru tourner toute son attention sur des périls si pressants. »

En conséquence, il appuie les moyens présentés par Siéyès pour mettre l'économie, la responsabilité et la surveillance dans la manutention. Mais le décret proposé sur l'organisation du ministère de la guerre n'obtient pas, au même degré, l'approbation de Saint-Just. La trop grande puissance attribuée au ministre et au conseil, dont il serait membre, lui fait peur. « Il serait possible, pense-t-il, que le conseil, renfermant dans lui-même tous les éléments de la force et de la corruption, créât par l'abus du pouvoir cette nécessité qui ramène un grand peuple à la monarchie. »

Il veut la division des pouvoirs et un arrangement tel

que le ministre ne soit point nul ou tout-puissant. Prévoyant le danger d'un gouvernement qui aurait la direction de toutes les affaires militaires, il ne croit pas que l'administration de la guerre doive faire partie du pouvoir exécutif, et développe cette opinion en ces termes :

« Le gouvernement civil, dans un État comme le nôtre, devra nécessairement avoir une certaine rectitude. Peut-être, sous certains rapports, les deux pouvoirs auront-ils besoin d'être balancés l'un par l'autre, car, sans le balancement des pouvoirs, la liberté serait peut-être en péril, n'étant constituée que sur une base mobile et inconstante, si les législateurs, en certains cas, étaient sans frein. Je voudrais qu'il me fût permis de sortir de cette question fondamentale, sans sortir absolument de mon sujet; j'y reviendrai ailleurs ; je dirai seulement que lorsque, dans une grande république, la puissance qui fait les lois doit être, en certains cas, balancée par celle qui les exécute, il est dangereux que celle-ci ne devienne terrible et n'avilisse la première ; puissance législatrice, celle-ci n'a que l'empire de la raison ; et, dans un vaste État, le grand nombre des emplois militaires, l'appât ou les prestiges des opérations guerrières, les calculs de l'ambition, tout fortifie la puissance exécutrice. Si l'on remarque bien la principale cause de l'esclavage dans le monde, c'est que le gouvernement, chez tous les peuples, manie les armes. Je veux donc que la puissance nommée exécutrice ne gouverne que les citoyens.

» La direction du pouvoir militaire (je ne dis pas l'exécution militaire) est inaliénable de la puissance législative ou du souverain; il est la garantie du peuple contre le magistrat. Alors la patrie est le centre de l'honneur. Comme on ne peut plus rien obtenir de la faveur et des bassesses qui corrompent le magistrat, il se décide à parvenir aux emplois par le mérite et l'honnête célébrité. Vous devenez la puissance suprême, et vous liez à vous et au peuple les généraux et les armées. »

Il craint trop que le magistrat, chargé de l'exécution des lois, n'abuse contre le peuple d'une force instituée seulement contre les ennemis extérieurs.

« Le peuple, poursuit-il, n'a pas d'intérêt à faire la guerre. La puissance exécutrice trouve dans la guerre l'accroissement de son crédit, elle lui fournit mille moyens d'usurper. C'est pourquoi mon dessein serait de vous proposer que le ministère militaire, détaché de la puissance exécutrice, ne dépendît que de vous seuls, et vous fût immédiatement soumis. Si vous voulez que votre institution soit durable chez un peuple qui n'a plus d'*ordres*, vous ferez que le magistrat ne devienne pas un *ordre* et une sorte de patriciat, en dirigeant les armes par sa volonté ; car la guerre n'a point de frein ni de règle présente dans les lois ; ses vicissitudes rendent tous ses actes des actes de volonté. Il est donc nécessaire qu'il n'y ait dans l'État qu'une seule volonté, et que celle qui fait les lois commande les opérations de la guerre. Le magistrat doit être entièrement livré au maintien de l'ordre civil. »

La Convention, suivant lui, doit donc se réserver l'omnipotence sur les opérations générales de la guerre, afin de mettre le peuple à l'abri des abus d'un pouvoir militaire ; tous les anneaux de la chaîne militaire doivent aboutir à elle, de telle sorte qu'il soit impossible aux généraux d'intriguer dans le conseil, et au conseil de rien usurper.

Ces idées, comme on le voit, sont toutes empreintes de la plus rigoureuse sagesse et semblent, en vérité, venir d'un homme vieilli dans la plus profonde expérience des hommes et des choses. Sont-elles inapplicables dans la pratique? Il serait absurde de le soutenir, puisque les moyens proposés par Saint-Just ont été, en grande partie, ceux qui ont servi à faire triompher les armes de la République.

Envisageant ensuite la question sous le rapport financier, il termine ainsi :

« On est convaincu des désordres qu'entraîne l'émission déréglée des signes. Mais est-il possible que ceux qui savent prévoir le résultat de cette affreuse disproportion du signe aux choses, n'imaginent aucun moyen d'y remédier? On a beau parler d'hypothèque sur les fonds des émigrés et les forêts, ces fonds ne sont point des choses de consommation contre lesquelles le signe se mesure. Cambon vous disait, le 10 janvier, en vous annonçant la nécessité d'une nouvelle création d'assignats, qu'aucun emprunt ni qu'aucune imposition ne pouvaient faire face à la dépense de 200 millions par mois. Cambon avait cependant senti la nécessité que la quantité actuelle du signe fluctuât sur elle-même ; mais il paraissait ne trouver de remède, pour faire face à des besoins considérables et sans cesse renaissants, que dans les fabrications nouvelles; moyen rapide, à la vérité, mais qui nous fait placer la liberté à fonds perdu, et nous fait ressembler à ces sauvages dont parle Montesquieu, qui abattent l'arbre pour cueillir ses fruits.

» Je veux vous présenter, si vous le permettez, dans

un autre moment, quelques moyens de rétablir l'ordre dans les finances.

» Du reste, j'envisage avec sang-froid notre situation présente : nous avons de grandes ressources, il s'agit de les employer ; mais pour cela il faut que tout le monde oublie son intérêt et son orgueil. Le bonheur et l'intérêt particuliers sont une violence à l'ordre social quand ils ne sont point une portion du bonheur public : oubliez-vous vous-mêmes. La Révolution française est placée entre un arc de triomphe et un écueil qui nous briserait tous. Votre intérêt vous commande de ne point vous diviser. Quelles que soient les différences d'opinions, les tyrans n'admettent point ces différences entre nous. Nous vaincrons tous ou nous périrons tous. Votre intérêt vous commande l'oubli de votre intérêt même ; vous ne pouvez tous vous sauver que par le salut public. »

On voit par quelles précautions Saint-Just voulait prévenir le retour de la tyrannie et du privilége. Chacun de ses discours est une éloquente réfutation des absurdes diatribes de ceux qui l'ont accusé d'aspirer à la dictature ; tristes accusateurs, dont nous flétrirons plus tard la férocité et les dilapidations, et pour qui semblent avoir été faits ces vers que Corneille a mis dans la bouche d'Auguste :

> Un tas d'hommes perdus de dettes et de crimes,
> Que pressent de mes lois les ordres légitimes,
> Et qui, désespérant de les plus éviter,
> Si tout n'est renversé, ne sauraient subsister.

Dans la séance du lundi 11 février 1793, Saint-Just reprend de nouveau la parole pour soutenir le plan présenté par Dubois-Crancé, au nom du comité militaire, sur l'organisation de l'armée.

Le but principal du comité était de ramener l'armée à l'unité et d'effacer les distinctions existant, sous l'ancien régime, entre les différents corps. Le principe de l'élection des officiers y était posé, avec cette restriction très-sage, que le tiers des emplois vacants de tout grade, sur la totalité des trois bataillons dont se composait la demi-brigade, serait donné à l'ancienneté.

Saint-Just trouve dans le plan du comité tous les éléments nécessaires pour inspirer à l'armée l'esprit républicain qui doit enthousiasmer le soldat et le forcer à la victoire. Il ne veut pas de ces anciennes corporations privilégiées pouvant, à un moment donné, favoriser l'usurpation et conduire au gouvernement militaire. Il approuve donc le mélange des régiments de ligne et des bataillons de volontaires, parce que cette fusion lui paraît de nature à vivifier le sentiment démocratique parmi les troupes. Ce n'est pas tout :

« L'unité de la République, s'écrie-t-il, exige l'unité dans l'armée ; la patrie n'a qu'un cœur, et vous ne voulez plus que ses enfants se le partagent avec l'épée.

» Je ne connais qu'un moyen de résister à l'Europe, c'est de lui opposer le génie de la liberté; on prétend que ces élections militaires doivent affaiblir et diviser l'armée ; je crois, au contraire, que ses forces en doivent être multipliées.

» Je sais bien qu'on peut m'opposer que l'instabilité de l'avancement militaire peut dégoûter les chefs, qu'il peut porter les soldats à la licence, énerver la discipline et compromettre l'esprit de subordination ; mais toutes ces difficultés sont vaines, il faut même faire violence aux mauvaises mœurs, et les dompter; il faut d'abord vaincre l'armée, si vous voulez qu'elle vainque à son tour. Si le législateur ménage les difficultés, les difficultés l'entraînent; s'il les attaque, il en triomphe au même instant. Je ne sais s'il faut moins d'audace pour être législateur que pour être conquérant; l'un ne combat que des hommes; l'autre combat l'erreur, le vice et le préjugé; mais si l'un ou l'autre se laisse emporter à la faiblesse, il est perdu; c'est dans cet esprit seulement que vous pourrez conduire la Révolution à son terme. Je ne crains qu'une chose : c'est que la puissance du peuple français n'éprouve point de la part de ses ennemis ces obstacles vigoureux qui décident un peuple à la vertu. On ne fait pas les révolutions à moitié. Il me semble que vous êtes destinés à faire changer de face aux gouvernements de l'Europe; vous ne devez plus vous reposer qu'elle ne soit libre : sa liberté garantira la vôtre. Il y a trois sortes d'infamies sur la terre, avec lesquelles la vertu républicaine ne peut point composer : la première, ce sont les rois; la seconde, c'est de leur obéir; la troisième, c'est de poser les armes s'il existe quelque part un maître et un esclave. »

Après avoir nettement établi qu'il fallait considérer, avant tout, l'intérêt de la patrie, et non celui de quelques officiers ambitieux; après avoir parfaitement prouvé que l'élection des chefs, ne s'étendant ni à l'état-major ni au généralat, ne pouvait être d'aucun danger pour la République, il ajoute :

« L'élection des généraux est le droit de la cité entière. Une armée ne peut délibérer ni s'assembler. C'est au peuple même, ou à ses légitimes représentants, qu'appartient le choix de ceux desquels dépend le salut public.

» Si l'on examine le principe du droit de suffrage dans le soldat, le voici : c'est que, témoin de la conduite, de la bravoure et du caractère de ceux avec lesquels il a vécu, nul ne peut mieux que lui les juger.

» En outre, si vous laissez les nominations à tant de places militaires entre les mains ou des généraux ou du pouvoir exécutif, vous les rendez puissants contre vous-mêmes et vous rétablissez la monarchie.

» Règle générale : il y a une monarchie partout où la puissance exécutrice dispose de l'honneur et de l'avancement des armes.

» Si vous voulez fonder une république, ôtez au peuple le moins de pouvoir possible, et faites exercer par lui les fonctions dont il est capable.

» Si quelqu'un s'oppose ici aux élections militaires, après ces distinctions, je le prie d'accorder ses principes avec la république.

» Pour moi, je ne considère rien ici que la liberté du peuple, le droit des soldats et l'abaissement de toutes puissances étrangères au génie de l'indépendance populaire. Il faut que l'antichambre des ministres cesse d'être un comptoir des emplois publics, et qu'il n'y ait plus rien de grand parmi nous que la patrie. Aussitôt qu'un homme est en place, il cesse de m'intéresser, je le crois même dans un état de dépendance. Le *commandement* est un mot impropre, car, à quelque degré que l'on observe la loi, on ne commande point.

» Il n'y a donc de véritable commandement que la volonté générale et la loi; ici, s'évanouit le faux honneur ou l'orgueil exclusif; et, si tout le monde était pénétré de ces vérités, on ne craindrait jamais l'usurpation, car elle est le prix que notre faiblesse attache à l'éclat d'un brigand.

» Le pur amour de la patrie est le pur fondement de la liberté. Il n'y a point de liberté chez un peuple où l'éclat de la fortune entre pour quelque chose dans le service de l'État. C'est pourquoi le passage du plan de votre comité, où il accorde un écu de haute paye, par mois, aux volontaires qui serviront plus d'une campagne, ne m'a pas paru digne de la fierté d'un soldat.

» Un jour, quand la présomption de la monarchie sera perdue, les rangs militaires ne seront point distingués par la solde, mais par l'honneur. Les rangs sont une chose imaginaire. L'homme en place est étranger au souverain. Celui qui n'est rien est plus qu'un ministre.

» On ne fait une république qu'à force de frugalité et de vertu. Qu'y a-t-il de commun entre la gloire et la fortune ?

» J'appuie donc le plan de votre comité. Si l'on objecte la difficulté d'une prompte exécution, je réponds que les gens du métier demandent le temps d'une revue pour l'opérer.

» J'aurais désiré que, dans le même esprit de sagesse et de politique, votre comité vous eût proposé des vues sur le recrutement des armées. Je voudrais, en outre, montrer qu'un général en chef ne peut être élu que par la Convention. Je demande que le plan du comité soit mis aux voix avec cet amendement, que l'exécution en sera suspendue dans les armées trop près de l'ennemi (1). »

On sait que, malgré l'opposition de quelques-uns des

---

(1) Voyez ce discours dans *le Moniteur* du 30 janvier 1793, n° 30.

principaux Girondins, le projet du comité fut adopté par la Convention.

De ce plan remarquable tout n'a pas entièrement disparu ; les dénominations aristocratiques, grâce à Dieu ! n'ont pas été rétablies, et l'organisation de l'armée en brigades et divisions existe encore.

Nous avons dit que Saint-Just se tenait soigneusement à l'écart des discussions personnelles qui, à certains jours, éclataient au sein de la Convention et interrompaient ses travaux ; nous devons ajouter que jamais il ne conseilla au peuple la violence, et qu'il ne fit partie d'aucun comité insurrectionnel.

Certains hommes se sont imposé la triste tâche de dénigrer systématiquement les membres les plus éminents et les plus probes de la Convention nationale et de dénaturer leurs actions et leurs paroles les plus innocentes. Instruments d'une réaction exaltée, ils mentent, la plupart, à leur origine, et ne s'en montrent que plus acharnés détracteurs d'une révolution à laquelle ils doivent le rang qu'ils tiennent dans le monde, et la part de dignité dont ils jouissent. Qu'un éclair de cette révolution vienne à rayonner à l'horizon, ils se tairont, ils applaudiront peut-être ; mais que cet éclair s'évanouisse, on les verra, pour se venger d'un éblouissement passager, s'acharner, comme des vautours, sur la mémoire de ceux qui ont été les plus purs défenseurs de cette révolution, et publier contre eux tout ce que la haine et la calomnie peuvent inventer de plus ingénieux. Si le lecteur remontait aux sources, s'il vérifiait par lui-même tous les événements, tous les actes qu'on met sous ses yeux, il n'y aurait qu'à laisser à la conscience publique le soin de faire justice de pareils historiens ; mais il n'en est point ainsi ; et nous sommes obligé de nous livrer nous-même à ce travail d'analyse et de discussion pour démontrer rigoureusement la valeur des œuvres de quelques-uns de ces écrivains qui s'intitulent, sans doute, honnêtes et modérés.

Ces réflexions nous sont naturellement inspirées par un passage du livre de M. Éd. Fleury, où, dans le but de transformer Saint-Just en fauteur de séditions, les faits les plus clairs sont odieusement dénaturés.

On se rappelle le beau discours prononcé par Saint-Just, à l'occasion des subsistances, dont la question n'avait pas été entièrement tranchée par la loi du 9 décembre. Dans les premiers mois de 1793, la misère était grande encore ; le peuple, qui avait mis tout son espoir dans la Convention, attendait avec impatience une loi de nature à apporter un remède définitif à ses maux. Les agitateurs ne manquèrent pas de profiter de ces moments de crise, que contribuaient à entretenir tous les ennemis de la Révolution.

Le 11 février 1793, et non pas le 10, Bréard, qui présidait la Convention, reçut la lettre suivante, dont il donna immédiatement connaissance à l'Assemblée :

« Les commissaires des sections de Paris réunies demandent à paraître à la barre pour présenter une pétition sur les subsistances. La faim ne s'ajourne pas. Il est impossible que nous désemparions sans avoir été admis, à moins que nous ne soyons éloignés par un décret, prononcé en présence des Parisiens et des fédérés des quatre-vingt-trois départements qui sont debout avec nous. »

La Convention, irritée du ton de menace qui régnait dans cette lettre, refusa d'admettre les pétitionnaires, les renvoya au comité d'agriculture et passa à l'ordre du jour.

Tels sont les renseignements fournis par *le Moniteur* (1). Lisons maintenant la version de M. Éd. Fleury, sur les procédés historiques duquel nous appelons l'attention sévère du lecteur impartial : « Le 10 février, écrit-il en commettant une première erreur, les quarante-huit sections de Paris envahirent la Convention (2). » — Ainsi, la lettre des commissaires, lue par le président, se transforme en envahissement de l'Assemblée par les quarante-huit sections de Paris. — Continuons : « Un orateur se présenta à la barre, en disant que la faim ne s'ajournait pas. « Il est impossible, » ajoutait-il avec audace en cherchant de l'œil l'approbation des meneurs, « il est impossible que nous désemparions sans avoir été » admis, etc... » Comme on le voit, cela devient de plus fort en plus fort; la scène est dramatisée; le président de la Convention, lisant la lettre des commissaires, est transfiguré en orateur factieux, « cherchant de l'œil l'approbation des meneurs » qui, suivant le véridique écrivain, siégeaient sur les bancs mêmes de l'Assemblée.

Le lendemain 12, les commissaires, éconduits la veille, revinrent à la Convention. Il ne faut pas oublier que le droit de pétition était alors un droit sacré et reconnu. *Le Moniteur* raconte ainsi cette seconde démarche : « Les députés qui s'étaient présentés hier, pour faire une pétition relative aux subsistances, sollicitent de nouveau et obtiennent l'admission à la barre (3). »

Ainsi donc, et j'insiste sur ce point, les pétitionnaires

---

(1) *Moniteur* du 13 février 1793, n° 44.
(2) *Saint-Just*, par M. Édouard Fleury, t. I, p. 254.
(3) *Moniteur* du 14 février 1793, n° 45.

sollicitent et obtiennent cette fois leur admission à la barre. Voilà pourtant ce qui, dans l'imagination de M. Éd. Fleury, prend les proportions d'une sorte d'insurrection dont il veut que Saint-Just soit l'instigateur et le chef. Examinons par quelles perfidies il essaye de donner quelque consistance à son accusation.

L'orateur de la députation, qui concluait à l'établissement du maximum et à la prohibition de la libre circulation des grains, avait blâmé, dans son discours, plusieurs des opinions émises sur la question des subsistances par Saint-Just, qu'on ose pourtant présenter comme le complice des malencontreux pétitionnaires ; la parole peu mesurée de l'orateur avait, plusieurs fois, excité les murmures de l'Assemblée.

Un autre membre de la députation voulut parler « au nom de ses frères des départements. » Louvet l'interrompit, en s'écriant : « Y a-t-il en France deux Conventions, deux Représentations nationales ? »

Le président, tout en blâmant énergiquement l'imprudent orateur, lui décerne cependant les honneurs de la séance. Plusieurs membres, de leur côté, demandent que les commissaires des sections de Paris soient admis aux honneurs de la séance, excepté celui qui a eu l'audace de parler au nom des départements. Quelques voix s'écrient : « A la bonne heure ! »

Un député demande la parole pour s'opposer à cette mesure ; et ce député, c'est Marat, que M. Éd. Fleury accuse aussi d'avoir organisé, avec Saint-Just, ce qu'il prétend avoir été un envahissement de la Convention.

Écoutons donc ce terrible Marat, qui fut le dieu des vainqueurs de thermidor.

« Les mesures qu'on vient de vous proposer à la barre,

pour rétablir l'abondance, sont si excessives, si étranges, si subversives de tout bon ordre ; elles tendent si évidemment à détruire la libre circulation des grains et à exciter des troubles dans la République, que je m'étonne qu'elles soient sorties de la bouche d'hommes qui se prétendent des êtres raisonnables et des citoyens libres, amis de la justice et de la paix. Les pétitionnaires qui se présentent à votre barre se disent commissaires des quarante-huit sections de Paris. Pour avoir un caractère légal, ils auraient dû avoir le maire de Paris à leur tête. Je demande d'abord qu'ils soient tenus de justifier de leurs pouvoirs. Un des pétitionnaires a parlé au nom des départements, je demande qu'il justifie de sa mission. Ne vous y trompez pas, citoyens : c'est ici une basse intrigue. (C'est Marat qui parle ; entendez-vous, M. Fleury ?) Je pourrais nommer ici des individus notés d'aristocratie ; mais les mesures que je propose serviront à les faire connaître et à couvrir de honte les auteurs. Je demande que ceux qui en auront imposé à la Convention soient poursuivis comme perturbateurs du repos public. »

Voilà donc Marat bien lavé du reproche d'avoir provoqué cette pétition des commissaires des quarante-huit sections de Paris. Il y a mieux ; c'est que plusieurs réactionnaires, bien connus, se trouvaient parmi les pétitionnaires. Or, Saint-Just n'était pas de trempe à faire cause commune avec eux.

Carra prit, à son tour, la parole. Après avoir flétri la conduite des propagateurs de fausses nouvelles, après avoir dénoncé ces hommes, éternels ennemis de la République, qui, à l'aide des mots de patriotisme et de bien public, parviennent à égarer les citoyens faibles, et cherchent à entraver les travaux de la Convention, il repousse, comme Marat, l'admission des pétitionnaires aux honneurs de la séance, et propose l'accusation de celui qui a osé parler au nom des départements.

M. Fleury travestit odieusement ce discours : « Carra, dit-il, proposa une enquête dont le but serait d'arriver à découvrir par qui les pétitionnaires avaient été entraînés; » ce qui est entièrement faux : Carra n'a pas dit un mot de cela. « En désignant Saint-Just du doigt et du regard, ajoute-t-il, il flétrit ces grands coupables de la politique qu'il ose appeler : les hypocrites en patriotisme (1). » Ce qu'il faut flétrir ici, ce sont ces indignes inventions, imaginées par le génie de la haine. Cette expression : hypocrites en patriotisme, n'est pas sortie de la bouche de Carra; elle est de M. Fleury, à qui nous devons en restituer l'honneur. Carra n'a fait aucune allusion à Saint-Just; il ne l'a désigné ni du doigt ni du regard ; et cela par une raison bien simple, c'est qu'au moment où il prononça les très-dignes et très-courtes paroles qu'on peut lire au *Moniteur*, Saint-Just n'avait pas encore été nommé par le pétitionnaire, cause de tout le tumulte.

Le nom de Saint-Just, fut, en effet, cité; nous allons bientôt voir comment.

Après Carra, plusieurs députés se succédèrent à la tribune, et Marat, appuyé par Louvet, demanda de nouveau l'arrestation du pétitionnaire. Lamarque et Duprat, un Girondin, parlèrent en faveur de ce dernier, et demandèrent qu'il fût au moins entendu. L'Assemblée y ayant consenti, le pétitionnaire prit la parole, et s'exprima en termes parfaitement convenables. C'était un commissaire de la section Poissonnière. Après avoir

---

(1) *Saint-Just*, par M. Éd. Fleury, t. I, p. 255 et 256.

expliqué dans quelles circonstances il avait été nommé vice-président de la commission, il ajouta, et ici je copie *le Moniteur :* « Ce matin, arrivé dans cette enceinte, nous nous sommes entretenus avec un de vos membres ; il nous a dit qu'après la lecture de la pétition, il faudrait demander que la Convention s'occupât, toute affaire cessante, de faire une loi sur les subsistances pour la République entière...

» PLUSIEURS VOIX.—Le nom du membre qui a parlé au pétitionnaire ?

» LE PÉTITIONNAIRE. — On m'a dit qu'il s'appelle Saint-Just ; mais je ne le connais pas.

» Saint-Just monte à la tribune.

» THURIOT. — Je demande que le pétitionnaire déclare s'il a communiqué la pétition entière à Saint-Just ; car il en impose encore à l'Assemblée (1). »

Voyons de quelle manière M. Fleury travestit cette scène, toujours pour essayer de transformer Saint-Just en agent secret de l'émeute. Suivant lui, « le pétitionnaire raconta que, le matin même, un membre de la Convention s'était mêlé à la députation des sections, et l'avait fort exhortée à insister pour être admise à la barre et présenter sa pétition (2). » Cela n'est pas vrai ; rien de semblable n'a été dit par le pétitionnaire, comme on peut s'en convaincre par *le Moniteur.* Et plus loin : « Le nom du membre qui a parlé au pétitionnaire ! son nom ! s'écrièrent tous les Girondins dans l'exaltation du triomphe. » Ainsi, voilà les quelques voix dont parle *le Moniteur*, qui, sous la plume complaisante de M. Fleury, deviennent « tous les Girondins dans l'exaltation du triomphe. »

(1) *Moniteur* du 14 février 1793, n° 45.
(2) *Saint-Just*, par M. Éd. Fleury, t. I, p. 256.

Hommes honnêtes de tous les partis, je vous le demande, est-il possible de falsifier les faits avec plus d'impudeur ? Assurément, quand on se montre aussi scrupuleux dans la narration exacte et sincère des événements, on aurait grand tort de ne pas railler, impitoyablement et sans mesure, M. de Lamartine, sur ses erreurs historiques.

Mais la réponse du pétitionnaire ne prouve-t-elle pas surabondamment que Saint-Just n'a en rien participé à cette manifestation? « Je ne le connais pas. » Tout esprit moins égaré et moins prévenu eût été éclairé par ces simples mots. Comment croire, en effet, qu'un membre de la Convention, qui aurait suscité cette pétition, ne fût pas même connu des orateurs de la députation, et fût précisément celui dont les opinions sur les subsistances étaient surtout blâmées par les pétitionnaires?

Saint-Just, qui était monté à la tribune, s'expliqua en ces termes :

« Quand je suis entré, ce matin, dans cette assemblée, on distribuait une pétition des quarante-huit sections de Paris, dans laquelle je suis cité d'une manière désavantageuse. Je fus à la salle des conférences, où je demandai à celui qui devait porter la parole, si j'avais démérité dans l'esprit des auteurs de la pétition : il me dit que non ; qu'il me regardait comme un très-bon patriote. Je lui demandai les moyens qu'il voulait proposer ; une personne me présenta du blé noir dans sa main, et me dit qu'il y en avait beaucoup de cette espèce débarqué au port Saint-Nicolas. Je lui dis : « Quelle que soit votre position, je vous invite à ne point agir avec violence; calmez-vous et demandez une loi générale. Si la Convention ajourne votre proposition, alors je demanderai la parole, et je suivrai le fil des vues que j'ai déjà présentées. Citoyens, je n'ai point dit autre chose. »

Cette explication, aussi nette et aussi claire que possible, mit fin aux débats. Les deux orateurs de la députation furent renvoyés au comité de sûreté générale, sur la proposition de Marat et d'Osselin.

Si nous nous sommes étendu aussi longuement sur une chose en elle-même assez insignifiante, c'est que nous tenions à édifier le lecteur sur la valeur des deux volumes publiés sur Saint-Just par M. Fleury. Nous voulons faire connaître à l'aide de quels procédés indignes cet historien, si nous devons le nommer ainsi, a tâché d'amoindrir et de déprécier Saint-Just; c'est pourquoi nous avons raconté avec quelques détails un fait sur lequel nous prenons M. Fleury en flagrant délit de faux historique. *Ab uno disce omnes.* Si quelques calomnies, ramassées dans la haine et dans la boue, parviennent, en l'absence de preuves contraires, à prendre une certaine consistance dans l'esprit d'un public trop facilement crédule, combien ne devons-nous pas nous applaudir, lorsque nous trouvons, dans l'inexorable *Moniteur*, la preuve éclatante de la vérité et le moyen de donner le démenti le plus formel à des accusations mensongères, qui doivent retomber de tout leur poids sur leur auteur.

Non, Saint-Just ne prit aucune part aux tristes scènes d'insurrection dont la Convention nationale fut le théâtre. S'il combattit les Girondins, ce ne fut pas par des voies ténébreuses et souterraines; il le fit publiquement, à la face de tous, du haut de la tribune de la Convention, et comme rapporteur du Comité de Salut public.

CHAPITRE IV

Premières discussions sur la Constitution. — Événements du 10 mars. — Établissement du tribunal révolutionnaire. — Discours de Saint-Just sur la Constitution à donner à la France. — La Constitution de Saint-Just. — Il discute la division politique de la République. — Son opinion sur les fonctions des municipalités. — Il défend Paris.

Ce qui sera l'éternel honneur de la Convention nationale, c'est que, au milieu des déchirements de la guerre civile, au milieu des plus formidables crises que jamais peuple ait eu à traverser, elle n'a pas un seul instant douté du salut de la patrie; c'est qu'elle fut constamment à la hauteur du péril, et fit face à tous les dangers; c'est que, pressée par la Vendée, par les intrigues de l'intérieur et par la coalition étrangère, elle discutait, dans un calme solennel, la Constitution à donner au pays, décrétait d'admirables institutions civiles et jetait les fondements de tout ce qu'il y a encore en France de plus grand, de plus noble et de plus utile. Imposant spectacle, unique dans les fastes du monde !

Presque en même temps, elle votait la levée de trois cent mille hommes, et, sur la proposition de Brissot, déclarait solennellement la guerre à l'Angleterre, pour répondre aux violences et aux perfidies du gouvernement britannique (1er février 1793).

Tout cela ne la détournait point de son but principal. Dans le cours de ce même mois de février, Condorcet prononça, au nom du comité de Constitution, un immense discours sur la Constitution élaborée par le comité, dont il lut ensuite le projet. Nous en parlerons lorsque nous analyserons l'acte constitutionnel adopté par l'Assemblée, acte auquel Saint-Just travailla activement.

Ce fut quelques jours après la séance où Condorcet avait pris la parole, qu'eurent lieu, dans Paris, les troubles occasionnés par la rareté et le haut prix des objets de première nécessité, et que commencèrent les mouvements hostiles d'une partie de la population contre les principaux membres de la Gironde. J'en dirai quelques mots pour établir d'une manière certaine que Saint-Just y demeura complétement étranger. Homme de gouvernement avant tout, il voyait d'un mauvais œil ces soulèvements populaires, qu'il regardait avec raison comme compromettants pour la liberté.

Ce qu'on a appelé l'insurrection morale du 10 mars (elle fut, en effet, bien pacifique), nous paraît avoir été surtout le résultat de la fermentation et de l'enthousiasme produits par les décrets que rendit la Convention nationale, à la nouvelle de nos revers en Belgique, pour pousser toute la France aux frontières. Les presses du journaliste girondin Gorsas brisées ; quelques attroupements aux

Champs-Élysées ; des chants patriotiques entonnés dans la rue Saint-Honoré, par les volontaires de la Halle au blé qui venaient de fraterniser dans un banquet, au moment de partir pour l'armée, et qui, le sabre à la main, faisaient retentir l'air de ce cri mille fois répété et longuement prolongé : « Vaincre ou mourir ! » une motion sanguinaire de deux ou trois violents clubistes, aussitôt réprimée par quelques députés montagnards, au milieu desquels figurait *Marat*; l'arrestation des Girondins demandée par la section Bon-Conseil, voilà, en définitive, à quoi se réduisit, dans Paris, la journée du 10 mars, que Louvet présente comme une immense conspiration de la Montagne, d'accord avec Pitt et Cobourg, pour renverser la République et provoquer le massacre des patriotes du côté droit. Garat, beaucoup plus juste, attribua les troubles à la dissension des représentants, qui s'accusaient réciproquement. Somme toute, la Commune resta parfaitement en dehors de ce mouvement, causé, suivant le journaliste Prudhomme, par les menées des émigrés ; elle le fit même avorter par son énergie, et la Convention décréta que le maire de Paris, Pache, et le commandant général Santerre avaient bien mérité de la patrie.

Dans l'Assemblée, les choses se passèrent plus pacifiquement encore ; l'invasion dont on la prétendait menacée ne reçut pas le moindre commencement d'exécution. Mais la séance du 10 restera à jamais fameuse par l'institution du Tribunal révolutionnaire, à l'établissement duquel ni Robespierre ni Saint-Just ne contribuèrent en aucune façon. Il avait été décrété en principe, la veille, sur la proposition de Levasseur et d'Isnard, « pour connaître de toute entreprise contre-révolutionnaire, de tout attentat contre la liberté, l'égalité, l'unité, l'indivisibilité de la République, la sûreté intérieure et extérieure de

l'État, et de tous les complots tendant à rétablir la royauté ou à constituer toute autre autorité attentatoire à la liberté, à l'égalité et à la souveraineté du peuple. »
Le 10, Cambacérès, dont le républicanisme paraissait bien sincère alors, insista pour que le tribunal révolutionnaire fût organisé séance tenante. Son vœu fut exaucé. Le projet de Robert Lindet, combattu par Barère et Cambon, appuyé par Danton et Phélippeaux, fut définitivement adopté par la Convention, dans la séance du soir.

Que faisait Saint-Just tandis que se forgeait cette arme terrible, qui bientôt frappera aveuglément les ennemis, les fondateurs et les plus purs soutiens de la République? Il songeait à la Constitution, son rêve éternel, l'objet de toutes ses préoccupations. Absorbé tout entier dans le travail d'un projet qu'il devait bientôt soumettre à la Convention, il ne prit aucune part à l'établissement du Comité de Salut public, dont la première idée appartient au *Girondin* Isnard, et dont plusieurs membres furent d'abord choisis dans le parti de la Gironde.

Dans ces deux mois de mars et d'avril, remplis de tant de scènes tumultueuses au sein de la Convention, il y a une chose digne de remarque, c'est que les discussions auxquelles la Constitution donna lieu se firent toujours dans le plus grand calme. Toutes les querelles particulières semblaient avoir disparu devant les grands intérêts qu'on traitait, et Danton pouvait dire : « Nous avons paru divisés entre nous ; mais, au moment où nous nous occupons du bonheur des hommes, nous sommes tous d'accord. »

De tous les discours prononcés sur les principes et les bases de la Constitution, celui de Saint-Just fut certainement un des plus remarquables. Condorcet, Vergniaud,

Robespierre prirent tour à tour la parole. « Fuyez, disait ce dernier, la manie ancienne des gouvernements, de vouloir trop gouverner ; laissez aux individus, laissez aux familles le droit de faire ce qui ne nuit pas à autrui ; laissez aux communes le pouvoir de régler leurs propres affaires, en tout ce qui ne tient pas à l'administration générale de la République ; rendez à la liberté individuelle tout ce qui n'appartient pas essentiellement à l'autorité publique, et vous aurez laissé d'autant moins de prise à l'ambition et à l'arbitraire. »

Belles paroles, que les législateurs devraient éternellement se rappeler pour en faire l'application. Si, dans notre opinion, le discours prononcé par Saint-Just l'emporte sur les autres, c'est qu'en même temps qu'il est également empreint du plus sage et du plus énergique amour de la liberté, il contient, au point de vue de la pratique et de la science du gouvernement, des idées beaucoup plus fortes.

Saint-Just monta à la tribune le 24 avril, le jour même où, par l'imprudence des Girondins, Marat triomphait avec tant d'éclat au Tribunal révolutionnaire.

« Que la Constitution, dit-il en commençant, soit la réponse et le manifeste de la Convention sur la terre. Le jour où elle sera donnée au peuple français, poursuit-il, les divisions cesseront, les factions accablées ploieront sous le joug de la liberté, les citoyens retourneront à leurs ateliers, à leurs travaux, et la paix, régnant dans la République, fera trembler les rois.

» Soit que vous fassiez la paix ou que vous fassiez la guerre, vous avez besoin d'un gouvernement vigoureux ; un gouvernement faible et déréglé qui fait la guerre, ressemble à l'homme qui commet quelques excès avec un tempérament faible : car, en cet état de délicatesse où nous sommes, si je puis parler ainsi, le peuple français a moins d'énergie contre la violence du despotisme étranger, les lois languissent, et la jalousie de la liberté a brisé ses armes. Le temps est venu de sevrer cette liberté et de la fonder sur ses bases ; la paix et l'abondance, la vertu publique, la victoire, tout est dans la vigueur des lois ; hors des lois, tout est stérile et mort.

» Tout peuple est propre à la vertu et propre à vaincre ; on ne l'y force pas, on l'y conduit par la sagesse. Le Français est facile à gouverner ; il lui faut une Constitution douce, sans qu'elle perde rien de sa rectitude. Ce peuple est vif et propre à la démocratie ; mais il ne doit pas être trop lassé par l'embarras des affaires publiques ; il doit être régi sans faiblesse, il doit l'être aussi sans contrainte.

» En général, l'ordre ne résulte pas des mouvements qu'imprime la force. Rien n'est réglé que ce qui se meut par soi-même et obéit à sa propre harmonie. La force ne doit qu'écarter ce qui est étranger à cette harmonie. Ce principe est applicable surtout à la constitution naturelle des empires. Les lois ne repoussent que le mal ; l'innocence et la vertu sont indépendantes sur la terre. »

Suivant lui, un gouvernement fort n'est nullement incompatible avec la liberté, que les peuples recouvreront quand les rapports de justice seront parfaitement établis entre les hommes, ce qui lui paraît plus facile qu'on ne le pense. Il faut, pour cela, que le gouvernement soit plutôt un ressort d'harmonie que d'autorité.

« L'origine de l'asservissement des peuples, reprend-il, est la force complexe des gouvernnements ; ils usèrent contre les peuples de la même puissance dont ils s'étaient servis contre leurs ennemis.

» L'altération de l'âme humaine a fait naître d'autres idées. On supposa l'homme farouche et meurtrier dans la nature, pour acquérir le droit de l'asservir...

» Les anciens Francs, les anciens Germains n'avaient presque point de magistrats; le peuple était prince et souverain; mais quand les peuples perdirent le goût des assemblées pour négocier et conquérir, le prince se sépara du souverain, et le devint lui-même par usurpation. »

Plus la Constitution est forte, pense-t-il, plus grande et plus durable doit être la liberté d'un peuple. Qu'elle soit donc telle, qu'il soit impossible au gouvernement de l'ébranler; qu'elle soit propre surtout à la nation française, si longtemps soumise aux mauvaises lois d'un régime absolu. Il songe surtout à l'affermir par les mœurs, et développe ainsi son système :

« Plus il y a de travail ou d'activité dans un État, plus cet État est affermi; aussi la mesure de la liberté et des mœurs est-elle moindre dans le gouvernement d'un seul que dans celui de plusieurs, parce que, dans le premier, le prince enrichit beaucoup de gens à ne rien faire, et que, dans le second, l'aristocratie répand moins de faveurs; et de même, dans le gouvernement populaire, les mœurs s'établissent d'elles-mêmes, parce que le magistrat ne corrompt personne, et que tout le monde y travaille.

» Si vous voulez savoir combien de temps doit durer votre république, calculez la somme de travail que vous y pouvez introduire, et le degré de modestie compatible avec l'énergie du magistrat dans un grand domaine. »

Il critique ensuite le projet du comité :

« Dans la Constitution qu'on vous a présentée, ceci soit dit sans offenser le mérite, que je ne sais ni outrager ni flatter, il y a peut-être plus de préceptes que de lois, plus de pouvoir que d'harmonie, plus de mouvement que de démocratie ; elle est l'image sacrée de la liberté, elle n'est point la liberté même. »

Il ne veut pas de cette étrange représentation générale, formée des représentations particulières de chacun des départements, ce qui romprait l'unité de la République et en ferait une fédération ; il ne veut pas de ces ministres, confondus dans un conseil dont le pouvoir serait supérieur à celui de l'Assemblée nationale, qui lui semble amoindrie dans le projet du comité.

« Le conseil des ministres, dit-il, est, en quelque sorte, nommé par la République entière ; la représentation est formée par départements. N'aurait-il pas été plus naturel que la représentation, gardienne de l'unité de l'État et dépositaire suprême des lois, fût élue par le peuple en corps, et le conseil de toute autre manière, pour sa subordination et la facilité des suffrages ? »

Après avoir, en terminant, blâmé certains articles du projet de Condorcet qui, suivant lui, devaient vicier l'expression de la volonté générale, il fit lecture d'un essai de Constitution, bien peu connu, je crois, dont nous allons esquisser rapidement les parties les plus saillantes.

Au milieu de toutes les causes de dissolution dont nous avons parlé, tandis que les Girondins semblaient vouloir, en quelque sorte, isoler les diverses portions du territoire, en donnant à chacune d'elles une part d'importance beaucoup trop grande relativement à l'ensemble qui forme la patrie commune, le parti dont Saint-Just était un des chefs poussait à la centralisation et poursuivait l'application d'une idée hors de laquelle il n'y avait pas de grandeur et de salut possibles pour la France : l'unité et l'indivisibilité de la République.

Il voulait imprimer à cette nation régénérée un caractère de puissante homogénéité : faire disparaître par les lois, par l'instruction, par les mœurs et l'éducation, ces énormes variétés de langages, d'habitudes et de costumes, qui rendaient l'homme du midi complétement étranger à celui du nord; il voulait enfin, continuant en cela l'œuvre de l'Assemblée nationale de 1789, effacer à jamais les dernières traces de l'asservissement et de la conquête.

La Constitution de Saint-Just est toute composée à ce point de vue. Elle respire un tel parfum de modération, de douceur, de vénération pour la vieillesse, de sollicitude pour les enfants, qu'on la pourrait croire écrite par la plume de Fénelon.

Saint-Just consacre en principe que si la puissance légitime est dans les lois seules, la dignité est dans la nation ; qu'en conséquence, les représentants du peuple et les magistrats ne sont point au-dessus des citoyens, inviolables et sacrés entre eux. Il déclare ensuite choses sacrées les étrangers, la foi du commerce et des traités, la paix, la souveraineté des peuples.

La République est une et indivisible; elle est représentative; toutes les fonctions militaires ou civiles y sont temporaires et électives. Le peuple français est représenté par une assemblée législative nommée immédiatement par le peuple, et dont la durée est de deux ans; il est gouverné par un Conseil élu par des assemblées secondaires et renouvelé tous les trois ans.

Saint-Just maintient la division de la France en départements; seulement, il établit cette division non dans le territoire, mais dans la population, pour l'exercice des droits du peuple. Il divise la population de chaque département en trois arrondissements, département et arrondissements ayant chacun un chef-lieu central. Enfin, il divise en communes de six à huit cents votants, ayant également un chef-lieu central, la population de chaque arrondissement. Cette dernière division est assurément beaucoup plus logique et offre bien plus de garantie à l'indépendance et à la liberté des citoyens que celle de nos communes actuelles, où nous voyons, dans les petites, par exemple, les électeurs agir sous l'influence directe et forcée du maire.

Dans cette Constitution, la qualité de citoyen actif n'est pas donnée légèrement. Il faut, pour avoir droit de voter, être âgé de vingt et un ans d'abord, puis être domicilié depuis un an et un jour dans la même commune. L'exercice de ce droit est suspendu pour tous les fonctionnaires publics, les militaires hors de leurs foyers, les représentants du peuple, les membres du Conseil et les ministres. La Constitution de Saint-Just sauvegarde rigoureusement la dignité humaine; elle ne reconnaît point de domesticité, mais seulement un engagement égal et sacré de soins entre l'homme qui travaille et celui qui le paye.

Le droit de pétition est formellement reconnu : l'Assemblée ne peut, sans forfaiture, y porter atteinte. Les élections sont, en quelque sorte, une chose sainte. Saint-Just établit deux sortes de collèges électoraux : les communes, formées de l'universalité des électeurs, et les assemblées secondaires, composées d'électeurs choisis par les communes et se réunissant au chef-lieu du département. L'abstention d'un électeur, sans cause légitime, est considérée comme un déshonneur et punie d'une amende.

Tous les deux ans, au premier jour de mai, les communes s'assemblent de droit pour renouveler l'Assemblée nationale, laquelle est nommée par un seul scrutin du peuple; chaque citoyen donne à haute voix son suffrage pour l'élection d'un seul représentant. En cas de partage, le plus âgé est préféré. Toujours même déférence pour la vieillesse. Les plus anciens d'âge président les assemblées électorales et remplissent les fonctions de scrutateurs.

Le 20 mai, les citoyens élus se réunissent au lieu de leurs séances, qui sont publiques. Toute fonction civile ou militaire est incompatible avec la qualité de représentant à l'Assemblée nationale, dont les membres ne peuvent être réélus qu'après un intervalle de deux ans.

Le pouvoir exécutif est confié à un Conseil composé d'un membre et de deux suppléants par chaque département, et nommé par les assemblées secondaires; ces dernières se réunissent à cet effet tous les trois ans, le 15 novembre. Les séances de ce Conseil sont également publiques. Saint-Just veut que rien ne se fasse hors de la présence du souverain, qui est le peuple entier.

Fidèle aux principes énoncés par lui dans ses discours sur le ministère de la guerre et l'organisation des armées, il investit ce Conseil de fonctions purement civiles. S'il lui laisse la direction des opérations de la guerre, il ne lui permet de nommer ni de destituer aucun chef militaire; chargé de l'administration générale, ce Conseil ne doit agir qu'en vertu des lois et des décrets de l'Assemblée nationale. Ses délibérations sont exécutées par des ministres qu'il nomme à la majorité absolue des voix et qui sont au nombre de neuf, savoir :

Un ministre des armées de terre ;
Un ministre des armées de mer ;
Un ministre des affaires étrangères ;
Un ministre du commerce et des subsistances ;
Un ministre de la police générale ;
Un ministre des suffrages et des lois ;
Un ministre des finances ;
Un ministre des comptes ;
Un ministre du trésor public.

Ces ministres n'exercent aucune autorité personnelle.

Le Conseil ne peut, en aucune façon, suspendre l'exécution des lois ; mais, en certains cas, il doit servir de contre-poids à l'Assemblée nationale. Si donc un décret, une loi adoptés par le pouvoir législatif se trouvent contraires à la Constitution, le Conseil a le droit de les renvoyer au peuple, qui refuse ou accorde sa sanction.

Dans le cas où quelque changement dans la Constitution serait réclamé par les communes, l'Assemblée nationale doit convoquer une convention qui n'a mission de statuer que sur le changement proposé, et est dissoute au bout d'un mois.

Chaque vœu d'une commune légalement assemblée est transmis par le président aux directoires d'arrondissement. Le ministre des suffrages et des lois les reçoit du directoire, et en rend compte à l'Assemblée nationale.

Pour compléter le gouvernement, Saint-Just place dans chaque arrondissement un directoire composé de huit membres et d'un procureur-syndic, chargés seulement de l'administration politique, et agissant sous la surveillance du Conseil.

Dans chaque commune, il établit un conseil de communauté, composé de mandataires nommés par les habitants des diverses communautés dont l'ensemble forme la commune. La répartition des contributions directes, la confection et la réparation des routes, l'entretien des ouvrages publics, la levée des troupes, etc., sont confiés aux soins et à la vigilance de ce Conseil.

L'institution de la justice, dans la Constitution de Saint-Just, est d'une extrême simplicité. Les fonctions judiciaires y sont également électives. Comme Montesquieu, son maître, Saint-Just pense que le peuple est excellent pour le choix de ceux à qui il délègue certaine partie de son autorité, parce qu'il se détermine par des choses qu'il ne peut ignorer et qui tombent sous les sens. « Il sait qu'un juge est assidu, que beaucoup de gens se retirent de son tribunal contents de lui, qu'on ne l'a pas convaincu de corruption : en voilà assez pour qu'il élise un préteur (1). »

La justice civile est rendue par des arbitres jugeant sans appel au-dessous de cent livres.

Dans chaque communauté, il y a un maire chargé de la salubrité, des cérémonies publiques, etc., et des fonctions de juge dans les contestations de police; il lui est adjoint un procureur de la commune et un greffier; tous trois sont élus pour un an. Un jury de sûreté, composé de citoyens tirés au sort tous les mois, est chargé de qualifier le délit devant le tribunal de police.

Dans chaque arrondissement, un juge de paix, nommé par les assemblées secondaires, et un jury de paix, composé de cinq citoyens tirés au sort et renouvelés tous les mois, prononcent sur l'appel des sentences des arbitres,

---

(1) Montesquieu, *Esprit des Lois*, t. I, liv. II, p. 150, éd. Dalibon.

sans jamais juger au fond; ils renvoient, s'il y a lieu, les parties devant d'autres arbitres, dont le jugement est définitif. Le juge de paix est, de plus, chargé de constater les délits et de livrer les coupables aux accusateurs publics des cours criminelles.

Ces cours, composées de quinze juges nommés par les assemblées secondaires, sont divisées en trois tribunaux formés de cinq membres chacun et assistés d'un accusateur public, d'un censeur et d'un greffier, également élus par les assemblées secondaires.

Le premier, qui n'applique que la peine de mort, connaît des assassinats; le second connaît des délits contre les citoyens et les propriétés; il ne prononce que la peine des fers; le troisième connaît des contraventions aux jugements des juges et jurés de paix, lesquelles sont punies de peines infamantes.

Quand un fonctionnaire public est accusé par l'Assemblée nationale, il est traduit devant la cour criminelle, formée de la réunion des trois tribunaux.

Des jurés sont chargés d'instruire la procédure. Quant aux censeurs, ils requièrent l'application de la loi, parlent en faveur de l'innocence et défèrent les jugements irréguliers à un tribunal de cassation, qui est le sommet de l'ordre judiciaire.

La Constitution de Saint-Just renferme une disposition touchante au sujet des séditions qui peuvent troubler la tranquillité publique. Six vieillards, nommés tous les deux ans par les communes, ont la mission spéciale d'apaiser les séditions. Ils paraissent dans le tumulte, ceints d'une écharpe tricolore; à leur aspect, le peuple doit garder le silence et les prendre pour arbitres. Les vieillards ne se retirent que lorsque le rassemblement est dissipé. Ceux qui les insultent sont réputés méchants, et sont déchus de la qualité de citoyens. Si l'un de ces vieillards est assassiné, il y a deuil et cessation de travaux dans la République, pendant tout un jour.

Ridicule institution! diront peut-être les partisans des répressions violentes. Tan pis pour ceux qui ne la comprennent point! Ils nous accorderont toutefois que l'homme qui en a eu l'idée n'était point un sauvage et un barbare. Aussi avons-nous dû nous étendre un peu sur cet essai de Constitution, parce qu'il doit contribuer à faire connaître le jeune conventionnel dont nous écrivons la trop courte vie.

Pour maintenir l'autorité des lois et repousser une attaque imprévue, la République entretient une force suffisante; mais toute la jeunesse française doit être élevée au maniement des armes et se tenir prête à marcher, en cas de besoin.

Cette Constitution, dont nous avons essayé de donner une idée, se termine par quelques articles généraux d'une admirable pureté. Ainsi, le peuple français se déclare l'ami de tous les peuples, il offre asile dans ses ports à tous les vaisseaux du monde, son hospitalité est promise aux vertus malheureuses de tous les pays, et... je cite textuellement :

« Les orphelins de père et mère étrangers, morts en France, seront élevés aux dépens de la République, et rendus à leurs familles si elles les réclament :

» La République protége ceux qui sont bannis de leur patrie pour la cause sacrée de la liberté.

» Elle refuse asile aux homicides et aux tyrans.

» La République française ne prendra point les armes pour asservir un peuple et l'opprimer.

» Elle ne fait point la paix avec un ennemi qui occupe son territoire.

» Elle ne conclura point de traités qui n'aient pour objet la paix et le bonheur des nations.

» Le peuple français vote la liberté du monde. »

Tel est, dans son ensemble, cet essai dont la lecture, suivant le journaliste Prudhomme, fut fort applaudie par l'Assemblée. Cette Constitution est, comme nous le verrons, très-proche parente de celle qui fut votée quelque temps après; en les comparant, nous rendrons compte de la part que Saint-Just dut apporter à l'œuvre de cette dernière.

Il revient souvent sur cette grande idée de l'unité française; son discours du 15 mai, sur la division politique de la République, y est presque entièrement consacré. Là, il développe de nouveau l'opinion qu'il a mise en pratique dans sa Constitution; il veut que la division repose sur le peuple même, fractionné par tribus d'électeurs, et non sur le territoire, parce que le gouvernement peut trouver dans ce dernier mode un moyen plus facile d'oppression.

« Les État-Unis d'Amérique, qui n'ont point établi cette distinction, dit-il, n'ont pas reconnu non plus, par une suite nécessaire, que l'unité de la République était dans la division du peuple, dans l'unité de la représentation nationale, dans le libre exercice de la volonté générale.

« Cet État confédéré n'est point, en effet, une république; aussi, les législateurs du nouveau monde ont-ils laissé dans leur ouvrage un principe de dissolution. Un jour (et puisse cette époque être éloignée), un État s'armera contre l'autre, on verra se diviser les représentants, et l'Amérique finira par la confédération de la Grèce.

» Si chaque département, ajoute-t-il plus loin, s'entend d'une portion du territoire, la souveraineté en est demeurée à la portion du peuple qui l'habite, et le droit de cité du peuple en corps n'étant point consacré, la République peut être divisée par le moindre choc.

» C'est en vertu de ce droit de cité du peuple en corps que le reste de la République marche aujourd'hui dans la Vendée, et que le souverain maintient son domaine contre l'usurpation et l'indépendance d'une partie de lui-même... Je regarde donc la division des départements comme une division de quatre-vingt-cinq tribus dans la population, et non comme une division de territoire en quatre-vingt-cinq parties. La Constitution doit être dépositaire de ces principes. »

Après avoir parfaitement établi la distinction qui existe entre la monarchie agissant par voie d'autorité et la République n'obéissant qu'aux suffrages du peuple, il soutient, avec beaucoup d'habileté, son système de division de la France, tel qu'il l'a conçu dans son essai de Constitution, et le propose à l'adoption de l'Assemblée comme de nature à affermir les fondements de la République, en ce qu'il fait résider dans les communes la souveraineté de la nation.

« Ah! s'écrie-t-il en terminant, puisse un jour l'Europe, éclairée par votre exemple et par vos lois, être jalouse de notre liberté autant qu'elle en fut l'ennemie! Puisse-t-elle se repentir d'avoir outragé la nature en répandant le sang d'un peuple qui fut le bienfaiteur de l'humanité!

» Mais si, pour avoir négligé les principes de la liberté, votre édifice s'écroule, les droits de l'homme sont perdus, et vous devenez la fable du monde. »

Quelques jours plus tard, le 24 mai, poursuivant son rêve d'unité systématique, il reprit la parole pour combattre le plan du comité, qui proposait, par la bouche de son rapporteur, de distribuer la population en juridictions municipales. Après avoir regretté que la dénomination de cantons, qui appartient à la terre, ait été préférée à celle de communes, qui désigne les hommes, il cherche à éclairer l'Assemblée sur le danger de toutes ces administrations séparées et puissantes. La crainte du fédéralisme l'occupe toujours.

« Je prévois, dit-il, par ce que nous avons fait jusqu'à ce jour, quel doit être notre destin. L'autorité, dans chaque département, se constitue en indépendance; et, par l'indépendance de son territoire et par sa rectitude, chaque département aura des représentants distincts; et si la représentation se divise par le choc des intérêts ou des passions, la République française est dissoute. Avec quelle facilité le poids du gouvernement en masse n'écrasera-t-il pas le peuple ainsi épars en petites municipalités ! »

N'a-t-il pas raison dans ces dernières paroles? Plus loin, comme prévoyant l'anathème insensé que le fougueux Girondin Isnard va bientôt lancer contre la capitale de la France, il réfute avec une rare éloquence les accusations dont Paris est l'objet.

« Vous craignez l'immense population de quelques villes, de celle de Paris; cette population n'est point redoutable pour la liberté. O vous, qui divisez Paris, sans le vouloir vous opprimez ou partagez la France. Que la nation tout entière examine bien ce qui se passe en ce moment. On veut frapper Paris pour arriver jusqu'à elle. On a dit que cette division de Paris touchait à son intérêt même, et qu'elle fixerait dans son sein les législatures. Cette raison même doit vous déterminer à ne point diviser Paris; si les législatures étaient divisées comme nous, Paris bientôt serait armé contre lui-même. Paris n'est point agité; ce sont ceux qui le disent qui l'agitent ou qui s'agitent seuls. L'anarchie n'est point dans le peuple, elle est dans l'amour ou la jalousie de l'autorité.

« Paris doit être maintenu; il doit l'être pour le bonheur commun de tous les Français; il doit l'être par votre sagesse et votre exemple. Mais quand Paris s'émeut, c'est un écho qui répète nos cris; la France entière les répète. Paris n'a point soufflé la guerre dans la Vendée; c'est lui qui court l'éteindre avec les départements. N'accusons donc point Paris, et, au lieu de le diviser et de le rendre suspect à la République, rendons à cette ville, en amitié, les maux qu'elle a soufferts pour nous. Le sang de ses martyrs est mêlé parmi le sang des autres Français; ses enfants et les autres sont enfermés dans le même tombeau. Chaque département veut-il reprendre ses cadavres et se séparer? »

Saint-Just démontra ensuite, avec une grande force de raisonnement, que l'administration municipale, administration populaire, paternelle et domestique de son essence, doit être, en quelque sorte, étrangère au gouvernment. « C'est le peuple en famille qui régit ses affaires, » dit-il. Il redoute, faute d'un centre commun d'harmonie, d'éternels débats, une mauvaise répartition des impôts, l'immixtion arbitraire et violente du gouvernement dans les affaires de la cité. Enfin, à la dénomination de municipalités, vide de sens, selon lui, il propose de substituer celle de conseils de communautés, dont il s'est servi dans son plan de Constitution et qui s'applique plus spécialement aux citoyens. Il dit encore en terminant :

« On a voulu diviser Paris pour tranquilliser le gouvernement, et je pense qu'il faut un gouvernement équitable pour tranquilliser toute la France et réunir toutes les volontés à la loi, comme les étincelles de la terre s'unissent pour former la foudre. Il ne faut point diviser Paris, ni nous en prendre à lui de nos propres erreurs, et le rendre le prétexte de ces cris éternels. »

Pour accuser Saint-Just d'avoir songé à la dictature en prononçant ce discours, il faut être bien aveugle ou de bien mauvaise foi. Défendons-le donc, puisque la vérité elle-même a besoin d'être défendue. Nous verrons plus tard si un tel reproche peut être applicable à ce jeune législateur qui n'a cessé de réclamer contre le despotisme les précautions les plus minutieuses.

Soixante-cinq ans se sont écoulés depuis le jour où Saint-Just, se faisant, pour ainsi dire, citoyen de Paris, a pris sous sa sauvegarde la grande capitale. Les accusations injustes et banales se sont bien souvent reproduites contre elle. Hier encore, ne les entendions-nous pas retentir sur tous les tons? Ils oublient, les envieux et les jaloux! que Paris, c'est la France en raccourci; que toutes les familles françaises s'y rattachent par quelqu'un de leurs membres; qu'abaisser Paris, ce serait amoindrir la France! Si les forces vitales du pays entier affluent à Paris, elles lui sont renvoyées avec usure, comme le sang qui revient au cœur est refoulé aux extrémités, plus jeune, plus puissant et plus riche. Cité radieuse, reine du monde, si splendidement assise sur les deux rives de ton beau fleuve, comme si Dieu même t'eût choisie pour être le cœur et la tête de la France, sainte patrie des arts, des lettres et des sciences, ville généreuse, si largement arrosée du sang des martyrs de la liberté, depuis le temps d'Étienne Marcel jusqu'à nos jours, garde un pieux et éternel souvenir à ce Saint-Just qui, à l'heure des formidables attaques, s'est fait le champion de ta cause, et qui, à la face des départements injustement irrités contre toi, t'a si éloquemment défendue. Sa mémoire a droit de cité dans ton sein.

CHAPITRE V

Les Institutions républicaines de Saint-Just. — Comment elles ont été conservées.— Charles Nodier, jacobin exalté! — Examen des Institutions. — Platon et Thomas Morus. — Une appréciation de Saint-Just par Charles Nodier.

Saint-Just, d'accord avec les plus illustres génies de l'antiquité et des temps modernes, s'était imaginé, contrairement à l'opinion de Pangloss, que tout n'est pas pour le mieux dans le meilleur des mondes possibles. Dans les courts instants de repos de sa vie factice et d'une si dévorante activité, il jetait sur le papier des projets de réformes, des plans d'institutions, bases d'un grand ouvrage, à la façon de la République de Platon et de l'Utopie de Morus, ouvrage que la mort, qui le prit si jeune et si brusquement, ne lui laissa pas le loisir d'achever. Ces notes éparses, négligées par les vainqueurs de thermidor, étaient tombées entre les mains de M. Briot, ancien député au conseil des Cinq-Cents, homme d'une probité sans reproche et d'une parfaite modération, qui, après la Révolution, les rassembla et les publia sous ce titre : « *Fragments d'institutions républicaines* (1). »

C'est l'œuvre d'un esprit animé du plus tendre amour de l'humanité, et rêvant une perfectibilité sociale à laquelle il n'est pas donné à l'homme d'arriver. Il faudrait pour cela anéantir les passions, qui sont comme l'hydre à cent têtes, et qui ne disparaîtront qu'avec la dernière créature humaine; alors deviendront inutiles aussi toutes les lois et toutes les institutions de ce monde. Au milieu de quelques idées naïves et impossibles, il règne partout, dans ce livre, une admirable pureté; il y a çà et là des choses d'une parfaite justesse et dont l'application serait très-simple, très-légitime et très-facile; il s'y trouve enfin, à chaque page, un sentiment profond de dignité, de liberté et d'égalité. Aussi, la publication de cette œuvre d'un des membres les plus influents de la Convention nationale fut-elle fort mal accueillie; et M. Briot, menacé dans son repos, fut obligé de faire disparaître tous les exemplaires, à l'exception d'un très-petit nombre qui avait été distribué entre les amis de Saint-Just.

A une époque plus éloignée des tempêtes de la Révolution, et sous un régime où la pensée avait ses coudées plus franches, Charles Nodier réédita les *Institutions républicaines*, en y joignant une préface qui est un admirable morceau critique et littéraire (2). Mal lui en a pris cependant, car, par la plume de M. Édouard Fleury, le

---

(1) Édition tirée à 300 exemplaires; Paris, 1800, in-12.
(2) In-8° de 80 pages; Paris, Techener, Guillemin, 1831.

voilà, lui, le doux auteur de *Trilby*, transformé en jacobin exalté (1).

Très-certainement, aux yeux de tous ceux qui ont lu de bonne foi les pages écrites par Charles Nodier sur la Révolution française, l'aimable écrivain ne peut paraître suspect d'une bien tendre affection pour elle. Il me semble même trop rigoureux et souvent injuste dans l'appréciation des orages de cette Révolution, d'où serait peut-être sortie, bienfaisante et sereine, une admirable Constitution, comme la fécondité et les riches moissons résultent des orages du ciel, si les hommes les plus purs et les plus capables de la République n'avaient pas été emportés par l'ouragan.

Mais il appelle Saint-Just un enfant extraordinairement précoce, un grand homme en espérance; il lui trouve l'étoffe du génie, et lui reconnaît un talent fort remarquable d'écrivain; il n'y avait, à coup sûr, qu'un jacobin exalté qui pût apprécier ainsi un ennemi de la royauté, un des membres les plus honnêtes et les plus purs de la grande Convention.

Et pourtant, dans cette même préface des *Institutions républicaines*, Nodier maltraite assez durement la République, en général. Elle lui paraît une forme de gouvernement impossible. Écoutez-le plutôt :

« Grâce à ce torrent de la Révolution, qui a roulé sur nos têtes, en quarante ans, des siècles d'expérience, la royauté constitutionnelle peut se fonder chez nous un trône populaire, entouré, comme on l'a dit, de plus d'institutions républicaines qu'aucune république n'en eut jamais. Tout homme qui tentera de nouveaux essais sur

---

(1) *Saint-Just*, par M. Éd. Fleury, t. I, p. 196.

la garantie des institutions à venir ne sera peut-être pas essentiellement méchant, mais il sera essentiellement absurde et fou.

» Je ne crois donc pas à la possibilité d'une république en France, à moins qu'on ne fasse table rase des populations et des villes, mais je dois convenir que j'y croyais quand j'étais en rhétorique.

» Des fictions de cette république imaginaire, si j'avais eu à choisir entre toutes ces utopies d'enfant, sans en excepter les miennes, c'est celle de Saint-Just que j'aurais préférée, et c'est précisément pour cela que la presse ne m'a point effrayé en la jetant pour la seconde fois sous le regard des hommes. Je ne connais rien, en effet, qui manifeste plus visiblement l'impossibilité d'une république chez un vieux peuple, usé sous le poids d'une vieille civilisation, qui exploite péniblement, depuis mille ans, une terre vieille et immense, qui est pressé de toutes parts entre des peuples plus jeunes ou plus naïfs que lui, et qui traîne le poids de sa lourde caducité sous l'influence des riches et des avocats, à travers des troupeaux de courtisans, de courtisanes et de baladins. »

Celui qui, après avoir lu ces lignes, oserait traiter de jacobin exalté l'éminent auteur des *Souvenirs de la Révolution* mériterait assurément les Petites-Maisons, comme on disait au grand siècle. Il faut donc croire que M. Éd. Fleury s'est privé du plaisir de lire les œuvres charmantes de Charles Nodier. Il y aurait vu, à sa grande satisfaction sans doute, que Saint-Just y est appelé un grand homme en espérance, c'est vrai, mais qui n'a pas le sens commun, ce en quoi nous sommes d'un avis diamétralement opposé à celui de l'illustre philologue, sous les yeux de qui n'étaient peut-être pas tombés les discours de Saint-Just sur les subsistances, les assignats et la Constitution. Mais au moins n'est-ce qu'une petite boutade en passant ; et je me garderai bien de chercher querelle à cet excellent maître et ami de nos plus belles gloires contemporaines, qui, le premier, n'a pas craint d'élever la voix en faveur de Robespierre et de Saint-Just.

Il est une sorte de petits esprits, vivant fort à leur aise, qui trouvent très-mal qu'on s'occupe des misères et des souffrances d'autrui, ou du moins qu'on cherche à y remédier par des moyens qui ne sont pas les leurs. Ces gens-là s'intitulent volontiers les gardiens de l'ordre et de la morale publique, en combattant les réformateurs, même quand madame de Pompadour et madame du Barry dispensent les grâces et les pensions, nomment les ambassadeurs, élèvent et abaissent les ministres, trafiquent des lettres de cachet, décident de la paix ou de la guerre, et font largesse de la fortune de la France. Aussi cet infâme XVIIIe siècle, qui a eu la mauvaise inspiration de mettre fin à ce bon petit état de choses, est-il mis par eux « au Panthéon du crime (1). »

Aujourd'hui, le fantôme du socialisme, ce mot nouveau dont ils se servent pour épouvanter les niais, et que l'Académie n'a pas encore pris la peine de consacrer, les poursuit partout. Ce terme, de fraîche date, trouble leur sommeil et cause la désolation de leurs jours. Socialiste, dans leur bouche, est l'équivalent de coquin, pillard, partageux, autre mot nouveau. Ils n'ont pas manqué de considérer Saint-Just comme un des pères du socialisme moderne (2).

---

(1) *Saint-Just*, par Éd. Fleury, t. 1, p. 211.
(2) *Id.*, p. 237.

Ce pauvre Saint-Just rêve pour les hommes cette alliance universelle prêchée par le Christ ; il souhaite de voir les frontières politiques tomber un jour, et les peuples s'unir dans une fraternelle association. Socialiste.

Ému de la misère des ouvriers de la campagne, dont le salaire est souvent insuffisant aux besoins de la vie matérielle, il croit trouver, dans la distribution mieux équilibrée des fermages, un remède très-simple et très-équitable. Socialiste.

Il sanctifie le travail. « L'aumône humilie, » dit-il. Cependant la société ne peut laisser mourir de faim un de ses membres. Il veut qu'elle soit constituée de telle sorte que, le jour où les ateliers particuliers viennent à se fermer, elle fournisse du travail à ceux qui n'ont pas d'autres moyens de subsistance. C'est une garantie et une sorte d'assurance mutuelle. Socialiste.

Pour diminuer cette innombrable armée du fisc, qui suffirait à la conquête d'un empire, Saint-Just propose un impôt unique, basé sur le revenu et les profits de chacun, comme plus juste, plus facile et surtout moins coûteux à percevoir, thèse admirablement soutenue de nos jours par un économiste éminent. Socialiste.

Il cherche à résoudre le problème de l'extinction du paupérisme, qui n'a pas occupé que lui. Il se demande, cet homme qu'on a voulu faire passer pour féroce et méchant, comment on pourrait arriver, sans toucher à la propriété particulière, à empêcher certains hommes de pourrir dans des caves humides, sur une paille infecte, tandis que certains autres jouissent à l'excès de toutes les félicités matérielles de la vie. Il trouve un moyen très-simple : des masses de biens nationaux (qu'il ne faut pas confondre avec les biens des émigrés) sont abandonnés sans culture et sans profit pour l'État; au lieu de les vendre à vil prix et de les jeter en pâture à d'heureux spéculateurs qui, moyennant quelques chiffons de papier, vont reconstituer à leur profit la grande propriété, ce fléau des nations, Saint-Just propose d'en faire le partage aux indigents. De cette façon, dit-il, chaque pauvre aura un petit patrimoine qui l'intéressera à la conservation de la société, car le paysan ne se défait pas aisément de la terre qui le fait vivre; on sait quel âpre amour il a pour elle; la mendicité serait abolie par ce moyen, et l'État débarrassé d'un embarras continuel. Socialiste.

N'est-il pas absurde de présenter comme un ennemi de la propriété l'homme qui voulait l'étendre au plus de monde possible, et qui, avec Robespierre, en a été le constant défenseur? Sachons donc comprendre ces hardis novateurs, quand parfois, dans l'intérêt de tous, ils ne reculent pas devant le sacrifice d'un intérêt individuel.

On se tromperait fort, au reste, en s'imaginant que Saint-Just prétendait appliquer toutes les rêveries dont il aimait à bercer son imagination dans ses heures de solitude et de recueillement. Sa Constitution et celle qui fut adoptée par la Convention, en 1793, nous donnent la mesure exacte de ce qu'il croyait pouvoir approprier à son époque.

Thomas Morus était un homme pratique, un grand politique; cela ne l'a pas empêché de composer un ouvrage mille fois plus rempli de chimères que ne l'est celui de Saint-Just. Les divins préceptes de Jésus-Christ, sans cesse invoqués, sont-ils rigoureusement suivis? Peuvent-ils l'être? Pour les appliquer, ne faudrait-il pas aussi ces temps primitifs de candeur et d'innocence, auxquels conviendraient les *Institutions* de Saint-Just ? Gardons-nous donc de faire confusion entre l'utopiste et le législateur ; gardons-nous surtout de jeter la pierre aux rêveurs quand leurs rêveries sont pleines d'une douce et consolante morale.

Et maintenant, analysons ces fameuses *Institutions républicaines*, car une vie de Saint-Just ne saurait être complète sans un examen attentif, quoique rapide, de ses œuvres et de ses discours.

Ce livre, à peine ébauché, a été divisé par l'éditeur en vingt fragments. Il commence par ce préambule, d'une incontestable sagesse.

« Les institutions sont la garantie du gouvernement d'un peuple libre contre la corruption des mœurs, et la garantie du peuple et du citoyen contre la corruption du gouvernement.

» Les institutions ont pour objet de mettre dans le citoyen et dans les enfants même une résistance légale et facile à l'injustice ; de forcer les magistrats et la jeunesse à la vertu ; de donner le courage et la frugalité aux hommes, de les rendre justes et sensibles ; de les lier par des rapports généraux ; de mettre ces rapports en harmonie, en soumettant le moins possible aux lois de l'autorité les rapports domestiques et la vie privée du peuple ; de mettre l'union dans les familles, l'amitié parmi les citoyens ; de mettre l'intérêt public à la place de tous les autres intérêts ; d'étouffer les passions criminelles ; de rendre la nature et l'innocence la passion de tous les cœurs, et de former une patrie. »

Tel est le début, lequel dénote déjà, de la part de l'auteur, des idées assez rationnelles. Après avoir montré

Scipion, les Gracques, Sidney immolés, coupables de leur vertu ; après avoir établi en principe que la solidité des empires ne réside point dans leurs défenseurs, mais dans des lois capables de défier la témérité des factions, il ajoute : « Tous les hommes que j'ai cités plus haut avaient eu le malheur de naître dans des pays sans institutions. En vain ils se sont étayés de toutes les forces de l'héroïsme ; les factions, triomphantes un seul jour, les ont jetés dans la nuit éternelle, malgré des années de vertu. » Ne semblait-il pas écrire d'avance son oraison funèbre ?

L'idée de Dieu revient souvent dans ces pages ; car Saint-Just, bien différent des aveugles ou des ennemis qui le renversèrent, croyait à un Être tout-puissant, éternel et infiniment bon. « Dieu, protecteur de l'innocence et de la vérité, s'écrie-t-il, puisque tu m'as conduit parmi quelques pervers, c'était sans doute pour les démasquer !... »

Il sait que, dans les révolutions, la mort est souvent la récompense de ceux qui ont voulu le bien et la grandeur de leur patrie, aussi écrit-il :

« Les circonstances ne sont difficiles que pour ceux qui reculent devant le tombeau. Je l'implore, le tombeau, comme un bienfait de la Providence, pour n'être plus témoin des forfaits ourdis contre ma patrie et l'humanité.

» Certes, c'est quitter peu de chose qu'une vie malheureuse dans laquelle on est condamné à végéter le complice ou le témoin impuissant du crime...

» Je méprise la poussière qui me compose et qui vous parle ; on pourra la persécuter et faire mourir cette poussière ! mais je défie qu'on m'arrache cette vie indépendante que je me suis donnée dans les siècles et dans les cieux. »

Ceux qui ont le plus de patriotisme et de probité, remarque-t-il, sont vaincus souvent par les imposteurs et les traîtres, qui parviennent presque toujours à s'élever. Pour empêcher le retour de la tyrannie et affermir la Révolution, il faudrait que la force et l'inflexible justice des lois fussent substituées à l'influence personnelle (pensée qui n'est guère d'un prétendant à la dictature). Plus loin, il écrit, atteint déjà qu'il était par la morsure des vipères : « Il est des imputations faites par l'esprit hypocrite, auxquelles l'homme sincère et innocent ne peut répondre. Il est tels hommes traités de dictateurs et d'ambitieux, qui dévorent en silence ces outrages. »

Le second fragment est consacré à la société. Saint-Just y démontre avec assez de force comment, en s'éloignant de la nature et en se constituant en corps politiques, jaloux les uns des autres, les hommes ont fait naître l'état de guerre plutôt qu'ils ne l'ont fait cesser. Il montre les rapports politiques armant sans cesse les peuples contre les peuples, et aboutissant à la conquête, tandis que les rapports naturels produisent le commerce et l'échange libre de la possession. « De la nécessité de se défendre, dit-il, est née l'oppression de la part de ceux à qui une autorité trop grande avait été confiée pour protéger la société politique contre l'ennemi extérieur, et qu'ils ont tournée contre l'indépendance sociale. » Il sent bien que cet état de choses est établi pour longtemps; il l'explique parfaitement :

« Il n'y a guère lieu de concevoir maintenant que les peuples, renonçant à leur orgueil politique tant qu'ils seront régis par le pouvoir, se remettent sous la loi de la nature et de la justice ; que, venant à s'envisager comme les membres d'une même famille, ils retranchent de leur cité l'esprit particulier qui les rend ennemis, et l'amour des richesses, qui les ruine. Les âmes bienfaisantes qui se livrent à ces illusions connaissent peu toute l'étendue du chemin que nous avons fait hors de la vérité. Ce rêve, s'il est possible, n'est que dans un avenir qui n'est point fait pour nous. »

Puis, comme pour répondre d'avance aux reproches de ceux qui devaient l'accuser de vouloir détruire le luxe dans l'État, il ajoute :

« Un peuple qui se gouvernerait naturellement et renoncerait aux armes, serait bientôt la proie de ses voisins ; et, si ce peuple renonçait au luxe et au commerce pour une vie simple, ses voisins s'enrichiraient de ses privations et deviendraient si puissants, qu'ils l'accableraient bientôt. »

L'excès de population le préoccupe aussi ; mais, pour y remédier, il ne va pas chercher l'immorale loi de Malthus, ni les moyens barbares employés à Lacédémone ; il ne légitime pas la guerre et la conquête, comme quelques-uns l'ont entrepris, et qui, suivant lui, sont nées de l'avarice et de la paresse, non ; l'insuffisance d'un territoire, dit-il avec raison, ne vient pas d'un excès de population, mais de la stérilité de l'administration. Écoutez cet admirable morceau :

« Le monde, tel que nous le voyons, est presque dépeuplé ; il l'a toujours été. La population fait le tour de la terre et ne la couvre jamais tout entière. Je n'ose dire quel nombre prodigieux d'habitants elle pourrait nourrir, et ce nombre ne serait pas encore rempli, quand le fer n'aurait pas immolé la moitié du genre humain. Il me semble que la population a ses vicissitudes et ses bornes en tout pays, et que la nature n'eut jamais plus d'enfants qu'elle n'a de mamelles.

» Je dis donc que les hommes sont naturellement en société et naturellement en paix ; et que la force ne doit jamais avoir de prétexte pour les unir ou les diviser. »

On a réuni dans le troisième fragment toutes les idées générales de Saint-Just sur les lois, les mœurs, la République et la Révolution.

Qui nous délivrera de la corruption ? s'écrie-t-il tout d'abord. Les lois, pense-t-il. Et il cherche sur quelles institutions solides peut se baser la République sortie de la Révolution. Là, sont des preuves irrécusables de sa science pratique en matière de gouvernement. Les membres trop nombreux des administrations départementales lui semblent inutiles et même dangereux. Ne pressent-on pas l'institution des préfets, des sous-préfets et des maires, dans les lignes suivantes ?

« Il faut diminuer le nombre des autorités constituées. Il faut examiner le système des magistratures collectives, telles que les municipalités, administrations, comités de surveillance, etc... et voir si distribuer les fonctions de ces corps à un magistrat unique dans chacun ne serait pas le secret de l'établissement solide de la Révolution. »

Il veut le moins de lois possible, parce que là où il y en a trop, le peuple est bientôt esclave. A chaque instant, sa pensée éclate en maximes profondes, ingénieuses, d'une élévation peu commune, et que Montesquieu aurait pu signer. Jugez plutôt :

« Le nom de loi ne peut sanctionner le despotisme; le despotisme est l'exercice sur le peuple d'une volonté étrangère à la sienne.

» La France est plus puissante pour mouvoir le peuple français, le porter à des sacrifices et lui faire prendre les armes, qu'elle n'est puissante contre chacun et contre un abus particulier.

» La destinée d'un peuple se compose de ceux qui visent à la gloire et de ceux qui visent à la fortune... S'il y a plus de gens qui visent à la gloire, l'État est heureux et prospère; s'il y a plus de gens qui visent à la fortune, l'État dépérit.

» Il n'est, dans tout État, qu'un fort petit nombre d'hommes qui s'occupent d'autre chose que de leur intérêt et de leur maison. Il en est peu qui prennent part dans les affaires et dans la nature du gouvernement. En France, la dénomination de patriote exige un sentiment vif, qui contrarie ceux qui sont accoutumés et prennent un lâche plaisir à ne se mêler de rien...

»... La patrie n'est point le sol, elle est la communauté des affections, qui fait que, chacun combattant pour le salut et la liberté de ce qui lui est cher, la patrie se trouve défendue. Si chacun sort de sa chaumière, son fusil à la main, la patrie est bientôt sauvée. Chacun combat pour ce qu'il aime : voilà ce qui s'appelle parler de bonne foi. Combattre pour tous n'est que la conséquence...

»... La force ne fait ni raison, ni droit; mais il est peut-être impossible de s'en passer, pour faire respecter le droit et la raison.

» Un gouvernement faible est très-pesant sur le peuple ; les membres du gouvernement sont libres, le peuple ne l'est pas.

» On dit qu'un gouvernement vigoureux est oppressif ; on se trompe : la question est mal posée. Il faut, dans le gouvernement, justice. Le gouvernement qui l'exerce n'est point vigoureux et oppressif pour cela, parce qu'il n'y a que le mal qui soit opprimé...

»... Tant que vous verrez quelqu'un dans l'antichambre des magistrats et des tribunaux, le gouvernement ne vaut rien. C'est une horreur qu'on soit obligé de demander justice...

»... Une république est difficile à gouverner, lorsque chacun envie ou méprise l'autorité qu'il n'exerce pas ; lorsque le soldat envie le cheval de son général, ou le général l'honneur que la patrie rend aux soldats ; lorsque chacun s'imagine servir celui qui le commande et non la patrie ; lorsque celui qui commande s'imagine qu'il est puissant, et non pas qu'il exerce la justice du peuple ; lorsque chacun, sans apprécier les fonctions qu'il exerce et celles qui sont exercées par d'autres, veut être l'égal du pouvoir au-dessus du sien, et le maître de ceux qui exercent un pouvoir au-dessous de lui ; lorsque chacun de ceux qui exercent l'autorité se croit au-dessus d'un citoyen, tandis qu'il n'a de rapports qu'avec les abus et les crimes...

»... La liberté du peuple est dans la vie privée ; ne la troublez point. Ne troublez que les ingrats et que les méchants. Que le gouvernement ne soit pas une puissance pour le citoyen, qu'il soit pour lui un ressort d'harmonie ; qu'il ne soit une force que pour protéger cet état de simplicité contre la force même. Il s'agit moins de rendre un peuple heureux que de l'empêcher d'être malheureux. N'opprimez pas, voilà tout. Chacun saura bien trouver sa félicité. Un peuple chez lequel serait établi le préjugé qu'il doit son bonheur à ceux qui gouvernent, ne le conserverait pas longtemps... »

Si quelqu'un, après avoir lu ces pensées, ne les trouve pas frappées au coin de la plus pure morale et de la plus entière modération, je le prie humblement de m'expliquer ce que c'est que la sagesse.

Saint-Just avait remarqué à quel degré ridicule la rage d'être fonctionnaire public est développée en France; il savait combien tout homme à qui une portion de l'autorité est déléguée dans notre pays, se croit au-dessus des autres citoyens; aussi, ne manque-t-il pas de prendre des précautions contre cet orgueil excessif. Le peuple, pense cet ambitieux, est plus que le magistrat qui doit être moins considéré qu'un citoyen vertueux. Saint-Just ne veut pas qu'en parlant à un fonctionnaire on l'appelle citoyen; ce titre, dit-il, est au-dessus de lui.

Est-ce bien d'un homme qui vise à la tyrannie, de déconsidérer ainsi les gouvernants au profit des gouvernés? Vous qui connaissez le cœur humain, répondez!

Ce que veut Saint-Just par-dessus tout, le but auquel il tend, c'est la fin de la Révolution, par l'établissement de la liberté publique et du bonheur du peuple. Mais, las des intrigants, las des débauchés, las des furieux qui ne voyaient dans le désordre présent qu'un moyen de brigandage et d'impunité, las des hommes tarés qui conspireront sa perte et le tueront, il laisse tomber ces mots si vrais : « La Révolution est glacée, tous les principes sont affaiblis, il ne reste que des bonnets rouges portés par l'intrigue. L'exercice de la terreur a blasé le crime, comme les liqueurs fortes blasent le palais. » Et, dans un moment de suprême mélancolie, de découragement, de doute sur le succès de l'œuvre à laquelle il s'est dévoué corps et âme, il s'écrie : « Le jour où je me serai convaincu qu'il est impossible de donner au peuple français des mœurs douces, énergiques, sensibles et inexorables pour la tyrannie et l'injustice, je me poignarderai. » Cette phrase explique à merveille sa résignation devant la mort, qui le trouva si froid et si dédaigneux.

Dans le fragment suivant, il traite la question du bien général, celle des monnaies et celle de l'économie.

Le travail et le respect civil lui paraissent la meilleure garantie de la République.

« Il faut, dit-il, que tout le monde travaille et se respecte. Si tout le monde travaille, l'abondance reprendra son cours ; il faudra moins de monnaie ; il n'y aura plus de vices publics. Si tout le monde se respecte, il n'y aura plus de factions : les mœurs privées seront douces, et les mœurs publiques fortes... Quand Rome perdit le goût du travail et vécut des tributs du monde, elle perdit sa liberté. »

Pénétré de la nécessité des définitions nettes en matière de finances et d'économie, il examine le système des impôts, qu'il veut proportionner au profit des citoyens et dans la perception desquels il demande au fisc moins de dureté. Tout cela, comme on le voit, n'est pas trop mal jusqu'à présent.

Puis il trace, de main de maître, l'historique de la crise monétaire depuis le commencement de la Révolution. Lisez ce remarquable passage :

« En 1789, le numéraire se trouva resserré, soit par la cour qui conspirait, soit par la faute des riches particuliers qui projetaient leur émigration. Les banques transportèrent au dehors et le commerce et les valeurs du crédit français.

» Il se fit dans l'économie une révolution non moins étonnante que celle qui survint dans le gouvernement : on y fit moins d'attention. Les monnaies étaient resserrées, les denrées le furent aussi ; chacun voulut mettre à l'abri ce qu'il possédait. Cette défiance et cette avarice ayant détruit tous les rapports civils, il n'exista plus, un moment, de société ; on ne vit plus de monnaie.

» L'avarice et la défiance, qui avaient produit cet isolement de chacun, rapprochèrent ensuite tout le monde, par une bizarrerie de l'esprit humain. Je veux parler de cette époque où le papier-monnaie remplaça les métaux qui avaient disparu.

» Chacun, craignant de garder les monnaies nouvelles, et d'être surpris par un événement qui les eût annulées, se pressa de les jeter en circulation. Le commerce prit tout à coup une activité prodigieuse, qui s'accrut encore par l'empressement de tous ceux qui avaient été remboursés, à convertir leurs fonds en magasins.

» Comme le commerce n'avait pris vigueur que par la défiance et la perte du crédit, comme on cessa de tirer de l'étranger, et que le change fut tourné contre nous, l'immense quantité de signes qu'on avait émis, et qui augmenta tous les jours, ne se mesura plus que contre les denrées qui se trouvaient sur le territoire. On accapara les denrées, on en exporta chez l'étranger pour des valeurs immenses ; on les consomma ; elles devinrent rares, et les monnaies s'accumulèrent et perdirent de plus en plus.

» Chacun, possédant beaucoup de papier, travailla d'autant moins, et les mœurs s'énervèrent par l'oisiveté. La main-d'œuvre augmenta avec la perte du travail. Il y eut en circulation d'autant plus de besoins et d'autant moins de choses, qu'on était riche et qu'on travaillait peu. Les tributs n'augmentèrent point; et la République, entraînée dans une guerre universelle, fut obligée de multiplier les monnaies pour subvenir à d'énormes dépenses. »

L'histoire à la main, il démontre parfaitement ensuite le danger des taxes entravant la libre circulation des denrées. Partisan de toutes les mesures qui peuvent donner une grande force à la République, il propose de distribuer aux pauvres les biens nationaux, et d'abolir ainsi la mendicité. Il ne faudrait ni riches ni pauvres, selon lui; ce qui, en principe, vaudrait certainement mieux que des millionnaires à côté de misérables dénués de tout. Mais ce rêve d'une âme généreuse est irréalisable. La fortune aura toujours ses favoris, comme le malheur sa proie.

Au reste, Saint-Just, en cherchant à donner à chaque citoyen une portion particulière de propriété, est bien loin de son maître Platon, qui réclame l'égalité absolue des biens et la communauté des richesses, et veut qu'on retranche du commerce de la vie jusqu'au nom même de la propriété.

Bien plus moral aussi que ce divin Platon, qui sanctionne la promiscuité, en tolérant, dans son organisation sociale, les femmes communes et les enfants communs, Saint-Just veut à tout homme une femme propre et des enfants sains et robustes.

Qu'importe qu'au milieu de nobles et sages pensées,

quelques erreurs se soient glissées? Il n'en est pas moins vrai que la meilleure partie de ce que nous avons examiné, jusqu'ici, des *Institutions républicaines*, pourrait très-bien figurer dans une Constitution moderne et contribuer à l'amélioration du sort des hommes.

Les fragments qui suivent, aussi purs, aussi honnêtes, également empreints du plus profond amour de l'humanité, sont moins susceptibles d'application et s'égarent quelquefois dans les nuages. C'est surtout pour cette seconde partie qu'il faudrait des hommes immaculés, à l'abri des passions de la terre et de leurs ravages.

C'est, d'ailleurs, un code complet, où il est traité de l'éducation, du mariage, de la tutelle, de l'hérédité, de l'adoption, des obligations, etc...

Saint-Just se préoccupe, avant tout, de former des citoyens robustes, sains d'esprit et de corps. Comme Lepelletier Saint-Fargeau, dont un plan d'éducation nationale fut lu à la Convention par Robespierre, il enlève à la famille les enfants mâles, dès l'âge de cinq ans, pour les confier à la patrie qui les garde depuis cinq jusqu'à seize ans, les nourrit frugalement et leur donne une éducation militaire et agricole. Il interdit, sous peine de bannissement, aux instituteurs de les frapper, voulant, de bonne heure, imprimer aux hommes le respect qu'ils se doivent entre eux.

De seize à vingt ans, les jeunes gens choisissent une profession et l'exercent chez les laboureurs, dans les manufactures et sur les navires. De vingt et un ans à vingt-cinq, ils sont soldats, s'ils ne sont point magistrats. A vingt-cinq ans, ils entrent, mariés ou non, dans la milice nationale.

Dans chaque district, une commission particulière des arts doit donner des leçons publiques.

Quant aux filles, elles sont élevées dans la maison maternelle, et ne peuvent paraître en public, après l'âge de dix ans, sans leur père, leur mère ou leur tuteur.

Il y a un chapitre curieux sur les affections ; l'amitié y est érigée en loi, et tout homme convaincu d'ingratitude est banni.

Les peines sont, en général, d'une excessive douceur dans cette république de Saint-Just. La plus forte est le bannissement, sauf la mort pour le meurtrier, s'il vient à quitter l'habit de deuil auquel il est condamné.

Dans ces *Institutions*, les femmes sont l'objet de la plus tendre sollicitude. Quiconque frappe une femme est banni ; quiconque, ayant vu frapper une femme, n'a point arrêté celui qui la frappait, est puni d'un an de détention. Les femmes, est-il dit dans un fragment, « ne peuvent être censurées. »

Les mariages se concluent avec une simplicité toute patriarcale. La tendresse des époux leur tient lieu de contrat ; l'acte de leur union ne constate que leurs biens mis en commun. Le divorce est permis ; il devient même obligatoire, lorsque, dans les sept premières années de leur mariage, les époux n'ont point eu d'enfant.

Saint-Just n'admet l'hérédité qu'entre les parents directs. Notre législation est moins restrictive ; mais elle rogne singulièrement, par les droits de mutation et d'enregistrement, les biens transmis, soit en vertu de l'hérédité naturelle, soit en vertu d'un testament.

Le dixième fragment se compose de quelques institutions morales, et renferme des idées touchantes. A une époque où toutes les notions de religion étaient bouleversées ; où, aux yeux de quelques athées féroces, c'était presque un crime que de croire en Dieu ; où Chaumette et Hébert inventaient le culte de la déesse Raison, et offraient aux yeux du peuple un ridicule et scandaleux spectacle, Saint-Just et Robespierre, qu'indignaient ces tristes saturnales, se faisaient remarquer par leurs aspirations religieuses.

« Le peuple français, dit Saint-Just, reconnaît l'Être suprême et l'immortalité de l'âme. »

Quelques esprits, chagrins d'entendre une pareille déclaration sortir de la bouche d'un républicain convaincu, ont trouvé plaisant d'appeler l'Être suprême de Saint-Just un Dieu de convention. Sur l'immortalité de l'âme, ils n'ont rien dit; là, il n'y avait pas moyen de jouer sur les mots. Pauvres esprits! ont-ils donc pour eux un Dieu tout spécial, autre que le Dieu de ceux qui n'épousent ni leurs querelles, ni leurs passions, ni leurs haines, ni leur égoïsme, ni leurs tendances? Comme si l'idée de Dieu était complexe! Comme si ces expressions : « l'Être suprême, l'Éternel, » n'étaient pas employées à chaque page dans les livres saints !

Ce qui suit doit les chagriner bien plus encore : « Tous les cultes sont également permis et protégés. » Et plus loin : « Les rites extérieurs sont défendus, les rites intérieurs ne peuvent être troublés (1). » C'était décréter là un principe d'ordre public ; et le gouvernement de juillet n'a pas manqué de l'appliquer.

« Le peuple français, ajoute encore Saint-Just, voue sa fortune et ses enfants à l'Éternel.

» Les lois générales doivent être solennellement proclamées dans les temples. »

Il établit aussi que toutes les fêtes publiques commence-

(1) Par rites extérieurs, Saint-Just n'entendait pas ce qu'on entend, par ces mots dans le langage ecclésiastique ; il comprenait seulement les cérémonies religieuses qui se faisaient anciennement dans les lieux publics, autres que ceux consacrés au culte.

ceront par une hymne chantée en l'honneur de la Divinité.

Rien d'étrange et d'inapplicable jusqu'à présent; citons maintenant textuellement ce qui est plus spécialement du domaine de l'imagination et de la poésie.

« Le premier jour du mois germinal, la République célébrera la fête de la Divinité, de la Nature et du Peuple;

» Le premier jour du mois floréal, la fête de la Divinité, de l'Amour et des Époux;

» Le premier jour du mois prairial, la fête de la Divinité et de la Victoire;

» Le premier jour du mois messidor, la fête de la Divinité et de l'Adoption;

» Le premier jour du mois thermidor, la fête de la Divinité et de la Jeunesse;

» Le premier jour du mois fructidor, la fête de la Divinité et du Bonheur;

» Le premier jour du mois vendémiaire, la République célébrera dans les temples la fête de la Divinité et de la Vieillesse;

» Le premier jour du mois brumaire, la fête de la Divinité et de l'Ame immortelle.

» Le premier jour du mois frimaire, la fête de la Divinité et de la Sagesse;

» Le premier jour du mois nivôse, la fête de la Divinité et de la Patrie;

» Le premier jour du mois pluviôse, la fête de la Divinité et du Travail;

» Le premier jour du mois ventôse, la fête de la Divinité et des Amis.

» Tous les ans, le premier floréal, le peuple de chaque commune choisira, parmi ceux de la commune exclusivement, et dans les temples, un jeune homme riche, vertueux et sans difformité, âgé de vingt et un ans accomplis et de moins de trente, qui choisira et épousera une vierge pauvre, en mémoire de l'égalité humaine. »

Assurément, tout cela ne convient guère à nos mœurs raffinées et à notre civilisation moderne. Que deviendrait l'Opéra? comme dit Nodier. Pourtant aurait-on le courage de blâmer cette douce et innocente poésie?

Bien différent encore de Platon, qui chasse les poëtes de sa République, Saint-Just, dans ses *Institutions*, fonde des prix de poésie et d'éloquence, honore les arts et le génie et protége l'industrie.

Qui n'approuvera sa poétique et religieuse idée de transformer les cimetières en riants paysages, où chaque famille aurait son petit champ à part; où les fleurs, incessamment renouvelées, nous entretiendraient, dans leur muet langage, de cette vie éternelle dont la mort n'est que la transition? Cela ne vaudrait-il pas ces désolantes nécropoles, si nues, si sèches et si arides, où s'entassent pêle-mêle les ossements des générations?

Les morts lui sont sacrés, et surtout quand leur vie a été utile à la patrie. « Il faut, dit-il, qu'on croie que les martyrs de la liberté sont les génies tutélaires du peuple, et que l'immortalité attend ceux qui les imitent. »

Le respect le plus absolu pour la vieillesse éclate à chaque page de ce livre, où les vertus, la modestie, l'obéissance à la loi sont prescrites en maximes d'une éloquence nette et concise.

Si, dans ces *Institutions républicaines*, l'oisiveté est punie, nul ne peut être inquiété dans l'emploi de ses richesses, à moins qu'il ne les tourne au détriment de la société.

Des censeurs sont établis pour surveiller les fonctionnaires publics, que tout citoyen a le droit d'accuser devant les tribunaux, s'ils viennent à se rendre coupables d'un acte arbitraire.

Dans le cinquième fragment, sur les mœurs de l'armée, Saint-Just exalte le courage militaire, nécessaire au maintien de la République; il prescrit, sur la conduite à tenir devant l'ennemi, des mesures dont il usera bientôt dans ses missions aux armées, joignant ainsi l'application aux préceptes. Il accorde au soldat blessé le droit de porter une étoile d'or sur le cœur. N'est-ce pas l'idée même de cette belle institution de la Légion d'honneur?

Çà et là, il émet des pensées d'une force et d'une vérité singulières, témoin celle-ci, qui nous fait songer tristement à la sanglante insurrection de juin, où s'est noyée la République de 1848 : « Les insurrections qui éclatent dans un État libre sont dangereuses quelquefois pour la liberté même, parce que la révolte du crime en usurpe les prétextes sublimes et le nom sacré. Les révoltes font aux États libres des plaies longues et douloureuses, qui saignent tout un siècle. »

Qu'on le raille, après cela, sur son idée de faire acheter des nègres pour les transporter dans nos colonies, où, avec la liberté, il leur serait donné trois arpents de terre et les outils nécessaires à la culture, peu importe! Elle est du moins la preuve qu'il repoussait l'esclavage, admis par le bon chancelier Thomas Morus, dans son île d'Utopie. Ce système, à tout prendre, serait peut-être préférable encore à celui qui consiste à enlever aux champs paternels, où leurs bras font défaut, des milliers de malheureux, voués fatalement à mourir au loin, de misère et de nostalgie.

Nous regrettons que les bornes de cet ouvrage ne nous

permettent pas de plus amples citations. Nous renvoyons le lecteur au livre de Saint-Just, aujourd'hui très-rare, mais qui, nous l'espérons bien, sera, quelque jour, réimprimé. Il en est digne, et on le lira avec plaisir, comme on lit Platon, Campanella, Fénelon, l'abbé de Saint-Pierre; comme on lit Thomas Morus, qui, malgré les conceptions bizarres de son roman humanitaire, n'en fut pas moins un excellent homme d'État, et qui, par une destinée semblable à celle de Saint-Just, périt de mort violente, justifiant ainsi cette phrase des *Institutions :* « Les grands hommes ne meurent point dans leur lit. »

Nous ne saurions mieux clore ce chapitre sur les *Institutions républicaines*, qu'en citant la précieuse appréciation qu'elle nous a value sur Saint-Just, sans doute après la lecture de quelque étude dans le genre de celle de M. Cuvillier-Fleury, de la part de ce fin et délicat esprit qu'on appelle Charles Nodier, qui n'est pas d'ordinaire d'une grande bienveillance, comme on l'a pu voir, quand il s'agit des hommes et des choses de la Révolution. « Ce malheureux Saint-Just, que les biographies ont calomnié, parce qu'il n'y rien de mieux à faire quand on parle d'un grand citoyen mort à vingt-six ans sur l'échafaud, et qu'il n'y a réellement qu'un factieux incorrigible qui puisse mourir à vingt-six ans pour la liberté et pour l'amitié, ce malheureux Saint-Just, dis-je, n'était pas un homme sans entrailles. Au fond de sa vie artificielle, il lui était resté un cœur de jeune homme, des tendresses et même des convictions devant lesquelles notre civilisation perfectionnée reculerait de mépris. Il s'occupait des enfants; il aimait les femmes; il respectait les cheveux blancs; il honorait la piété; il croyait, ce qui est bien plus fort, au respect des ancêtres et au culte des sentiments. Je l'ai vu pleurer d'indignation et de rage au milieu de la société populaire de Strasbourg, lui qui ne pleurait pas souvent, et qui ne pleurait jamais en vain, d'un outrage à la liberté de la foi et à la divinité du saint sacrement. C'était un philosophe extrêmement arriéré au prix de notre siècle. »

CHAPITRE VI

Lutte entre la Montagne et la Gironde. — Commission des Douze. — Saint-Just est adjoint au Comité de Salut public. — Journées des 31 mai et 2 juin. — Jugement sur les Girondins. — La Constitution de 1793.

Il nous faut enfin sortir du domaine des idées pour entrer dans celui des faits, et peindre les déchirements douloureux qui éclatèrent au sein de la Convention. Nous allons raconter simplement, sans amertume, sans parti pris, les événements qui ont donné lieu au premier rapport présenté par Saint-Just, au nom du Comité de Salut public, en nous conformant aux versions du *Moniteur* et des journaux les plus modérés de l'époque. Il s'agit de la lutte entre la Gironde et la Montagne.

La Révolution, elle, s'avançait toujours irrésistible, et devait, pour le salut de la France, renverser impitoyablement tout ce qui se dressait devant elle comme un obstacle. Ce fut là sa nécessité fatale, et les Girondins se perdirent pour ne l'avoir pas comprise. Ils avaient eu cependant la partie belle, car ils eurent le dessus dans l'Assemblée jusqu'au jour où quelques paroles insensées d'un des leurs suffirent pour déplacer la majorité et exciter contre eux de terribles ressentiments. Leurs préjugés, leur aveuglement, leurs rancunes personnelles, leur continuel système d'attaque contre les membres de la Convention dont les vues ne concordaient pas avec les leurs, les entraînèrent dans une voie devant aboutir forcément au triomphe de la réaction. Républicains sincères, comme la plupart le prouvèrent au pied même de l'échafaud, ils se firent, sans le vouloir, sans le savoir peut-être, le rempart du royalisme, qui s'abrita derrière eux et se couvrit de leur drapeau.

Presque tous les orateurs de la Gironde, Vergniaud excepté, étaient, dans leurs discours, d'une bien autre violence que les orateurs de la Montagne. Cela est facile à vérifier, et l'on ne peut douter un seul instant que, si les Girondins avaient été victorieux, ils n'eussent envoyé leurs adversaires à la mort. Seulement, les Montagnards entraînaient dans leur chute la Révolution elle-même; ils l'emportèrent, et la République fut sauvée pour le moment.

Certes, ils intéressent au dernier point, tous ces hommes pleins de jeunesse, de courage, d'enthousiasme et d'avenir! mais ils ne surent pas se montrer à la hauteur de la situation; ils ne surent pas faire à la patrie le sacrifice de quelques haines irréfléchies, et nous verrons les écrivains les plus favorables à leur cause être forcés de les condamner devant l'histoire.

Ils eurent l'immense tort de commencer les hostilités et de légitimer ainsi les représailles. Dès les premiers mois de la Convention, une attaque, intempestive et nullement justifiée, de Louvet contre Robespierre ne fit que donner à celui-ci l'occasion de prononcer un admirable discours, dans lequel étaient réduites à néant de vagues et iniques accusations, et que terminait un éloquent appel à la concorde. Cet appel ne fut guère écouté. Les événements du 10 mars, la trahison de Dumouriez suscitèrent d'interminables récriminations. Danton, mal à propos pris à partie par Lasource, devint l'irréconciliable ennemi de la Gironde, dont il fut certainement le plus redoutable antagoniste. Bientôt, les Girondins demandèrent et obtinrent l'arrestation de Marat; victoire fâcheuse et double imprudence de leur part! en ce qu'ils portaient les premiers coups à l'inviolabilité de l'Assemblée et préparaient à *l'Ami du peuple* un éclatant triomphe.

Avec une déplorable persistance, le côté droit s'emparait de toutes les questions pour raviver le combat. Cela se vit bien dans la discussion sur le maximum, où ses orateurs accusèrent les Montagnards de vouloir violer le droit de propriété, et de compromettre l'existence des propriétaires. C'étaient là de pures déclamations, ne pouvant, en tout cas, atteindre Saint-Just, puisque celui-ci s'était toujours montré opposé à cette mesure extrême.

Ces imprudents Girondins se dépopularisaient singulièrement, quand, à quelque rumeur violente partie des tribunes, ils menaçaient Paris de la colère des départements, et demandaient que la Convention fût transférée à Versailles ou à Bourges. Aussi, dans le courant du mois d'avril, une première adresse des sections de Paris, lue par Rousselin, le jeune ami de Danton, à la barre de l'Assemblée, réclama-t-elle l'expulsion de vingt-deux députés girondins. Cette pétition, improuvée par la Montagne elle-même, qui ne voulait pas laisser entamer la Convention, contenait de grands enseignements dont personne ne profita.

Cependant les discussions sur la Constitution avaient lieu dans un grand calme ; la guerre semblait suspendue, sinon finie, entre la Montagne et la Gironde, lorsque, vers la seconde quinzaine de mai, le Girondin Isnard fut malheureusement choisi pour président par la Convention. Cet homme, d'un caractère provoquant et colérique, ne sachant garder aucune mesure, remit bientôt tout en feu.

La lutte recommença, vive et acharnée, par un discours de Guadet, qui se perdit en accusations contre la Montagne et les autorités de Paris, et demanda finalement la réunion des suppléants de l'Assemblée à Bourges, et la cassation des autorités municipales. Barère empêcha que ces propositions ne fussent adoptées ; il fit seulement décréter la formation d'une commission de douze membres chargée d'examiner les actes de la Commune et de veiller à la tranquillité publique. Cette commission, presque exclusivement composée des hommes du côté droit les moins propres à concilier les choses, brouilla tout. Les Girondins se réunissaient en comité secret chez Valazé, et dirigeaient la conduite de cette commission. Accusés par Hébert, autrement dit le Père Duchesne, d'occasionner la disette, ils le dénoncèrent à la commission des Douze ; et, le 24 mai, cet Hébert, substitut du procureur de la Commune, fut illégalement arrêté. Le lendemain, le conseil général envoya à la Convention des députés qui, en termes très-mesurés, demandèrent la liberté ou le prompt jugement du magistrat enlevé à ses fonctions. Le président, Isnard, s'emporta bien inutilement ; et, sans cause, sans raison plausible, il laissa échapper ces regrettables paroles : «... S'il arrivait qu'on portât atteinte à la représentation nationale, je vous le déclare, au nom de la France entière, Paris serait anéanti ; bientôt, on chercherait sur les rives de la Seine si Paris a existé (1). »

Cette phrase, interrompue à chaque mot par des cris de désapprobation, excita un violent tumulte dans l'Assemblée. Colportée et commentée dans les divers quartiers de Paris, elle porta au comble l'indignation de la majorité des sections, déjà fort mal disposées contre les Girondins. Le langage modéré de l'orateur de la députation avait fait contraste avec la réponse du président : « Les magistrats du peuple qui viennent vous dénoncer l'arbitraire, ont juré de défendre la sûreté des personnes et des propriétés. Ils sont dignes de l'estime du peuple français. » Les acclamations avec lesquelles furent accueillies ces paroles durent prouver à la Gironde que la faveur et l'influence dont elle avait joui jusqu'alors, allaient bientôt lui être enlevées.

Les choses s'envenimaient de plus en plus. Bien que, dans la séance du 27, le maire, Pache, eût répondu de la tranquillité de la capitale et de la sûreté de la Convention, les violences dont l'Assemblée devint le théâtre furent un présage certain de l'insurrection au dehors. La lutte était trop vivement engagée pour qu'un dénoûment prochain ne fût pas inévitable. Quelques citoyens d'un patriotisme trop ardent ayant été arrêtés, après Hébert, par ordre de la commission des Douze, Danton s'écria : « Tant d'impudence commence à nous peser ; nous vous résisterons. » Au milieu de ces discussions orageuses et de ces emportements sans frein où Bourdon (de l'Oise), un thermidorien! alla jusqu'à menacer d'égorger le pré-

(1) Voyez *le Moniteur* du 27 mai 1793.

sident, Saint-Just gardait le silence et se tenait à l'écart, spectateur désespéré de ces scènes de désordre dont l'imprudente Gironde était la cause. Garat lui-même, si hostile aux Montagnards dans ses Mémoires, et qui siégeait parmi les Girondins, Garat se fit l'accusateur de ces derniers. « ... Ce sont quelques membres de la Convention, dit le ministre de l'intérieur, qui sont la cause des dissensions qui existent entre la Commune et la Convention, et cela sans mauvaise intention de la part de la Commune... J'ai interrogé les sentiments secrets de quelques membres de la commission des Douze. Eh bien, je me suis persuadé qu'ils ont l'imagination frappée. Ils croient qu'ils doivent avoir un grand courage, qu'ils doivent mourir pour sauver la République. Ils m'ont paru dans des erreurs qui me sont incompréhensibles. Je les crois des gens vertueux, des hommes de bien; mais la vertu a ses erreurs, et ils en ont de grandes. »

Le maire vint ensuite et expliqua comment les rassemblements autour de la Convention étaient dus aux arrestations ordonnées par la commission des Douze, qui, non contente de ces mesures arbitraires, avait envoyé l'ordre aux sections de la Butte-des Moulins, de Quatre-vingt-douze et du Mail, connues pour leur esprit contre-révolutionnaire, de tenir trois cents hommes prêts. Après avoir entendu quelques orateurs des autres sections de Paris, la Convention, sur la proposition de Lacroix, décréta la mise en liberté des citoyens illégalement incarcérés et la cassation de la commission des Douze. Mais ce décret ayant été rapporté, en partie, le lendemain, de nouveaux arrêtés pris par la commission girondine exaspérèrent le peuple et déterminèrent l'insurrection du 31 mai.

Malgré toutes ces convulsions, l'Assemblée n'en poursuivait pas moins son noble but d'amélioration et de régénération sociales. Dans la séance du 30, elle décréta l'établissement des écoles primaires, dans chacune desquelles, dit le décret, « un instituteur sera chargé d'enseigner aux élèves les connaissances élémentaires nécessaires aux citoyens pour exercer leurs droits, remplir leurs devoirs et administrer leurs affaires domestiques. »

Ce même jour, Saint-Just, Hérault-Séchelles, Ramel, Couthon et Mathieu furent adjoints au Comité de Salut public, pour présenter à la Convention les bases constitutionnelles.

Le lendemain, le tocsin, ce sinistre appel des insurrections populaires, retentit dès les premières heures, et le canon d'alarme fut tiré. Tout concourait à perdre le parti de la Gironde. De mauvaises nouvelles de la Vendée, des frontières de l'est et du midi, venaient de se répandre dans Paris; et le peuple, aigri, rejetait fatalement sur les Girondins toutes les calamités présentes. Dans la nuit, les commissaires des sections, réunis à l'Archevêché, avaient proclamé l'insurrection, et nommé commandant général Henriot, chef de bataillon d'une section du faubourg Saint-Antoine. Paris ressemblait à une vaste place d'armes au moment où s'ouvrit la séance de la Convention. Cependant pas un coup de fusil ne fut tiré dans la journée; mais le comité central révolutionnaire n'en atteignit pas moins son but. La Gironde, abandonnée par la Plaine, fut définitivement vaincue ce jour-là, dans la Convention. La commission des Douze fut cassée; on décréta que ses papiers seraient remis au Comité de Salut public : ce comité fut chargé d'en rendre compte sous trois jours, et de rechercher les auteurs des complots dénoncés par les diverses députations. Chose singulière! Vergniaud, pour dissimuler peut-être la défaite de son parti, proposa de déclarer que les sections de Paris avaient bien mérité de la patrie. Sa proposition fut à l'instant même convertie en décret. Quelques instants après, des pétitionnaires demandèrent un décret d'accusation contre vingt-deux Girondins, déjà dénoncés par les sections de Paris, et contre les membres de la commission des Douze, s'offrant de donner des otages pour en répondre à tous les départements. L'Huillier, procureur général de la Commune, vint ensuite et lut contre les Girondins une adresse foudroyante, où l'on rappelait amèrement l'absurde menace d'Isnard contre Paris, coupable de défendre l'unité de la République. Cette adresse fut appuyée par Robespierre, qui conclut à l'accusation de tous les membres désignés par les pétitionnaires. L'adoption du décret de suppression de la commission des Douze mit fin à la séance. La journée se termina par une promenade aux flambeaux, sorte de fête improvisée, à laquelle assistèrent les députés dont on avait réclamé la proscription et dont la chute était si prochaine.

En effet, le surlendemain, l'insurrection recommença plus formidable et plus menaçante. Henriot vint placer ses canons en face même de la Convention qu'envahirent les sectionnaires, en demandant de nouveau un décret d'accusation contre les vingt-deux Girondins. On vit alors un spectacle douloureux et touchant à la fois. Quelques-uns des députés inculpés s'offrirent d'eux-mêmes en holocauste, entre autres Fauchet, Isnard, Lanthenas, Rabaut, et consentirent à se suspendre volontairement de leurs fonctions. Mais Lanjuinais et Barbaroux protestèrent, avec un héroïsme qu'on ne saurait méconnaître, contre une suspension volontaire. Le tumulte s'accrut encore de cette protestation. Enfin, après des scènes désolantes, après une triste promenade sur la place du Carrousel et dans le jardin des Tuileries, l'Assemblée décréta que Gensonné, Vergniaud, Brissot, Guadet, Gorsas, Pétion, Salles, Chambon, Barbaroux, Buzot, Biroteau, Rabaut, Lasource, Lanjuinais, Grangeneuve, Lesage (d'Eure-et-Loir), Louvet (du Loiret), Valazé, Doulcet, Lidon, Lehardy (du Morbihan), les ministres Clavière et Lebrun et tous les membres de la commission des Douze, Fonfrède et Saint-Martin exceptés, seraient mis en arrestation chez eux.

Le président lut ensuite une lettre des députés de la Commune, lettre par laquelle ceux-ci offraient de se constituer comme otages, en nombre égal à celui des représentants arrêtés, et remerciaient la Convention d'une mesure qui leur paraissait devoir assurer le triomphe de la République. L'Assemblée ordonna l'impression de cette adresse. Ce fut le dernier acte de cette longue séance du 2 juin, où la Gironde fut frappée au cœur. Si Saint-Just fut du parti de ceux qui la brisèrent, s'il considéra comme une déplorable nécessité la chute des malheureux Girondins, s'il les condamna par son vote, on ne le vit pas prendre une part active à leur renversement; il ne les traîna point dans la boue, comme le fit Camille Desmoulins dans son *Brissot dévoilé*; on ne le vit pas leur jeter à la face ces apostrophes brutales dont se montrèrent si prodigues les futurs héros de thermidor, et son nom ne retentit pas dans ces débats déchirants.

Les Girondins étaient-ils, en effet, un obstacle au triomphe et à l'affermissement de la République? Ont-ils couru au-devant de leur perte? L'impartiale histoire répond : Oui. Les écrivains les plus modérés, ceux mêmes qui semblent les avoir pris sous leur tutelle, les accusent et les condamnent. Je ne veux citer que ceux-là :

« La pensée, l'unité, la politique, la résolution, tout leur manquait, dit M. de Lamartine. Ils avaient fait la Révolution sans la vouloir; ils la gouvernaient sans la comprendre. La Révolution devait se révolter contre eux et leur échapper.

» Au lieu de travailler à fortifier la République naissante, ils n'avaient montré de sollicitude que pour l'affaiblir. La Constitution qu'ils lui proposaient ressemblait à un regret plutôt qu'à une espérance; ils lui contestaient un à un tous ses organes de vie et de force. L'aristocratie se révélait sous une autre forme dans toutes leurs institutions bourgeoises. Le principe populaire s'y sentait d'avance étouffé. Ils se défiaient du peuple; le peuple, à son tour, se défiait d'eux; la tête craignait le bras, le bras craignait la tête; le corps social ne pouvait que s'agiter ou languir...

» Encore quelques mois d'un pareil gouvernement, et la France, à demi conquise par l'étranger, reconquise par la contre-révolution, dévorée par l'anarchie, déchirée de ses propres mains, aurait cessé d'exister, et comme république, et comme nation. Tout périssait entre les mains de ces hommes de paroles. Il fallait ou se résigner à périr avec eux, ou fortifier le gouvernement... (1). »

Suivant M. Thiers : « Leur opposition a été dangereuse, leur indignation impolitique, ils ont compromis la Révolution, la liberté et la France... (2). »

---

(1) *Histoire des Girondins*, t. VI, p. 152, 153 et 155.
(2) *Révolution française*, éd. Furne, 1839, t. IV, p. 187.

Enfin, notre excellent maître, M. Michelet, qui a écrit sur eux tant de poétiques et admirables pages, a laissé échapper cet aveu :

« Oui, malgré notre admiration pour le talent des Girondins, notre sympathie pour l'esprit de clémence magnanime qu'ils voulaient conserver à la République, nous aurions voté contre eux. » Et plus loin : « La politique girondine, aux premiers mois de 93, était impuissante, aveugle; elle eût perdu la France (1). »

Si, quand la lumière s'est produite sur bien des faits, mal connus au moment de la lutte, si, à une époque où les événements sont appréciés avec plus de justice et d'impartialité, les historiens les plus favorables aux Girondins ont rendu un pareil jugement, comment s'étonner du rapport de Saint-Just, que nous allons bientôt examiner? Comment même ne pas en admirer la modération, en se rappelant qu'au moment où il fut écrit, des Girondins fugitifs essayaient de soulever les départements, et que la guerre civile s'organisait sous leurs auspices.

Mais, avant de nous en occuper, il convient de dire quelques mots de la Constitution de 1793, votée vers ce temps-là, et dont Saint-Just fut un des auteurs.

Jamais Constitution n'a été plus calomniée et n'est moins connue peut-être que celle de 1793. Elle ne fut point, comme on l'a dit, *bâclée* en quelques jours par quelques jeunes gens. Guyton-Morveau, Robert Lindet, Mathieu, Hérault-Séchelles, Ramel et Couthon n'étaient plus des jeunes gens, et Saint-Just s'était vieilli par ses

---

(1) *Révolution française*, t. V, p. 534 et 612.

longues méditations et ses études sur les lois. Qu'importe maintenant que les membres du comité de Constitution aient mis plus ou moins de jours à la rédiger ! « Le temps ne fait rien à l'affaire, » a dit notre maître à tous. D'ailleurs, depuis quelques mois déjà les auteurs s'étaient familiarisés avec les nouveaux principes constitutionnels à donner à la France. Plusieurs projets particuliers avaient été soumis à l'Assemblée, et les articles du plan proposé par Condorcet avaient été longuement discutés. Il ne s'agissait donc pas de créer, mais de tirer parti et de former un ensemble complet de ces diverses constitutions, dans chacune desquelles il y avait un peu à prendre et beaucoup à laisser. Et cela le plus vite possible; car il y avait péril en la demeure; car de toutes parts la Constitution était réclamée avec instance; c'était le besoin et l'attente du peuple : on ne pouvait tarder davantage.

En la rapprochant du projet de Saint-Just, en citant certains articles textuellement tirés des *Institutions républicaines*, nous prouverons que Saint-Just fut véritablement l'âme de cette nouvelle Constitution ; son souffle l'anime partout; c'est donc à lui bien plus qu'à Robespierre qu'en doivent remonter l'honneur et la responsabilité.

Condorcet, fort peu content de voir son projet abandonné, a dit, avec injustice, qu'il n'y avait de bon dans le nouveau plan que ce qui avait été emprunté à l'ancien. Cela ne prouve rien ; c'est une pure boutade d'auteur dont l'œuvre n'a pas été acceptée. N'avons-nous pas vu, de nos jours, un publiciste célèbre garder rancune et tourner définitivement le dos à la République parce que son projet de Constitution n'avait pas été acclamé par l'Assemblée nationale de 1848?

Assurément, l'œuvre des Girondins n'était pas sans mérite. Elle offrait à la liberté individuelle les plus sages garanties ; elle consacrait le suffrage universel ; elle l'exagérait même, et s'enfermait ainsi dans ce dilemme de rendre le gouvernement ou illusoire ou trop puissant. A ce point de vue, le projet du comité montagnard, plus raisonné et plus applicable, était moins démocratique, en quelque sorte ; aussi n'eut-il pas l'approbation de ceux qu'on appela plus tard les *enragés*, à la tête desquels figurait Hébert. Les gens modérés, au contraire, le saluèrent comme une espérance. Voici en quels termes il est apprécié par le journaliste Prudhomme, qui cependant, plus Girondin que Montagnard, ne s'était pas montré très-sympathique à Saint-Just, dans les rares occasions où il avait parlé de lui :

« On était singulièrement étonné qu'après quatre ans de révolution et d'expérience, on n'eût pu faire un meilleur plan de Constitution ; mais les cinq adjoints du comité ont prouvé qu'il suffisait de vouloir, et que les lumières de tout un peuple se réunissaient aisément en un faisceau ; ils ont présenté, au bout de huit jours, leur travail, et ce travail s'est trouvé infiniment supérieur à tout ce que nous avons vu jusqu'à présent. Comme on y parle le langage de la raison ! le style est simple, clair et pur ; il n'est point pénible et entortillé comme celui de la Constitution monarchique, et surtout comme celui du dernier plan du comité. En général, la clarté et la simplicité du style annoncent la clarté et la simplicité des idées ; elles montrent qu'on n'a point eu besoin d'efforts pour contourner la vérité, ni pour se comprendre soi-même ou pour se faire comprendre des autres (1). »

(1) *Journal des Révolutions de Paris*, n° 205, p. 508.

Au reste, les historiens qui ont écrit que la discussion de cette Constitution n'avait été que pour la forme, et que les Girondins restés dans la Convention n'avaient pas consenti à s'y associer, n'ont jamais ouvert *le Moniteur* ni les autres journaux de l'époque, ou sont de la plus insigne mauvaise foi. Fermont, Fayau, Ducos, Fonfrède et Masuyer prirent très-bien part au vote et à la discussion. Quelques-uns d'entre eux proposèrent même des amendements plus démocratiques que le projet du comité.

L'idée de Dieu, absente du plan de Condorcet, apparaît au frontispice de la nouvelle Constitution. Non pas le Dieu du Vatican, frère puîné du Jupiter Olympien; non pas le Dieu farouche au nom duquel tant de superstitions, de préjugés ont été établis et consacrés, au nom duquel tant de bûchers ont été allumés, tant de malheureux, proscrits; non pas le Dieu sanglant invoqué par ces ministres de l'inquisition, qui ont fait égorger tant de milliers de victimes; mais l'Éternel infiniment bon, le Créateur, l'Être suprême, âme de tous les mondes, confondant dans un même amour tout ce qui pense, tout ce qui vit, tout ce qui souffre; Dieu enfin, dans sa majestueuse unité. Saint-Just, comme on s'en souvient sans doute, avait écrit dans ses *Institutions républicaines* : « Le peuple français reconnaît l'Être suprême. » Il faut donc lui attribuer l'honneur d'avoir placé la Constitution sous l'invocation divine.

Presque à chaque article, on peut apercevoir la trace de son influence. Dans ses fragments, il proclame comme un droit exclusif du peuple et du citoyen l'insurrection contre l'oppression. N'est-ce pas là l'idée mère du dernier article de la Déclaration des droits de l'homme : « Quand le gouvernement viole les droits du peuple, l'insurrection est, pour le peuple et pour chaque portion du peuple, le plus sacré des droits et le plus indispensable des devoirs. »

Cet article, qui a l'air aujourd'hui si fort, si dangereux, et qu'on n'écrirait plus, dans une Constitution même très-démocratique, très-libérale, semblait, au contraire, tout naturel et même nécessaire, à cette époque où la restauration de l'autocratie apparaissait comme le pire des maux, et où l'on voulait entourer des précautions les plus minutieuses le nouvel état de choses qui se fondait. L'insurrection, d'ailleurs, n'est-elle pas l'origine de la plupart des gouvernements issus d'une révolution? Eh! mon Dieu! que certains écrivains ne se hâtent pas tant de condamner ce dernier article de la fameuse déclaration. S'il n'a pas été écrit en toutes lettres dans la Charte de 1830, il n'en a pas moins été sanctionné par le gouvernement de juillet. La colonne de la Bastille est-elle autre chose que cet axiome coulé en bronze? Qu'ils cessent donc d'incriminer la pensée de Saint-Just, ceux qui ont trouvé bon que ce monument de l'insurrection populaire s'élevât sur la place où fut jadis le temple du despotisme.

Nulle part, d'ailleurs, le dogme de la fraternité humaine n'éclate plus fortement que dans cette Constitution. Quelques difficultés d'application, plus faciles à faire disparaître qu'on ne le pense, peuvent y choquer certains hommes d'État, mais le philosophe y admirera toujours les saines doctrines de l'éternelle sagesse et les principes du christianisme pur. Quelle belle définition de la liberté! « La liberté est le pouvoir qui appartient à l'homme de faire tout ce qui n'est pas contraire aux droits d'autrui : elle a pour principe la nature, pour règle la justice, pour sauvegarde la loi ; sa limite morale est dans cette maxime : Ne fais pas à un autre ce que tu ne veux pas qu'il te soit fait. » (Art. VI de la Déclaration.)

L'article 1er de l'acte constitutionnel est la reproduction textuelle de l'art. 2 du projet de Saint-Just : « La République française est une et indivisible. » C'était une barrière établie contre le fédéralisme, qu'on s'attachait à déraciner dans l'intérêt général, comme l'explique admirablement cette phrase, tirée des *Institutions* : « Le but d'un gouvernement opposé au fédéralisme n'est pas que l'unité soit au profit du gouvernement, mais au profit du peuple. »

Saint-Just, dans son projet, ne soumettait pas à la sanction du peuple les actes accidentels de législation, nécessités par les événements et par l'administration publique ; il en est à peu près de même dans la Constitution de 1793, qui affranchit les décrets de la sanction préalable du peuple. Or, sous le nom particulier de décrets, elle désigne les actes les plus importants du Corps législatif, et comprend, par exemple, sous le nom de lois :

La législation civile et criminelle ;

L'administration générale des revenus et des dépenses ordinaires de la République ;

Les domaines nationaux ;

Le titre, le poids, l'empreinte et la dénomination des monnaies ;

La nature, le montant et la perception des contributions ;

La déclaration de guerre ;

Toute nouvelle distribution générale du territoire français ;

L'instruction publique ;

Les honneurs publics à la mémoire des grands hommes.

Et encore l'exercice du droit de délibérer sur ces grandes questions, laissé aux assemblées primaires, fut-il singulièrement restreint par l'article suivant : « Quarante jours après l'envoi de la loi proposée, si, dans la moitié des départements plus un, le dixième des assemblées primaires de chacun d'eux, régulièrement formées, n'a pas réclamé, le projet est accepté et devient loi. » Aussi, la Constitution fut-elle l'objet des critiques acerbes de ceux des Girondins qui voulaient le gouvernement direct du peuple par lui-même ; comme si cela était matériellement possible dans une nation de trente millions d'habitants !

La participation de Saint-Just éclate encore d'une manière manifeste dans la création du Conseil exécutif, composé de vingt-quatre membres, qui rappelle le Conseil imaginé dans son projet de Constitution. Ce Conseil n'est plus nommé directement par le peuple, comme les membres du Corps législatif. Il y a là une élection à deux degrés. Un candidat est élu par l'assemblée électorale de chaque département (assemblée secondaire), et, sur la liste générale, le Corps législatif choisit lui-même les membres du gouvernement. C'était, suivant nous, faire preuve d'une grande sagesse que de ne pas laisser sortir purement du baptême populaire le pouvoir exécutif, qui aurait pu en tirer une trop grande prépondérance. Comme Saint-Just, la plupart des Montagnards savaient bien quelle influence et quelle action l'intrigue pourrait avoir sur des populations plongées encore dans les ténèbres de l'ignorance, et c'était agir prudemment que de donner l'ascendant aux lumières et à la réflexion. Il y avait encore une autre raison, et il connaissait bien les hommes, ce Robespierre, quand il disait à la Convention : « Si le Conseil exécutif tient ses pouvoirs de la même source que le Corps législatif, il en deviendra le rival, et le rival très-dangereux, ayant la force que donne l'exécution. » Les Girondins n'avaient point songé à cela.

Comme dans la Constitution de Saint-Just, la justice est rendue par des arbitres; il y a un tribunal de cassation, ne connaissant point du fond des affaires, et nommé par les assemblées de département, pour un an seulement, au lieu de six.

Il me serait facile de multiplier les cas de rapprochements existant entre les deux Constitutions; j'aime mieux y renvoyer le lecteur, qui pourra juger par lui-même de leur intime parenté.

Loin d'abolir la religion, incessamment attaquée par les exagérés et quelques-uns des futurs vainqueurs de thermidor, l'une et l'autre consacrent formellement la liberté des cultes, l'une et l'autre offrent à la morale, à la propriété, les plus sérieuses garanties. « La Constitution, dit l'art. 122, garantit à tous les Français l'égalité, la liberté, la sûreté, la propriété, la dette publique, le libre exercice des cultes, une instruction commune, des secours publics, la liberté indéfinie de la presse, le droit de pétition, le droit de se réunir en sociétés populaires, la jouissance de tous les droits de l'homme. »

Que de choses touchantes, que de sentiments généreux dans cette Constitution de 1793 ! « Sont admis à l'exercice des droits de citoyen français : tout étranger que le Corps législatif aura jugé avoir bien mérité de l'humanité; tout étranger qui, domicilié en France depuis une année, adopte un enfant ou nourrit un vieillard. » Et l'art. 123 : « La République française honore la loyauté, le courage, la vieillesse, la piété filiale, le malheur. Elle remet le dépôt de sa Constitution sous la garde de toutes les vertus. »

Comme elle ménage les susceptibilités du pauvre, en déclarant que nul citoyen n'est dispensé de l'honorable obligation de contribuer aux charges publiques! Cet article, combattu par le Girondin Ducos, qui appuyait un amendement tendant à ce qu'on n'exigeât aucune contribution de celui qui n'a que l'absolu nécessaire, et à ce qu'on établît l'impôt progressif, fut défendu en ces termes par Robespierre : « L'amendement, loin de servir le peuple, lui nuirait, car il établirait constitutionnellement l'aristocratie des richesses. N'ôtez point aux citoyens ce qui leur est le plus nécessaire : la satisfaction de présenter à la République le denier de la veuve. Bien loin d'écrire dans la Constitution une distinction odieuse, il faut, au contraire, y consacrer l'honorable obligation, pour tout citoyen, de payer sa contribution. »

Cette Constitution renferme enfin ces belles maximes, qui sont entièrement dans le chapitre IX de celle de Saint-Just, que nous avons cité :

« Le peuple français est l'ami et l'allié naturel des peuples libres.

» Il ne s'immisce point dans le gouvernement des autres nations. Il ne souffre pas que les autres nations s'immiscent dans le sien.

» Il donne asile aux étrangers bannis de leur patrie pour la cause de la liberté. Il le refuse aux tyrans.

» Il ne fait point la paix avec un ennemi qui occupe son territoire. »

Ce fut à l'occasion de ce dernier article, qu'aux paroles de Mercier : « De tels articles s'écrivent ou s'effacent avec la pointe d'une épée. Avez-vous fait un pacte avec la victoire? » furent répondus ces mots célèbres, poussés tout d'une voix par la Montagne, suivant Levasseur : « Non, mais nous en avons fait un avec la mort »

Cette Constitution, présentée le 10 juin, fut votée par acclamation le 24 du même mois. Paris illumina, et, de toutes parts, des adresses de félicitations parvinrent à l'Assemblée.

Mais, suspendue par les événements, elle disparut dans la catastrophe de thermidor et ne fut jamais appliquée, ce qui a fait dire sans doute qu'elle n'était pas applicable. Et cependant peut-être nous régirait-elle aujourd'hui si ses auteurs n'eussent pas été emportés avant elle. Dans tous les cas, ce qu'on ne peut lui contester, c'est qu'elle est douce, religieuse, morale et humaine ; ce qu'on ne doit pas oublier, c'est que ses partisans ont eu la consécration du martyre.

CHAPITRE VII

Insurrection girondine.—Essai de conciliation.—Saint-Just se propose en otage.— Soixante et dix départements se lèvent contre la Convention. — Menaces de Wimpfen. — La Vendée. — Rapport de Saint-Just. — Sa modération. — *Brissot dévoilé*, par Camille Desmoulins. — Assassinat de Marat. — Saint-Just entre définitivement au Comité de Salut public.

Pendant que la Convention, sous les menaces qui grondaient sur elle, du dedans et du dehors, discutait héroïquement les articles de la nouvelle Constitution, quelques-uns des Girondins mis en arrestation chez eux, trompant la vigilance commode et complaisante des gendarmes chargés de les surveiller, étaient allés dans les départements, sonner le tocsin contre Paris et l'Assemblée.

La discussion était incessamment interrompue par la

nouvelle de quelque soulèvement. L'Eure et le Calvados donnèrent le signal de la guerre civile. L'insurrection s'étendit bientôt dans l'Ouest et dans le Midi. Un comité central de résistance fut installé à Caen, où Guadet, Barbaroux, Louvet, Larivière, Kervélegan et d'autres vinrent organiser la révolte. Biroteau à Lyon, Rabaut-Saint-Etienne à Nîmes, Grangeneuve à Bordeaux, prêchèrent publiquement la rébellion. Toulon et Marseille arborèrent le drapeau blanc. Comme on le voit, le parti des Girondins « se royalisait, » suivant l'expression de M. Michelet. Plusieurs d'entre eux, dont les sentiments républicains étaient restés intacts, furent épouvantés de leur propre ouvrage; et Rebecqui, de désespoir, se précipita dans la mer, expiant ainsi par une mort volontaire le crime d'avoir fait un instant cause commune avec les ennemis de la République.

Bientôt, on apprit avec indignation que quelques Montagnards en mission avaient été arrêtés, que plusieurs administrations de départements suspendaient l'envoi des contributions et méconnaissaient les décrets de la Convention. Toulouse, dans une déclaration signée par les présidents de ses quinze sections, menaçait Paris de le traiter comme une autre Sodome. La mesure était comble, et l'Assemblée sentait la nécessité de sévir. Cependant, avant d'en venir là, les chefs de la Montagne essayèrent de rassurer et de calmer les départements. Ni Danton, ni Saint-Just, ni Robespierre, ne voulaient la mort des Girondins. Leurs tentatives de conciliation le prouvent assez. Couthon et Danton s'offrirent en otages. Saint-Just, à qui le Comité de Salut public allait bientôt confier le soin de rédiger un rapport sur les déplorables menées de la Gironde, Saint-Just proposa généreusement de se rendre à Caen, au foyer même de la révolte.

C'est Garat qui nous l'apprend; Garat, qu'on ne peut suspecter de partialité en faveur de Saint-Just (1).

Ces tentatives de conciliation n'aboutirent point, par la faute des Girondins qui repoussèrent très-stoïquement peut-être, mais très-imprudemment, toute espèce de compromis entre eux et les Montagnards. « Qu'ils prouvent que nous sommes coupables, » écrivait Vergniaud, sans doute dans l'ignorance de tout ce qui se passait dans les départements, « sinon, qu'ils aillent eux-mêmes à l'échafaud. » Au sein de la Convention, Ducos et Fonfrède repoussèrent ces mesures comme mesquines et pusillanimes. Ce refus superbe parut une provocation. Les événements qui survinrent achevèrent de perdre la Gironde.

Soixante et dix départements s'étaient prononcés contre la Convention, et le général royaliste Wimpfen, trahissant la confiance dont l'avait investi l'Assemblée, et non content de prendre le commandement des rebelles, adressait à tous les généraux de la République une sorte de circulaire pour les engager à se joindre à la coalition. Mandé à la barre de la Convention, il avait répondu insolemment : « Si je me rends à Paris, ce ne sera qu'à la tête de soixante mille hommes. » Et cet homme, avec lequel s'associaient les Girondins, mettait à la tête des troupes de la Fédération, qui? un Vendéen, un chouan, M. de Puisaye (2).

Vers le même temps, les royalistes remportaient à Saumur une victoire qui leur ouvrait la route de Paris. Cette mauvaise nouvelle, annoncée par Robespierre aux Jacobins, accrut encore la fureur contre les membres

---

(1) *Mémoires de Garat*, p. 149.
(2) *Mémoires de Levasseur*, t. I, p. 312.

fugitifs du côté droit, dont plusieurs étaient, avec raison, soupçonnés d'attiser cette guerre impie de la Vendée, qu'un écrivain plébéien n'a pas craint de qualifier de « sainte (1). » Sainte! la guerre où des milliers de paysans aimaient mieux se battre contre leurs concitoyens que de courir défendre à la frontière la République qui les affranchissait; sainte! la guerre dont le premier mobile n'a été qu'une pensée d'intérêt égoïste et personnel; sainte! la guerre où les massacres accomplis par les partisans de la prétendue bonne cause eurent un caractère de férocité et de barbarie laissant bien loin derrière eux les tueries de septembre!

Ces proclamations incendiaires, ces départements en feu, ces soulèvements, tout cela, qui peut le nier? était l'œuvre des Girondins. Ce ne fut pas le crime de tous, disons-le à l'honneur de ceux qui demeurèrent purs, mais tous durent être fatalement soupçonnés. Il n'en pouvait être autrement. Le temps, loin d'affaiblir les preuves de la culpabilité de certains d'entre eux, les a, au contraire, fortifiées d'une manière accablante. Si, dans son appréciation générale, Saint-Just commit quelques erreurs, il se trompa de bonne foi. Il fut l'écho de la voix publique, celle qu'à certaines heures on se plaît à appeler la voix de Dieu : mais on verra avec quel soin, dans son rapport, il cherche à distinguer les vrais coupables de ceux qui n'étaient qu'égarés.

Pour parer à un péril extrême, il fallait d'extrêmes mesures; pour faire rentrer dans le devoir les départements soulevés contre la Convention, il ne suffisait plus de quelques paroles de conciliation et de paix, il était nécessaire de frapper un grand coup et de prouver au

---

(1) M. Éd. Fleury : *Saint-Just*, t. I, p. 286.

monde que la Révolution n'entendait pas laisser périr ses principes. Le Comité de Salut public ne désespéra point du salut de la patrie; il voulut sauver la France, et sa volonté suffit pour la sauver. Sans cette sombre et grandiose énergie dont Saint-Just fut l'ardent inspirateur, formidable force morale qui empêcha la coalition victorieuse de marcher sur Paris, et qui triompha de l'insurrection girondine, la République était perdue, et tant d'admirables institutions qui lui ont survécu, disparaissaient avec elle.

Dans cette situation, que quelques-uns crurent désespérée, au moment où, se faisant, pour ainsi dire, l'écho du général Wimpfen, le Girondin Barbaroux écrivait à Duperret : « Tout va bien, nous ne tarderons pas à être sous les murs de Paris, » le rapport de Saint-Just fut un véritable acte d'héroïsme. Il n'y a donc pas à répondre aux accusations et aux injures dont ce rapport est encore l'objet; les simples faits les réfutent assez victorieusement.

Voici, au reste, quelques extraits de la minute même des procès-verbaux des séances du Comité de Salut public qui peuvent donner sur l'état de l'opinion à cette époque une idée beaucoup meilleure que toutes les appréciations des historiens.

Séance du 1er juin : « Le maire a exposé que toutes les sections sont réunies, que tous les citoyens de Paris, fatigués d'une faction puissante, demandent unanimement justice de ces calomnies qui avaient pour but de provoquer tous les départements contre Paris, de diviser la République et d'établir le fédéralisme. Étaient présents : Cambon, Guyton-Morveau, Bréard, Delacroix, Danton, Treilhard, Robert Lindet. »

Séance du 2 juin. « Le Comité mandé par la Convention nationale pour lui faire un rapport et présenter un projet de décret relatif aux circonstances actuelles et aux membres dénoncés par le département de Paris, a arrêté un projet de décret portant que le salut de la patrie appelle les membres de la Convention contre lesquels il a été porté des dénonciations, à suspendre et à déposer dans le sein de la Convention l'exercice de leurs pouvoirs. »

Enfin, dans la séance du 16 juin, fut rendu l'arrêté suivant : « Le Comité arrête qu'il sera fait jeudi rapport à la Convention touchant ceux de ses membres qui sont en état d'arrestation, et que ce rapport sera présenté au Comité la veille. Les citoyens Saint-Just et Cambon sont nommés rapporteurs (1).

Le 8 juillet 1793, Saint-Just monta à la tribune de la Convention, et, d'une voix lente et grave, comme attristée, il lut l'immense rapport concernant trente-deux membres du parti de la Gironde, arrêtés à la suite des événements du 31 mai, en exécution du décret du 2 juin. Nous regrettons de ne pouvoir reproduire ce rapport en entier ; mais son étendue et les limites de cet ouvrage ne nous le permettent pas.

« Citoyens, dit-il, vous avez de tout temps fait paraître votre dévouement à la République, en donnant au peuple, dès les premiers jours de sa liberté, l'exemple de la justice et de la soumission à vos propres lois.

» Vous avez entendu, dès le commencement de vos séances, les réclamations élevées contre vos membres, et vous les avez obligés de rendre compte de leur conduite. Un membre, depuis peu, a paru devant le tribunal

---

(1) Archives nationales.

révolutionnaire, accusé d'avoir provoqué la licence (1) ;
un autre, relégué dans Marseille, attend son jugement (2).
Au commencement du mois dernier, comme un complot
formé contre l'établissement et l'unité de la République
éclatait dans Paris et dans l'empire, vous avez consigné dans leurs maisons trente-deux membres de cette
assemblée, prévenus par le cri public d'en être les auteurs.

» L'inquiétude de la République sur cet événement,
les fables répandues par les ennemis de la liberté,
devenues le prétexte de la guerre civile, l'impatience et
le zèle des citoyens, les différentes lettres des détenus
qui demandent leur liberté, et surtour *l'indulgence qu'on
doit* à quelques-uns, qui sont plutôt imprudents que
coupables, tout invite la Convention nationale à prononcer définitivement.

» La conjuration dont je viens vous entretenir est
enfin démasquée ! Je n'ai point à confondre les hommes,
ils sont confondus. Je n'ai point à arracher, par la force
du discours, la vérité sanglante de leurs cœurs ; je n'ai
qu'un récit simple à vous faire, que des vérités reconnues
à vous dire. »

Après avoir rappelé un bruit fort accrédité alors, que
Dillon était sollicité de se mettre à la tête d'un soulèvement, dans le but de placer sur le trône le fils de
Louis XVI ; après avoir montré certains Girondins tendant les mains à la Vendée, accusation basée sur le
rapport d'un commissaire de la Convention dans ce
département, il pense qu'une conjuration s'est tramée

(1) Marat.
(2) Philippe-Égalité.

dans le sein même de l'Assemblée, pour le rétablissement de l'ancienne Constitution, et continue ainsi :

« ..... Maintenant qu'après avoir excité parmi vous des orages qui vous ont forcés de déployer votre sévérité contre eux, pour sauver la patrie, maintenant qu'il est découvert qu'on ne vante point d'autre Constitution et d'autres lois que celles qui auraient préparé le retour de la tyrannie, vous convaincrez facilement le peuple français de la droiture de vos intentions, et vous pouvez, comme le consul de Rome, jurer que vous avez sauvé votre patrie. Au moins, n'attendez pas que votre Comité paye tribut à la faiblesse et à la superstition de qui que ce soit : le salut public est la seule considération digne de vous toucher. L'état présent de la France, la dislocation du corps politique, tout annonce que le bien n'a pas été fait, et que vous ne devez de ménagement à personne. La République ne tient aucun compte des faiblesses et des emportements stériles ; tout le monde est coupable quand la patrie est malheureuse.

» Tous les détenus ne sont point coupables ; le plus grand nombre n'était qu'égaré ; mais comme, dans une conjuration, le salut de la patrie est la loi suprême, vous avez dû confondre un moment et l'égarement et le crime, et sacrifier sagement la liberté de quelques-uns au salut de tous. Les détenus, comme la cour, avaient fait la guerre aux lois par les lois. Rien ne ressemble à la vertu comme un grand crime ; on a dû séduire les âmes faibles sous le prestige ordinaire de la vérité. »

Il dépeint ensuite les partis aux prises dès les premiers jours de la Convention, les uns ardents pour la République, les autres n'ayant que les apparences de la vertu républicaine, et traitant d'anarchie tout ce qui n'était pas conforme à leurs idées et à leurs opinions.

Il reproche à Brissot d'avoir habité le palais des rois ; et lui fait un crime, bien à tort suivant nous, d'avoir, avant le 10 août, défendu la Constitution de 1791, qui était alors le seul drapeau possible de tous les patriotes et de tous les amis de la liberté.

De la liaison de certains Girondins avec la famille d'Orléans, et surtout de la douleur manifestée par Vergniaud, en proposant la déchéance du roi, il conclut qu'on voulait seulement une révolution dans la dynastie afin de conserver un grand crédit sous une régence ou sous une usurpation. Suivant le rapporteur, l'abolition de la royauté fut le signal des haines du parti de la Gironde, qu'il accuse d'avoir, avec une intention hostile, retardé le jugement du roi.

« Quand vous arrivâtes ici, poursuit-il, le Nord et le Midi se tenaient embrassés ; le même enthousiasme pour la liberté unissait tous les Français, tout le monde courait aux armes, tous les départements étaient amis ; le premier transport de la liberté avait immolé des victimes, mais il fallait pleurer sur elles et n'accuser que le malheur des temps. La France est-elle plus heureuse depuis que des hommes qui se disaient sensibles ont allumé la guerre civile ou promené par toute la France le glaive de septembre, et rendu la conquête de cet empire plus facile ? »

Sans les incessantes déclamations des Girondins, pense le rapporteur, l'ordre eût régné dans la République, car on calme l'anarchie par la sagesse du gouvernement, tandis qu'on l'irrite par des clameurs inopportunes et sans fruit.

« Comme le déguisement et l'hypocrisie sont le fondement des conspirations, on se doit défier beaucoup des apparences dont les conjurés savent ordinairement se couvrir.

» Mais il suffit de prendre dans la nature des choses les moyens qu'on doit employer lorsqu'on veut servir sa patrie et faire le bien, et ceux qu'on doit naturellement employer pour la trahir et faire le mal. Ceux donc qui, dans les révolutions, veulent fixer un gouvernement provisoire ou anarchique, ceux-là préparent sourdement le retour de la tyrannie, car ce gouvernement provisoire ne se pouvant soutenir que par la compression du peuple et non par l'harmonie, le corps social finit par être assujetti ; comme il n'y a point de forme de gouvernement constante et qui repose sur des lois, tout dégénère et tout s'altère ; il n'y a plus d'intérêt public, et le besoin du repos fait enfin supporter l'esclavage.

» Un usurpateur qui veut arriver à son but par ce moyen, ne manque pas de bonnes raisons pour perdre ceux qui s'y opposent ; tous les vices sont bientôt de son parti, de même que tous ceux qui veulent jouir...

» ..... La sagesse seule et la patience, dit-il plus loin, peuvent constituer une République, et ceux-là n'en ont point voulu parmi nous, qui ont prétendu calmer l'anarchie par autre chose que par la douceur et la justice du gouvernement. »

S'emparant des dénonciations faites par Louvet et Barbaroux sur les projets de dictature et de triumvirat si gratuitement prêtés à Robespierre, à Danton et à

Marat, il frappe de ridicule ces accusations dénuées de toute espèce de fondement, et montre ces prétendus dictateurs et triumvirs tellement impuissants, qu'on les dénonçait et qu'on les outrageait impunément.

Puis, remontant aux journées de septembre, le lendemain desquelles l'austère et intègre Roland avait écrit : « Il y a des jours sur lesquels il faut peut-être jeter un voile, » et que certains membres de la Gironde, par la plus insigne injustice, avaient reprochées à Robespierre, le jeune rapporteur établit parfaitement la part de responsabilité qui revient à chacun, et dans un passage d'une légitime indignation, il s'élève jusqu'au pathétique.

« On avait fait, dit-il, des réputations saintes dans le parti secret de la royauté ; on fit des réputations horribles dans le parti républicain.

» Aucun de ceux qui avaient combattu le 10 août ne fut épargné ; la Révolution fut flétrie dans la personne de ses défenseurs, et de tous les tableaux consolants qu'offraient ces jours prodigieux, la malignité n'offrit au peuple français que ceux de septembre, tableaux déplorables sans doute, mais on ne donna point de larmes au sang qu'avait versé la cour ! Et vous aussi, vous avez été sensibles aux agonies du 2 septembre. Et qui de nous avait plus de droit de s'en porter les accusateurs inflexibles, ou de ceux qui, dans ce temps-là, jouissaient de l'autorité et répondaient seuls de l'ordre public et de la vie des citoyens, ou de nous tous qui arrivions désintéressés de nos déserts ? Pétion et Manuel étaient alors les magistrats de Paris. Ils répondaient à quelqu'un qui leur conseillait d'aller aux prisons, qu'ils ne voulaient point risquer leur popularité ! Celui qui voit égorger sans pitié est plus cruel que celui qui tue ; mais, lorsque l'intérêt a fermé le cœur des magistrats du peuple, et les a dépravés jusqu'à prétendre conserver leur popularité en ménageant le crime, on doit conclure qu'ils méditaient un crime eux-mêmes, qu'ils ont dû conspirer contre la République, car ils n'étaient point assez vertueux pour elle. Ils ont dû déplorer les forfaits qu'ils ont laissé commettre pour n'en être pas accusés, ils ont dû jouer l'austérité pour adoucir l'horreur de leur conduite et tromper leurs concitoyens. Accusateurs du peuple, on ne vous vit point, le 2 septembre, entre les assassins et les victimes... Quels qu'aient été les hommes inhumains qui versèrent le sang, vous en répondez tous, vous qui l'avez laissé répandre. »

Il est à regretter que Saint-Just ait cru devoir ramasser dans le libelle de Camille Desmoulins certaines accusations qui sont de pures calomnies, comme celle portée contre Brissot, d'avoir fait assassiner Morande, son ennemi; ou cette autre, portée contre les Girondins, d'avoir conspiré, chez Valazé, le massacre d'une partie de la Convention.

Saint-Just a tort également, suivant nous, en accusant les Girondins de n'avoir fait déclarer la guerre à toute l'Europe que pour attirer l'attention des esprits au dehors et venir plus facilement à bout de leurs projets. Il a tort en reprochant à quelques-uns d'entre eux leurs propositions de clémence dans le jugement du roi; il a tort aussi en les accusant de complicité avec Dumouriez; mais comme il a raison sur d'autres points ! Les déclamations continuelles contre Paris, les dénonciations incessamment renouvelées, les tentatives réactionnaires et les erreurs de la commission des Douze, l'insurrection dans les départements, tout cela était l'œuvre des Girondins. Une lettre de d'Estaing, trouvée chez Gardien, membre de la commission des Douze, lettre citée par Saint-Just, était singulièrement compromettante.

« La République, poursuit le rapporteur, ne compose pas avec la royauté... Vous l'avez vu depuis, ceux qui voulaient sauver le roi ont tout fait pour perdre la République. On se plaignait de vos tribunes et de leurs mouvements ; mais les partisans nombreux de la tyrannie, répandus sur toute la République et déclamant sans cesse contre votre autorité, étaient-ils plus respectueux ? Les cris que vous n'entendiez pas, et qui proclamaient la guerre civile, étaient-ils plus innocents ? Il est consommé le criminel projet d'aveugler la France, d'armer les Français contre les Français, et de nous ramener à la monarchie par la tourmente de la liberté ! »

Puis, Saint-Just rappelle les menaces faites aux députés montagnards en mission dans les départements, les provocations insensées d'Isnard, la proposition de réunir les suppléants de l'Assemblée à Bourges, les arrestations arbitraires ordonnées par la commission des Douze, et les menées girondines dans toutes les grandes villes, à Lyon, à Bordeaux, à Marseille et en Corse, où Paoli, qui s'était mis à la tête de la réaction, rencontra un adversaire dans le jeune Bonaparte...

« Les 1 et 2 juin, continue l'orateur, le peuple se réunit de nouveau par le sentiment du péril commun. Il s'était présenté deux fois : ses pétitionnaires parurent tristes devant vous ; ils étaient précédés du bonnet de la liberté couvert d'un crêpe : ils furent repoussés et outragés ; on leur répondit par des fureurs, on ne voulut point les entendre. Ainsi s'ébranlent les empires, par les injustices envers les peuples!

» ... Manuel vous disait un jour : Si dans les troubles excités par les malveillants, tous les bons citoyens prenaient les armes, les méchants seraient comprimés. Paris entier a pris les armes dans ce jour, et tout était tranquille, excepté le crime. Alors vous pûtes librement, sous la sauvegarde du peuple, arrêter les auteurs de tant de désordres; vous pûtes espérer enfin de donner des lois à la France; vous imposâtes silence aux royalistes qui avaient médité votre perte. Depuis ce temps, vous avez donné à la République une forme de gouvernement; vous avez éclairé le peuple, rassuré les propriétaires effrayés : le peuple a vu le dernier jour de l'anarchie. Que l'insurrection de Paris soit jugée par le peuple français; elle n'a pas de juges légitimes parmi les révoltés de l'Eure; elle a sauvé la représentation nationale.

» Tel est l'esprit de la conjuration que votre prudence a renversée. Puissent les yeux de la nation s'ouvrir enfin! Paris n'était que le prétexte de l'attentat qu'on méditait contre elle. Tous les complots ont échoué : grâces en soient rendues au génie protecteur du peuple français! Les conjurés ont laissé peu de traces; encore quelques jours, ils les auraient teintes de sang! Par quel art ont-ils pu vous séduire jusqu'à vous ranger quelquefois de leur parti contre vous-mêmes? Toute la France serait paisible, s'ils l'avaient été; ils s'armaient contre vous au nom du respect même qui vous était dû; on vous immolait à votre sûreté; on vous traitait comme ce roi de Chypre chargé de chaînes d'or. Les ennemis de la République sont dans ses entrailles; ce n'est point l'audace que vous avez à vaincre, c'est l'hypocrisie...

» Buzot soulève les autorités de l'Eure et du Calvados; Gorsas, Pétion, Louvet, Barbaroux et quelques autres sont près de lui. On ferme les sociétés populaires; on a commis des violences à Beaucaire, contre les patriotes; une commission de gouvernement s'est formée à Nîmes : partout le sang coule. Treilhard et Mathieu écrivent de Bordeaux qu'on y accapare les assignats à l'effigie du roi; un particulier a crié, au spectacle : Vive le roi! et l'a fait impunément. Le bon peuple du Midi est opprimé; c'est à vous de briser ses chaînes. Entendez-vous les cris de ceux qu'on assassine? Les enfants, les frères, les sœurs sont autour de cette enceinte, qui demandent vengeance... L'Europe attend quels seront les premiers lâches qui auront un roi! La liberté du monde et les droits de l'homme sont bloqués dans Paris : ils ne périront point; votre destinée est plus forte que vos ennemis! Vous devez vaincre. Les précautions ont été prises pour arrêter le crime.

» Prononcez maintenant. Vous devez mettre quelque différence entre les détenus; le plus grand nombre était trompé, et qui de nous peut se flatter de ne l'être jamais? Les vrais coupables sont ceux qui ont fui, et vous ne leur devez plus rien, puisqu'ils désolent leur patrie. C'est le feu de la liberté qui nous a épurés, comme le bouillonnement des métaux chasse du creuset l'écume impure. Vous ne pouviez pas sauver la patrie avec eux : qu'ils restent seuls avec le crime qu'ils voulaient commettre! Ils ont troublé la paix des bons habitants des campagnes; et vous, vous avez fait des lois : que le peuple choisisse entre des rebelles qui lui font la guerre, et vous qui soulagez ses maux! Ils ne partageront donc point avec vous l'amour du monde. Ils se plaignaient qu'on voulait diviser la République; ils se partagent ses lambeaux! Ils disent qu'on a outragé des membres de la

Convention; ils l'outragent tout entière! ils étaient froids contre les brigands de la Vendée; ils appellent la France contre vous, et trouvent aujourd'hui des armes pour combattre les lois et déchirer l'empire....

» Vous avez vu le plan longtemps suivi d'armer le citoyen par l'inquiétude, et de confondre le gouvernement par la terreur et les déclamations; mais vous respecterez encore la liberté des opinions; votre comité la réclame. On pourrait dire que les discours d'un représentant sont des actions; que cette liberté est pour les citoyens, qu'elle est leur garantie, mais que, dans les actes du gouvernement, elle peut être une politique insidieuse et suivie qui compromette le salut public. Était-elle sacrée l'opinion qui condamna Socrate et lui fit boire la ciguë? L'opinion qui fait périr un peuple l'est-elle davantage?

» Quoi qu'il en soit, la liberté ne sera point terrible envers ceux qu'elle a désarmés et qui se sont soumis aux lois. Proscrivez ceux qui ont fui pour prendre les armes; leur fuite atteste le peu de rigueur de leur détention : proscrivez-les, non pour ce qu'ils ont dit, mais pour ce qu'ils ont fait; jugez les autres, et *pardonnez au plus grand nombre :* l'erreur ne doit pas être confondue avec le crime, et vous n'aimez point à être sévères. Il est temps que le peuple espère enfin d'heureux jours, et que la liberté soit autre chose que la fureur de parti : vous n'êtes point venus pour troubler la terre, mais pour la consoler des longs malheurs de l'esclavage. Rétablissez la paix intérieure; l'autorité brisée au centre fait partout peser ses débris. Rétablissez en tous lieux la justice et l'énergie du gouvernement. Ralliez les Français autour de leur Constitution : puisse-t-elle ne pas partager la haine conçue contre ses auteurs!

» On a poussé l'oubli de la morale jusqu'à proscrire cet ouvrage, fût-il propre à assurer le bonheur du peuple français, parce que quelques-uns n'y avaient pas concouru : ils régnaient donc, ceux qui sont ici puissants ! et qu'attendiez-vous d'eux après tant de crimes? des crimes encore! Quelle est donc cette superstition qui vous érige en sectes et en prophètes, et prétend faire au peuple un joug mystique de sa liberté. Vous ne pouviez faire de lois avec eux, et vous n'auriez point le droit d'en faire sans eux! Il serait donc des cas où la morale et la vérité pourraient être nulles?

» J'ai peint la conjuration : fasse la destinée que nous ayons vu les derniers orages de la liberté! Les hommes libres sont nés pour la justice; on profite peu à troubler la terre : la justice consiste à réprimer ceux qui la troublent.

» Vous avez eu le droit de faire arrêter ceux de vos membres qui trahissaient la République : si le souverain était assemblé, ne pourrait-il pas sévir contre quelques-uns de ces membres? O vous qui le représentez, qui pourrait sauver la patrie, si ce n'était vous-mêmes? Les détenus avaient donné les premiers l'exemple de la sévérité envers les représentants du peuple; qu'ils subissent la loi qu'ils ont faite pour les autres! Ils sont des tyrans s'ils se prétendent au-dessus d'elle; qu'ils choisissent entre le nom de conjurés et celui de tyrans.

» Il résulte des pièces remises au Comité de Salut public :

» Qu'une conjuration a été ourdie pour empêcher en France l'établissement du gouvernement républicain; que l'anarchie a été le prétexte des conjurés pour comprimer le peuple, pour diviser les départements, et les armer les uns contre les autres.

» Qu'on a tenté de mettre sur le trône le fils de Capet;

» Que les efforts des conjurés contre l'établissement de la République ont doublé depuis que la Constitution a été présentée à l'acceptation du peuple français;

» Qu'on avait formé dans les conciliabules de Valazé, où se rendaient les détenus, le projet de faire assassiner une partie de la Convention;

» Qu'on a tenté de diviser d'opinions le Nord et le Midi de la France pour allumer la guerre civile;

» Qu'à l'époque du 31 mai, plusieurs administrations, excitées à la révolte par les détenus, avaient arrêté les deniers publics, et proclamé leur indépendance.

» Qu'à cette époque, la conjuration contre le système du gouvernement républicain avait éclaté dans les corps administratifs de Corse, des Bouches-du-Rhône, de l'Eure, du Calvados, qui sont aujourd'hui en rébellion. Votre comité a pensé que votre justice devait être inflexible envers les auteurs de la conjuration : il m'a chargé de vous présenter le décret suivant :

» ART. Ier. La Convention nationale déclare traîtres à la patrie Buzot, Barbaroux, Gorsas, Lanjuinais, Salles, Louvet, Bourgoing, Biroteau et Pétion qui se sont soustraits au décret rendu contre eux le 2 de juin dernier, et se sont mis en état de rébellion dans les départements de l'Eure, du Calvados et de Rhône-et-Loire, dans le dessein d'empêcher l'établissement de la République et de rétablir la royauté.

» ART. II. Il y a lieu à accusation contre Gensonné, Guadet, Vergniaud, Mollevault, Gardien, prévenus de complicité avec ceux qui ont pris la fuite et se sont mis en état de rébellion.

» ART. III. La Convention nationale rappelle dans son

sein Bertrand, membre de la commission des Douze, qui s'opposa courageusement à ses violences; elle rappelle dans son sein les autres détenus, plutôt trompés que coupables.

» Art. IV. La Convention nationale ordonne l'impression des pièces remises au Comité de Salut public, et décrète l'envoi aux départements. »

Les conclusions de ce rapport, qui avait été fréquemment interrompu par les applaudissements de l'Assemblée, furent adoptées sans discussion dans la séance du 28 juillet.

A part quelques erreurs manifestes, que nous avons pris soin de relever en passant, erreurs provenant certainement des calomnies répandues par Camille Desmoulins dans son *Histoire des Brissotins*, presque tous les faits dénoncés par Saint-Just ont été, comme nous l'avons dit, confirmés par l'histoire; et l'auteur du libelle en deux volumes publié contre Saint-Just, n'a pas, lui-même! essayé d'en justifier les Girondins.

Ce rapport, auquel le talent de son auteur et la modération qui y règne donnaient une portée immense, eut en France un long retentissement, et contribua pour beaucoup à rallier à la Convention un grand nombre des départements insurgés contre elle. Une brochure anonyme, attribuée à Louvet et datée de Caen, parut en réponse. Mais, rédigée par des gens trop spirituels, émaillée de sarcasmes plus ou moins absurdes, elle ne pouvait avoir aucune portée. Ce n'est pas ainsi que se défend l'innocence. L'auteur y plaisante agréablement Saint-Just, qu'il appelle Monsieur le Chevalier, sur « sa gentillesse, ses charmantes sottises, ses nobles joues et ses brillantes antithèses. » Railler n'est pas répondre ; et les meilleures plaisanteries ne valent pas la plus petite justification.

Que l'on compare à ce rapport, si ferme et si modéré à la fois, le livre de Camille Desmoulins, où le cynisme des accusations le dispute au cynisme de l'expression, et l'on verra de quel côté sont le bon goût, le tact et la dignité qui convenaient à un représentant du peuple. Je ne veux citer comme exemple que ces quelques lignes tirées du *Brissot dévoilé* : « On se demandera un jour ce que c'était qu'un Brissotin. Je fais la motion que pour en conserver la plus parfaite image, celui-ci (Rabaut) soit empaillé, et je m'oppose à ce qu'on le guillotine, si le cas y échet, afin de conserver l'original entier au cabinet d'histoire naturelle. » Ah! le jour où ces pauvres Girondins furent condamnés à mort par le tribunal révolutionnaire, il eut bien raison, l'auteur de cette phrase indigne, de s'écrier, en pleurant : « Malheureux, c'est moi qui les tue ! » s'il est vrai qu'il prononça ces paroles (1).

Ce n'est pas lui cependant qui leur a été le plus fatal. Quatre jours après celui où Saint-Just avait décrit, dans ce style plein de grandeur et de passion patriotique, dont nous avons donné une idée, les troubles suscités au sein de la République par quelques hommes égarés, Marat qui, malade au physique comme au moral, avait cessé, pour ainsi dire, de paraître à la Convention, fut

---

(1) Il est plus que probable que jamais ces mots ne furent prononcés. Ils ont été prêtés à Camille par Vilate, qui, détenu en thermidor, essaya, par tous les moyens, d'intéresser en sa faveur les thermidoriens, anciens amis de Camille Desmoulins. Celui-ci n'écrivait-il pas encore, longtemps après la mort des Girondins, dans son n° 5 du *Vieux Cordelier*, en s'adressant à Hébert : « Je vais te démasquer comme j'ai démasqué Brissot. » Voyez le *Vieux Cordelier*.

assassiné par cette fanatique jeune fille que M. de Lamartine, dans sa belle langue imagée, a appelée l'*ange de l'assassinat*, comme si ces deux termes pouvaient s'accoupler ensemble. Charlotte Corday, dont les rapports avec les principaux membres de la Gironde furent bientôt connus, aurait dû prévoir qu'un tel crime retomberait de tout son poids sur ses infortunés amis. Mais, aveuglement du fanatisme! elle se crut une autre Jeanne d'Arc; comme Judith, elle ne recula pas devant le meurtre, et, pour purifier la République, elle n'imagina rien autre chose qu'un baptême de sang. Ravaillac raisonnait de même : il croyait se sanctifier par l'assassinat et être agréable à Dieu en tuant Henri IV; Brutus en frappant César, était persuadé qu'il sauvait la République, et il douta de la vertu lorsqu'il vit son crime demeurer stérile et infécond pour la liberté de Rome (1).

Ainsi dut être refoulée et renvoyée à des temps meilleurs la modération prêchée par Saint-Just; et Vergniaud, en apprenant, dans son cachot, le crime et l'exécution de Charlotte Corday, laissa, dit-on, échapper ces paroles : « Elle nous tue, mais elle nous apprend à mourir. »

A chacun de ses discours, Saint-Just voyait son influence grandir, et son nom était désigné d'avance au choix de la Convention quand il fut question de renouveler le Comité de Salut public. Il y entra, en effet, définitivement, avec Couthon, le 10 juillet, le lendemain du jour où avait été lu son fameux rapport sur les Girondins.

Nous donnerons tout à l'heure de plus amples détails sur cet illustre et terrible comité dont Robespierre allait

---

(1) Disons que la fameuse imprécation de Brutus, généralement prise au sérieux, doit être considérée comme une amère raillerie, non contre la vertu, mais contre ce monde terrestre où elle n'est trop souvent, en effet, qu'un nom.

bientôt faire aussi partie. Disons de suite, au sujet de ce dernier, que M. Michelet ne nous semble pas avoir suffisamment étudié la grande physionomie de Saint-Just, lorsqu'il semble le considérer comme le très-humble serviteur de Robespierre, dont, suivant lui, Saint-Just et Couthon suivaient servilement les inspirations. Ce passage des Mémoires du conventionnel Levasseur est la meilleur réponse au savant et poétique historien :

« Robespierre a toujours été regardé comme la tête du gouvernement révolutionnaire. Pour moi, qui ai vu de près les événements de cette époque, j'oserais presque affirmer que Saint-Just y eut plus de part que Robespierre lui-même. Quoique l'un des plus jeunes membres de la Convention, Saint-Just était peut-être celui qui joignait à l'enthousiasme le plus exalté, un coup d'œil prompt et sûr, la volonté la plus opiniâtre et l'esprit le plus éminemment organisateur.

» .... Intimement lié avec Robespierre, il lui était devenu nécessaire, et il s'en était fait craindre peut-être plus encore qu'il n'avait désiré s'en faire aimer. Jamais on ne les a vus divisés d'opinions, et s'il a fallu que les idées personnelles de l'un pliassent devant celles de l'autre, il est certain que jamais Saint-Just n'a cédé (1). »

D'autre part, d'après quelques écrivains aveuglés par l'esprit de parti, Robespierre était un ambitieux vulgaire, sans talent et sans foi, empruntant toute sa politique et toutes ses idées à Saint-Just. Ils feignent d'ignorer, ils ignorent peut-être que longtemps avant de connaître Saint-Just, Robespierre avait glorieusement

---

(1) *Mémoires* de Levasseur, t. II, p. 324-325.

fait ses preuves, et ils ont l'air de ne pas se douter que la réunion de ses nombreux discours serait, dans son ensemble, un admirable cours de morale.

La vérité est que Saint-Just, Couthon et Robespierre possédèrent au plus haut degré le génie de la Révolution, et marchèrent résolûment d'accord. Ils furent les véritables piliers de la République; une fois brisés, celle-ci marcha de faute en faute, d'erreur en erreur, de réaction en réaction, et finit, de guerre lasse, par aboutir aux orgies du Directoire et au coup d'État du 18 brumaire.

LIVRE TROISIÈME

CHAPITRE I

Un mot de Danton. — Le Comité de Salut public. — Première mission de Saint-Just. — Grandes mesures d'utilité générale et de salut public. — Rapport de Barère. — La loi des suspects. — Rapport de Saint-Just. — Le gouvernement révolutionnaire jusqu'à la paix. — La Terreur. — Modération des amis de Saint-Just.

« Soyons terribles, faisons la guerre en lions ! » s'écriait Danton, dans la séance du 1er août 1793, en demandant à l'Assemblée d'ériger son Comité de Salut public en gouvernement provisoire. Il y avait, en effet, une nécessité absolue, au moment où la France semblait si près de sa perte, d'imprimer aux moyens de défense une direction centrale et uniforme. Si la Convention, jalouse de son autorité, Robespierre en tête, ne consentit pas, ce jour-là, à donner à son comité le nom de gouvernement, elle lui concéda, de fait, un immense pouvoir, augmenta de jour en jour ses attributions, et cessa de le renouveler afin que la marche des affaires ne fût pas compromise et l'unité rompue.

Ce second Comité de Salut public, qu'il ne faut pas confondre avec celui du mois d'avril, dont Cambon, Lacroix et Danton avaient fait partie, datait du 10 juillet. Composé d'abord des neuf membres suivants : Jean-Bon-Saint-André, Barère, Gasparin, Couthon, Thuriot, Saint-Just, Prieur (de la Marne), Hérault-Séchelles et Robert Lindet, il fut successivement porté à douze. Robespierre y était entré vers la fin du mois de juillet, à la place de Gasparin, sur la proposition de Jean-Bon-Saint-André ; Carnot et Prieur (de la Côte-d'Or) y furent appelés peu de jours après ; enfin l'Assemblée y adjoignit plus tard Collot d'Herbois et Billaud-Varennes. Réduit à onze membres par la démission de Thuriot et par la mort de Hérault-Séchelles, il fut continué, de mois en mois, dans ses pouvoirs, sans renouvellement jusqu'au 9 thermidor, c'est-à-dire pendant une année environ.

Carnot et Prieur (de la Côte-d'Or) s'occupèrent plus particulièrement des affaires militaires ; Jean-Bon-Saint-André eut dans ses attributions la marine. Qui ne sait avec quel zèle et avec quel talent ces grands hommes remplirent leur tâche! Les relations extérieures, la correspondance générale, la correspondance avec les départements et les représentants en mission furent confiées à Billaud-Varennes, à Barère, à Robespierre, à Collot d'Herbois et à Couthon ; l'approvisionnement et les subsistances furent remis entre les mains de Robert Lindet et de Prieur (de la Marne); quant à Saint-Just, on le chargea surtout des institutions et des lois constitutionnelles, qui avaient été l'objet des méditations de sa studieuse jeunesse.

Tel fut ce fameux comité, qui, ayant trouvé la République dans la situation la plus déplorable, la laissa grande, forte, victorieuse et respectée, quand il fut décapité, le 9 thermidor, dans la personne de ses plus illustres membres.

Saint-Just était à peine entré définitivement au comité, quand, le 18 juillet, il fut chargé par ses collègues d'une première mission : « Le Comité de Salut public de la Convention nationale charge Saint-Just, l'un de ses membres, de se rendre promptement dans les départements de l'Aisne, de l'Oise et de la Somme, pour y remplir un objet d'intérêt public. — Signé : Couthon, Thuriot, Saint-Just, Hérault-Séchelles, Gasparin, Barère, Prieur (1). »

Je n'ai trouvé aucun document officiel concernant cette mission ; elle fut, au reste, de très-courte durée, car, moins de dix jours après son départ, Saint-Just était de retour à Paris. Divers ordres de mise en liberté, à la date du 30 juillet, portent sa signature ; et, le même, jour il signait avec Prieur, Robespierre, Delamarre, Laignelot, Amar et Legendre, l'arrêté suivant : « Les Comités de Salut public et de Sûreté générale réunis arrêtent que Beffroi, député de l'Aisne, et Courtois, député de l'Aube, seront amenés sur-le-champ au Comité de Salut public pour être entendus. Le maire de Paris est chargé de l'exécution du présent arrêté (2). » Courtois avait été accusé de dilapidations ; en thermidor, il se souviendra de cet arrêté.

(1) Archives nationales.
(2) *Id.*

Comme l'ascendant de Saint-Just fut considérable au sein du Comité de Salut public, comme il fut son rapporteur dans les occasions les plus difficiles, il est indispensable de rappeler sommairement ici les grandes mesures d'utilité générale et de salut public, adoptées par l'Assemblée, dans les deux mois d'août et de septembre, presque toujours sur la proposition de ce comité, mesures qui doivent lui mériter à tout jamais, ainsi qu'à la Convention, la reconnaissance des hommes.

Beaucoup d'entre nous ignorent, c'est fâcheux à dire, à qui revient de droit l'honneur de tant de belles institutions qui font la gloire de notre pays. Combien, sur la foi de quelques déclamateurs, chargent d'imprécations la période de quatorze mois connue sous le nom d'ère de la Terreur, sans se douter qu'au milieu des décrets de rigueur nécessités par les circonstances, elle a vu naître les lois les plus humaines et les plus utiles. C'est l'éternel *sic vos nos vobis*. Rendons à la Convention et au Comité de Salut public ce qui leur appartient, et que nos enfants sachent bien à qui doivent remonter leurs remercîments.

Nous avons déjà parlé de l'institution des écoles primaires, rappelons seulement ici une phrase du rapport de Lakanal : « L'instituteur portera dans l'exercice de ses fonctions, et aux fêtes nationales, une médaille avec cette inscription : Celui qui instruit est un second père. »

Dans la séance du 15 septembre 1793, le même Lakanal proposa et fit adopter l'établissement de trois degrés successifs d'instruction ; le premier pour les connaissances indispensables aux artistes et aux ouvriers de tous les genres ; le second pour les connaissances ultérieures, nécessaires à ceux qui se destinent aux autres professions de la société ; et le troisième pour les objets d'instruction dont l'étude difficile n'est pas à la portée de tous les hommes.

Le 26 juillet, la Convention ordonna l'établissement, sur plusieurs points de la République, du télégraphe inventé par Chappe.

Le lendemain, sur la proposition de Sergent, elle décréta l'ouverture d'un musée national, dans la galerie joignant le Louvre aux Tuileries, et vota une somme annuelle pour l'achat de tableaux et de statues dans les ventes particulières, répondant ainsi d'avance, par ses actes, à ceux qui devaient l'accuser d'avoir proscrit les arts.

Le 1er août, création du système décimal.

C'est aussi de ce mois que date le Code civil, dont le rapport et les premiers titres furent lus par Cambacérès, dans les séances des 21 et 22.

Dans le courant du mois de septembre, l'Assemblée ordonna la formation du Grand-Livre, pour inscrire et consolider la dette non-viagère, rassurant, par ce décret, tous les créanciers de l'ancienne monarchie.

Romme lut, dans le même mois, son projet de calendrier républicain, adopté le 5 octobre suivant. « Le temps, disait-il dans son rapport, ouvre un nouveau livre à l'histoire, et, dans sa marche nouvelle, majestueuse et simple comme l'égalité, il doit graver d'un burin neuf et pur les annales de la France régénérée. » A la place de l'absurde calendrier qu'on nous a fait la grâce de nous rendre, la Convention décrétait l'établissement d'un calendrier conforme à la nature et à la raison, et tout rayonnant d'une charmante poésie.

En même temps, était adopté le projet d'uniformité des poids et mesures, basé sur le système décimal, et qui devait porter l'ordre et l'économie dans les transactions;

chef-d'œuvre de bon sens qu'adopteront un jour, il faut l'espérer, tous les peuples de la terre.

Tout cela en quelques mois à peine; voilà pour les grandes mesures d'utilité générale. Voici maintenant pour les grandes mesures de salut public.

Après avoir, dans la fête du 10 août, consacré solennellement la nouvelle Constitution, acceptée par le peuple entier, la Convention songea à défendre son œuvre et prit, à cet effet, les déterminations les plus vigoureuses.

Le 25, elle décréta, sur la proposition de son Comité de Salut public :

« Dès ce moment, jusqu'à celui où les ennemis auront été chassés du territoire de la République, tous les Français sont en réquisition permanente pour le service des armées. Les jeunes gens iront au combat, les hommes mariés forgeront des armes et transporteront des subsistances; leurs femmes feront des tentes, des habits, et serviront dans les hôpitaux; les enfants mettront les vieux linges en charpie; les vieillards se feront porter sur les places publiques pour exciter le courage des guerriers, la haine des rois et l'unité de la République.

» Les maisons nationales seront converties en casernes; les places publiques en ateliers d'armes; le sol des caves sera lessivé pour en extraire le salpêtre.

» Les armes de calibre seront exclusivement confiées à ceux qui marcheront à l'ennemi; le service de l'intérieur se fera avec des fusils de chasse et l'arme blanche.

» Les chevaux de selle seront requis pour compléter les corps de cavalerie; les chevaux de trait, autres que ceux employés à l'agriculture, conduiront l'artillerie et les vivres...

» Nul ne pourra se faire remplacer dans le service pour lequel il sera requis; les fonctionnaires publics resteront à leur poste.

» La levée sera générale; les citoyens non mariés, ou veufs sans enfants, de 18 à 25 ans, marcheront les premiers; ils se rendront, sans délai, au chef-lieu de leur district, où ils s'exerceront tous les jours au maniement des armes, en attendant l'ordre du départ.

» Les représentants du peuple régleront les appels et les marches, de manière à ne faire arriver les citoyens armés au point de rassemblement qu'à mesure que les subsistances, les munitions et tout ce qui compose l'armée matérielle, se trouvera exister en proportion suffisante.

» Le bataillon qui sera organisé dans chaque district sera réuni sous une bannière portant cette inscription : Le peuple français debout contre les tyrans, etc. »

Toutes ces mesures, acclamées avec un irrésistible enthousiasme, suffirent pour pousser le peuple aux frontières et contre les départements insurgés. Non, jamais on ne vit pareil élan d'une nation se levant en masse pour la défense de ses droits et de sa liberté.

Au milieu des convulsions de ce terrible mois de septembre, quand la réaction, soudoyée par l'étranger, redoublait, par tous les moyens, les embarras de la situation; quand les ennemis de la République croyaient assister à son agonie, comment s'étonner de sévérités excessives? Il y avait pour la France une question de vie ou de mort, et tous les moyens semblèrent bons pour le salut. D'ailleurs, si les exagérations démagogiques furent combattues, ce fut surtout par Saint-Just et ses amis. Quand un membre de l'Assemblée proposa de décréter qu'il était permis d'assassiner Pitt, ce fut Couthon qui protesta ; et Robespierre combattit résolûment le ci-devant prêtre Jacques Roux, lorsque celui-ci vint, au nom d'une section de Paris, provoquer des vengeances et menacer la Convention.

On reconnaissait cependant qu'il était temps d'imposer à tous les ennemis de la République par une énergie suprême. Barère, un thermidorien ! ne l'oublions pas, fit, dans l'orageuse séance du 5 septembre, un rapport d'une violence inouïe, dans lequel il était dit : « Plaçons la terreur à l'ordre du jour ; c'est ainsi que disparaîtront en un instant et les royalistes et les modérés, et la tourbe contre-révolutionnaire qui vous agite. Les royalistes veulent du sang, eh bien, ils auront celui des conspirateurs, des Brissot, des Marie-Antoinette... »

A la suite de ce rapport, furent décrétées les mesures les plus redoutables. Ainsi : organisation d'une armée révolutionnaire ; autorisation des visites domiciliaires pendant la nuit ; et, sur la proposition de Merlin (de Douai), extension plus grande donnée au tribunal criminel extraordinaire, qui fut divisé en quatre sections ; peine de mort prononcée contre toute personne convaincue d'avoir acheté ou vendu des assignats, de les avoir refusés en payement ou d'avoir tenu des discours tendant à les discréditer ; gratification de cent livres par condamné aux citoyens dénonciateurs de ces délits, etc.

Quelques jours après, Merlin (de Douai) reparut à la tribune, et, au nom du comité de législation dont Cambacérès était président, il présenta une loi relative aux gens suspects, que l'Assemblée adopta sans discussion. Si nous mentionnons ici cette dernière loi, contre laquelle s'élèvent encore, aujourd'hui, les malédictions du monde, c'est pour bien démontrer qu'elle ne fut pas l'œuvre de ceux sur qui trop longtemps on a rejeté les fautes du gouvernement révolutionnaire, mais qu'elle fut conçue et proposée par des hommes dont le puritanisme facile s'est fort accommodé, depuis, des honneurs et de l'arbitraire d'un autre régime.

Ainsi fut organisée la terreur, à l'établissement de laquelle, comme on le voit, le comité de législation contribua bien plus que le Comité de Salut public.

Cependant les choses empiraient de plus en plus. L'égoïsme et la lâcheté de certains hommes, le mauvais vouloir des riches, le brigandage des fournisseurs, les concussions de certains administrateurs, l'infamie de quelques royalistes qui venaient de livrer Toulon aux Anglais, appelèrent d'extrêmes mesures. Les accapareurs, en tenant à un prix trop élevé pour les classes pauvres les denrées de première nécessité, forcèrent la Convention de voter le maximum et une loi contre les accaparements.

Le péril était partout, sur les frontières et dans l'intérieur. Dans ces circonstances gigantesques où la légalité pure eût perdu d'un coup la République et la France, le Comité de Salut public demanda à l'Assemblée une autorité assez grande pour lui permettre de déjouer tous les complots et de devenir le centre commun auquel dussent aboutir toutes les forces de l'État. A cet effet, il chargea Saint-Just de rédiger et de présenter à la Convention un rapport sur l'organisation d'un gouvernement révolutionnaire jusqu'à la paix.

Saint-Just lut son rapport dans la séance du 9 vendémiaire an II (10 octobre 1793). La sombre et grandiose peinture que l'austère jeune homme fit des maux de la République dut émouvoir jusqu'aux entrailles tout ce que l'Assemblée contenait de républicains honnêtes et convaincus ; et en relisant, aujourd'hui, cet énergique rapport, nous ne pouvons nous étonner de l'universelle émotion qu'il souleva.

Lois, abus du gouvernement, menées des partis, économie et subsistances, il embrasse tout.

« Votre sagesse et le juste courroux des patriotes, dit Saint-Just, n'ont pas encore vaincu la malignité qui, partout, combat le peuple et la Révolution... La République ne sera fondée que quand la volonté du souverain comprimera la minorité monarchique, et régnera sur elle par droit de conquête. Vous n'avez plus rien à ménager contre les ennemis du nouvel ordre de choses, et la liberté doit vaincre, à tel prix que ce soit. »

Après avoir énuméré les causes des malheurs publics, et flétri l'indifférence en matière de patriotisme, il s'écrie :

« Si les conjurations n'avaient point troublé cet empire, si la patrie n'avait pas été mille fois victime des lois indulgentes, il serait doux de régir par des maximes de paix et de justice éternelle. Ces maximes sont bonnes entre les amis de la liberté ; mais entre le peuple et ses ennemis il n'y a plus rien de commun que le glaive. Il faut gouverner par le fer ceux qui ne veulent pas l'être par la justice : il faut supprimer les tyrans.

» Vous avez eu de l'énergie ; l'administration publique en a manqué. Vous avez désiré l'économie, la comptabilité n'a point secondé vos efforts ; tout le monde a pillé l'État. Les généraux ont fait la guerre à leurs armées. Les possesseurs des productions et des denrées, tous les vices de la monarchie enfin, se sont ligués contre le peuple et vous.

» Un peuple n'a qu'un ennemi dangereux, c'est son gouvernement; le vôtre vous a fait constamment la guerre avec impunité.

» Nos ennemis n'ont point trouvé d'obstacles à ourdir les conjurations. Les agents choisis sous l'ancien ministère, les partisans des royalistes, sont les complices-nés de tous les attentats contre la patrie. Vous avez eu peu de ministres patriotes, c'est pourquoi tous les principaux chefs de l'armée et de l'administration, étrangers au peuple pour ainsi dire, ont constamment été livrés aux desseins de nos ennemis... Il n'est peut-être point de commandant militaire qui ne fonde, en secret, sa fortune sur une trahison en faveur des rois. On ne saurait trop identifier les gens de guerre au peuple et à la patrie.

» Il en est de même des premiers agents du gouvernement; c'est une cause de nos malheurs que le mauvais choix des comptables; on achète les places, et ce n'est pas l'homme de bien qui les achète : les intrigants s'y perpétuent; on chasse un fripon d'une administration, il entre dans une autre... Le gouvernement est une hiérarchie d'erreurs et d'attentats. »

Personne n'est épargné; tout est passé au crible de cette critique amère et trop justifiée. La bureaucratie, cette puissance occulte, est attaquée de front; et les gens en place durent singulièrement souhaiter la chute de cet âpre censeur, trop scrupuleux mandataire du peuple.

En effet, ce que veut surtout réprimer Saint-Just, c'est la mauvaise foi et le désordre dans le gouvernement.

« Il faut du génie, continue-t-il, pour faire une loi prohibitive à laquelle aucun abus n'échappe : les voleurs que l'on destitue placent les fonds qu'ils ont volés, entre les mains de ceux qui leur succèdent. La plupart des hommes déclarés suspects ont des mises dans les fournitures. Le gouvernement est la caisse d'assurance de tous les brigandages et de tous les crimes.

» Tout se tient dans le gouvernement ; le mal, dans chaque partie, influe sur le tout. La dissipation du trésor public a contribué au renchérissement des denrées et au succès des conjurations, voici comment : trois milliards volés par les fournisseurs et par les agents de toute espèce, sont, aujourd'hui, en concurrence avec l'État dans ses acquisitions ; avec le peuple sur les marchés et sur les comptoirs des marchands ; avec les soldats dans les garnisons ; avec le commerce chez l'étranger. Ces trois milliards fermentent dans la République ; ils recrutent pour l'ennemi ; ils corrompent les généraux ; ils achètent les emplois publics ; ils séduisent les juges et les magistrats, et rendent le crime plus fort que la loi. Ceux qui se sont enrichis veulent s'enrichir encore davantage ; celui qui désire le nécessaire est patient ; celui qui désire le superflu est cruel. De là les malheurs du peuple, dont la vertu reste impuissante contre l'activité de ses ennemis.

» Vous avez porté des lois contre les accapareurs ; ceux qui devraient faire respecter les lois accaparent : ainsi les consuls Pappius et Poppæus, tous deux célibataires, firent des lois contre le célibat.

» Personne n'est sincère dans l'administration publique : le patriotisme est un commerce des lèvres ; chacun sacrifie tous les autres et ne sacrifie rien de son intérêt.

» Vous avez beaucoup fait pour le peuple en ôtant un milliard huit cent mille francs de la circulation ; vous avez diminué les moyens de tourmenter la patrie; mais, depuis les taxes, ceux qui avaient des capitaux ont vu doubler, au même instant, ces capitaux. Il est donc nécessaire que vous chargiez l'opulence des tributs ; il est nécessaire que vous établissiez un tribunal, pour que tous ceux qui ont manié, depuis quatre ans, les deniers de la République y rendent compte de leur fortune : cette utile censure écartera les fripons des emplois. Le trésor public doit se remplir des restitutions des voleurs, et la justice doit régner à son tour après l'impunité. »

Il conseille d'éviter les émissions d'assignats parce qu'elles ne profitent qu'aux riches, et critique, avec une grande force de logique, les taxes dont il a été constamment l'ennemi, et que cependant, ajoute-t-il, les circonstances ont rendues nécessaires. Après avoir examiné les pertes subies par l'État dans la vente des biens nationaux, il déclare que, quelles que soient ces pertes, les acquéreurs n'ont rien à craindre, car, selon lui, la perte du crédit national serait plus grande encore. « La probité du peuple français, dit-il, garantit l'aliénation des domaines publics. »

Pour obvier à la pénurie des finances, continue-t-il, des projets d'emprunts, de banque et d'agiotages de toute espèce sur les monnaies et les subsistances, ont été proposés au Comité de Salut public qui les a rejetés, ne voulant d'autre remède qu'une rigoureuse économie et une surveillance sévère.

Après avoir rapidement esquissé la déplorable situation du commerce, languissant partout; après avoir montré l'étranger profitant du maximum et faisant concurrence à la République sur les marchés français, après avoir proposé des mesures pour empêcher l'ennemi de tirer avantage de nos propres lois, il poursuit ainsi :

« Dans les circonstances où se trouve la République, la Constitution ne peut être établie ; on l'immolerait par elle-même. Elle deviendrait la garantie des attentats contre la liberté, parce qu'elle manquerait de la violence nécessaire pour les réprimer. Le gouvernement présent est aussi trop embarrassé. Vous êtes trop loin de tous les attentats ; il faut que le glaive des lois se promène partout avec rapidité, et que votre bras soit partout présent pour arrêter le crime.

» Vous devez vous garantir de l'indépendance des administrations, diviser l'autorité, l'identifier au mouvement révolutionnaire et à vous, et la multiplier.

» Vous devez resserrer tous les nœuds de la responsabilité, diriger le pouvoir, souvent terrible pour les patriotes, et souvent indulgent pour les traîtres. Tous les devoirs envers le peuple sont méconnus ; l'insolence des gens en place est insupportable ; les fortunes se font avec rapidité.

» Il est impossible que les lois révolutionnaires soient exécutées, si le gouvernement lui-même n'est constitué révolutionnairement.

» Vous ne pouvez point espérer de prospérité si vous n'établissez un gouvernement qui, doux et modéré envers le peuple, sera terrible envers lui-même par l'énergie de ses rapports : ce gouvernement doit peser sur lui-même, et non sur le peuple. Toute injustice envers les citoyens, toute trahison, tout acte d'indifférence envers la patrie, toute mollesse, y doit être souverainement réprimée.

» Il faut y préciser les devoirs, y placer partout le

glaive à côté de l'abus, en sorte que tout soit libre dans la République, excepté ceux qui conjurent contre elle et qui gouvernent mal...

» Aujourd'hui que la République a douze cent mille hommes à nourrir, des rebelles à soumettre et le peuple à sauver ; aujourd'hui qu'il s'agit de prouver à l'Europe qu'il n'est point en son pouvoir de rétablir chez nous l'autorité d'un seul, vous devez rendre le gouvernement propre à vous seconder dans vos desseins, propre à l'économie et au bonheur public.

» Vous devez mettre en sûreté les rades, construire promptement de nombreux vaisseaux, remplir le trésor public, ramener l'abondance, approvisionner Paris comme en état de siége jusqu'à la paix; vous devez tout remplir d'activité, rallier les armées au peuple et à la Convention nationale. »

Il trace ensuite, de main de maître, les devoirs des députés envoyés en mission aux armées :

« Il n'est pas inutile non plus que les devoirs des représentants du peuple auprès des armées leur soient sévèrement recommandés ; ils y doivent être les pères et les amis du soldat; ils doivent coucher sous la tente ; ils doivent être présents aux exercices militaires, ils doivent être peu familiers avec les généraux, afin que le soldat ait plus de confiance dans leur justice et leur impartialité quand il les aborde; le soldat doit les trouver jour et nuit prêts à l'entendre ; les représentants doivent manger seuls ; ils doivent être frugals, et se souvenir qu'ils répondent du salut public, et que la chute éternelle des rois est préférable à la mollesse passagère.

» Ceux qui font des révolutions dans le monde, ceux

qui veulent faire le bien, ne doivent dormir que dans le tombeau. »

Après s'être plaint de l'inertie de la plupart des chefs, devenus un objet de risée pour les vieux soldats, il critique l'ancien système militaire de la monarchie, comme ne convenant plus aux temps modernes et surtout au caractère français, et développe, d'intuition, les préceptes de l'art nouveau qui, sous la République et sous l'Empire, attacha presque constamment la victoire à nos drapeaux.

« Le système militaire de notre nation, dit-il, doit être autre que celui de ses ennemis : or, si la nation française est terrible par sa fougue, son adresse, et si ses ennemis sont lourds, froids et tardifs, son système militaire doit être impétueux.
» Si la nation française, poursuit-il, est pressée dans cette guerre par toutes les passions fortes et généreuses, l'amour de la liberté, la haine des tyrans et de l'oppression ; si, au contraire, ses ennemis sont des esclaves mercenaires, automates sans passions, le système de guerre des armes françaises doit être l'ordre du choc. »

L'administration, suivant lui, doit venir en aide à la discipline et être purgée des brigands qui volent les rations des chevaux, les vivres et l'habillement des troupes, et contre lesquels il faut user de la plus grande sévérité si l'on veut éviter la dissolution de la République. Il énumère les difficultés de toute nature dont est accablé un gouvernement nouveau : la superstition des uns pour l'autorité détruite, l'ambition et l'hypocrisie des autres. « La liberté a son enfance ; on n'ose gouverner ni avec vigueur ni avec faiblesse, parce que la liberté vient par une salutaire anarchie, et que l'esclavage vient souvent avec l'ordre absolu. »

Puis, après avoir dépeint tous les rois intéressés à faire la guerre à la France pour empêcher l'établissement du gouvernement républicain, et ne perdant que des esclaves tandis que le feu et les maladies déciment par milliers les défenseurs de la liberté, il termine en ces termes :

« Il faut donc que notre gouvernement regagne d'un côté ce qu'il a perdu de l'autre ; il doit mettre tous les ennemis de la liberté dans l'impossibilité de lui nuire à mesure que les gens de bien périssent. Il faut faire la guerre avec prudence et ménager notre sang, car on n'en veut qu'à lui, l'Europe en a soif : vous avez cent mille hommes dans le tombeau qui ne défendent plus la liberté !

» Le gouvernement est leur assassin ; c'est le crime des uns, c'est l'impuissance des autres et leur incapacité.

» Tous ceux qu'emploie le gouvernement sont paresseux ; tout homme en place ne fait rien lui-même, et prend des agents secondaires ; le premier agent secondaire a les siens, et la République est en proie à vingt mille sots qui la corrompent, qui la saignent.

» Vous devez diminuer partout le nombre des agents, afin que les gens travaillent et pensent.

» Le ministère est un monde de papier. Je ne sais point comment Rome et l'Égypte se gouvernaient sans cette ressource : on pensait beaucoup, on écrivait peu. La prolixité de la correspondance et des ordres du gouvernement est une marque de son inertie ; il est impossible que l'on gouverne sans laconisme. Les représentants du peuple, les généraux, les administrateurs sont environnés de bureaux comme les anciens hommes de palais ; il ne se fait rien, et la dépense est pourtant énorme. Les bureaux ont remplacé le monarchisme ; le démon d'écrire nous fait la guerre, et l'on ne gouverne point.

» Il est peu d'hommes à la tête de nos établissements dont les vues soient grandes et de bonne foi : le service public, tel qu'on le fait, n'est pas vertu, il est métier.

» Tout enfin a concouru au malheur du peuple et à la disette : l'aristocratie, l'avarice, l'inertie, les voleurs, la mauvaise méthode. Il faut donc rectifier le gouvernement tout entier pour arrêter l'impulsion que nos ennemis s'efforcent de lui donner vers la tyrannie. Quand tous les abus seront corrigés, la compression de tout mal amènera le bien ; on verra renaître l'abondance d'elle-même.

» J'ai parcouru rapidement la situation de l'État, ses besoins et ses maux : c'est à votre sagesse de faire le reste ; c'est au concours de tous les talents à étendre les vues du Comité de Salut public. Il m'a chargé de vous présenter les mesures suivantes de gouvernement.

Du gouvernement.

« Art. I. Le gouvernement provisoire de la France est révolutionnaire jusqu'à la paix.

» II. Le Conseil exécutif provisoire, les ministres, les généraux, les corps constitués, sont placés sous la surveillance du Comité de Salut public, qui en rendra compte tous les huit jours à la Convention.

» III. Toute mesure de sûreté doit être prise par le conseil exécutif provisoire, sous l'autorisation du Comité, qui en rendra compte à la Convention.

» IV. Les lois révolutionnaires doivent être exécutées rapidement. Le gouvernement correspondra immédiatement avec les districts dans les mesures de salut public.

» V. Les généraux en chef seront nommés par la Convention nationale, sur la présentation du Comité de Salut public.

» VI. L'inertie du gouvernement étant la cause des revers, les délais pour l'exécution des lois seront fixés. La violation des délais sera punie comme un attentat à la liberté.

Subsistances.

» VII. Le tableau des productions en grains de chaque district, fait par le Comité de Salut public, sera imprimé et distribué à tous les membres de la Convention, pour être mis en action sans délai.

» VIII. Le nécessaire de chaque département sera évalué par approximation et garanti. Le superflu sera soumis aux réquisitions.

» IX. Le tableau des productions de la République sera adressé aux représentants du peuple, aux ministres de la marine et de l'intérieur, aux administrateurs des subsistances. Ils devront requérir dans les arrondissements qui leur auront été assignés. Paris aura un arrondissement particulier.

» X. Les réquisitions pour le compte des départements stériles seront autorisées et réglées par le Conseil exécutif provisoire.

» XI. Paris sera approvisionné au 1er mars pour une année.

Sûreté générale.

» XII. La direction et l'emploi de l'armée révolutionnaire seront incessamment réglés de manière à comprimer les contre-révolutionnaires. Le Comité de Salut public en présentera le plan.

» XIII. Le Conseil enverra garnison dans les villes où il se sera élevé des manœuvres contre-révolutionnaires. Les garnisons seront payées et entretenues par les riches de ces villes jusqu'à la paix.

Finances.

» XIV. *Il sera créé un tribunal et un juré de comptabilité. Ce tribunal et ce juré seront nommés par la Convention nationale.* Il sera chargé de poursuivre tous ceux qui ont manié les deniers publics depuis la Révolution, et de leur demander compte de leur fortune. L'organisation de ce tribunal est renvoyée au comité de législation. »

Ce décret, proposé par Saint-Just au nom du Comité de Salut public, et que nous avons cité en entier pour bien faire comprendre le mécanisme complet du gouvernement révolutionnaire, fut adopté à l'unanimité par la Convention nationale (1).

Mais la fière et nerveuse philippique de Saint-Just, cette éloquente protestation contre le brigandage et les dilapidations dont certains membres du gouvernement et certains administrateurs se rendaient complices, lui

---

(1) Voyez *le Moniteur* du 23 vendémiaire an II, n° 23.

suscitèrent un grand nombre d'ennemis. Certes ils ne purent écouter sans frémir la lecture de ce rapport d'une sévérité si honnête et si indignée, les Tallien, les Barras, les Fréron, les Fouché, et tous ces faux républicains pour qui la France était une riche et immense proie à partager; et dès lors ils durent conspirer en secret la perte de cet incommode censeur contre lequel on n'a jamais pu élever, comme reproche fondé, qu'une trop rigide inflexibilité de caractère et qu'un trop farouche amour de la vertu.

Saint-Just voulait évidemment épouvanter les fripons, surtout ceux qui faisaient partie de l'administration ou du gouvernement, et les forcer à l'honnêteté par la crainte du supplice. C'est dans ce sens qu'il écrivait dans ses *Institutions* républicaines : « Un gouvernement républicain a la vertu pour principe, sinon, la terreur. Que veulent ceux qui ne veulent ni vertu ni terreur ? »

Au reste ce mot : terreur, dont on use si complaisamment pour effrayer les imaginations faibles, comme on se sert de Croquemitaine pour faire peur aux enfants, a été singulièrement détourné de son véritable sens. Il signifiait, aux yeux de la Convention, comme il signifie encore, aux yeux de tous les gens de bonne foi : Soyons terribles envers tous les ennemis de la République. Autant que qui que ce soit, nous déplorons les excès commis en ces temps fiévreux, et nous dirons quels furent surtout les auteurs de ces excès, quoiqu'ils aient essayé d'en rejeter sur d'autres la responsabilité. Mais si les lois révolutionnaires semblent empreintes d'une sévérité excessive, la faute en est à l'époque où elles furent faites plutôt qu'aux hommes. Il ne faut pas oublier qu'au moment où la Révolution saisit la France, nos codes étaient encore entachés d'une épouvantable barbarie; et que vingt ans s'étaient à peine écoulés depuis le jour où le jeune Labarre avait été cruellement supplicié pour avoir chanté une chanson de Piron et mutilé une statue du Christ. En 1793, un blasphème contre la République devait paraître mille fois plus coupable qu'un blasphème contre la religion; de là, des rigueurs empruntées aux temps monarchiques.

Les progrès de l'humanité se font à pas lents. La Révolution à elle seule a accompli l'œuvre de plusieurs siècles ; ses sévérités, nécessaires peut-être, n'ont été qu'un accident, regrettable sans doute, mais qui ne prouve rien contre la justice et la nécessité de ce grand acte de régénération sociale. Soixante ans plus tard, ces révolutionnaires implacables eussent, comme leurs fils, aboli la peine de mort en matière politique.

Si, d'ailleurs, ce régime de la terreur, en dépit des hommes qui voulaient le diriger par les seules règles de la justice, a été la cause de sanglantes erreurs, il a sauvé la France, ce qui vaut bien quelque chose. C'est une vérité reconnue par des écrivains royalistes peu suspects d'un grand attachement pour la cause de la Révolution. « Le mouvement révolutionnaire une fois établi, dit M. de Maistre dans ses *Considérations sur la France*, la France et la monarchie ne pouvaient être sauvées que par le jacobinisme... Nos neveux, qui s'embarrasseront très-peu de nos souffrances, et qui danseront sur nos tombeaux, riront de notre ignorance actuelle ; ils se consoleront aisément des excès que nous aurons vus, et qui auront conservé l'intégrité du plus beau royaume. »

Et ces excès, qui les poursuivit avec plus de rigueur que Saint-Just? Rappelons ces mots de lui, déjà cités : « La Révolution est glacée; tous les principes sont affaiblis; il ne reste que des bonnets rouges portés par l'intrigue. L'exercice de la terreur a blasé le crime, comme les liqueurs fortes blasent le palais. » Nous allons le voir tout à l'heure, à Strasbourg, entrer en lutte contre l'anarchie et l'écraser ; et cela, par la seule puissance morale, sans faire tomber une seule tête. C'était peut-être l'homme le plus capable, s'il eût été dictateur, de régulariser la République, de rétablir les idées d'ordre et de justice, et d'arrêter l'effusion du sang. A l'encontre des vampires pour qui le désordre présent n'était qu'un moyen de fortune, Robespierre et lui n'avaient en vue que le bien public. Écoutez le conventionnel Levasseur, qui n'était pas leur ami : « C'est à des mesures réparatrices, à un retour vers l'ordre, qu'ils voulaient appliquer leur puissance (1). » Et ailleurs : « La différence qui existait entre Robespierre, Saint-Just et un Carrier, un Collot, un Lebon, était celle qui sépare un magistrat juste, mais inflexible, d'un bourreau teint du sang qu'on l'a payé pour répandre (2). »

Robespierre fit bien voir sa politique de modération dans la séance du 3 octobre, en sauvant de la proscription les soixante-treize députés auteurs d'une protestation en faveur des Girondins.

Une lettre du Comité de Salut public, écrite pendant le siége de Lyon, et portant la signature de Saint-Just et de Robespierre, invitait Dubois-Crancé à user de clémence envers ceux qui se soumettraient ; « *parcere subjectis, et debellare superbos.* » Lorsque Couthon eut remplacé Dubois-Crancé, il suivit la politique de ses amis.

« Braves soldats, porte sa proclamation aux troupes

---

(1) *Mémoires* de Levasseur, t. III, p. 77.
(2) *Id.*, t. II, p. 24.

républicaines victorieuses, braves soldats, vous avez juré de faire respecter la vie et les biens des citoyens. Ce serment solennel ne sera pas vain, puisqu'il a été dicté par le sentiment de votre propre gloire. Il pourrait y avoir hors de l'armée des hommes qui se porteraient à des excès ou à des vengeances, afin d'en attribuer l'infamie aux braves républicains ; dénoncez-les, arrêtez-les, nous en ferons prompte justice. Gardez-vous de perdre tout le mérite de la guerre que vous venez de faire avec tant de magnanimité. Restez ce que vous avez été. Laissez aux lois le droit de punir les coupables !... Des ennemis du peuple prennent le masque du patriotisme pour égarer quelques-uns d'entre vous ; ils cherchent à vous faire outrager par des actes injustes, oppressifs, arbitraires, l'honneur de l'armée et de la République. »

On sait comment il exécuta le terrible décret rendu par la Convention, sur le rapport de Barère, décret par lequel la malheureuse ville, pour s'être insurgée contre la République, était condamnée à une destruction complète. Incapable de marcher, à cause de ses infirmités, il se fit transporter dans un fauteuil sur la place de Bellecour, et, frappant d'un petit marteau d'argent une des maisons de la place, il dit : « La loi te frappe (1). »

Mais cette destruction imaginaire ne pouvait convenir à quelques membres féroces de la Convention, qui allèrent jusqu'à soupçonner Couthon de connivence avec les Lyonnais vaincus par lui. Couthon demanda son rappel ; et l'Assemblée envoya, pour exécuter sérieusement son décret, deux bourreaux, Fouché et Collot-d'Herbois, deux héros de thermidor !

---

(1) Voyez l'*Histoire de la Révolution*, par Louis Blanc, t. IX, p. 278.

CHAPITRE II

Les étrangers. — Rapport de Saint-Just. — Mort de Marie-Antoinette.—
Le citoyen Villate. — Camille Desmoulins et le général Dillon.

Il y avait à cette époque, à Paris, une foule d'étrangers dont les allures suspectes avaient éveillé l'attention du Comité de Salut public. Les uns, enfants perdus de la civilisation, étaient venus s'abattre sur la France en révolution, comme sur une proie facile à dévorer, et voyaient un moyen de fortune dans la détresse générale ; les autres, soudoyés par les gouvernements ennemis de la République, se faufilaient dans les sections et dans les comités révolutionnaires, poussaient aux moyens extrêmes, et cherchaient à faire périr l'État par l'exagération des mesures de salut.

La main de l'Angleterre était visible dans toutes ces manœuvres, et une loi de police avait été rendue contre les Anglais résidant en France. Pons (de Verdun) ayant demandé l'abolition de cette loi ou son application à tous les étrangers, l'Assemblée renvoya l'examen de cette proposition à son Comité de Salut public, au nom duquel Saint-Just vint faire un rapport à ce sujet, le 25 vendémiaire an II (16 octobre 1793).

Après avoir, dès le début, expliqué parfaitement pourquoi il y avait nécessité de maintenir cette loi contre un peuple violateur du droit des gens, avec une barbarie auparavant inconnue, et pourquoi il serait impolitique de l'étendre à toute l'Europe; après avoir amèrement censuré les intrigants qui tentaient de corrompre l'esprit public et s'efforçaient de répandre sur le peuple l'épouvante mise à l'ordre du jour contre les méchants et les ennemis de la République, il ajoutait :

« Il y a des factions dans la République : faction de ses ennemis intérieurs; faction des voleurs, qui ne la servent que pour sucer ses mamelles, mais qui la traînent à sa perte par l'épuisement.

» Il y a aussi quelques hommes impatients d'arriver aux emplois, de faire parler d'eux et de profiter de la guerre.

» Tous les partis, toutes les passions diverses concourent ensemble à la ruine de l'État, sans pour cela s'entendre entre elles.

» Le comité, convaincu qu'on ne peut fonder une République si l'on n'a le courage de la nettoyer d'intrigues et de factions, veut parler au peuple et à vous un langage sincère. Quiconque dissimule avec le peuple est perdu.

» Aussi, aujourd'hui même que vous avez porté une loi salutaire contre la perfidie anglaise, on l'a voulu neutraliser, en multipliant le nombre de ceux qu'elle frappe.

» C'est un principe reconnu, que plus une loi veut effrayer de monde, moins elle en effraye. »

Puis il passe en revue les divers motifs qui ont poussé le comité à prohiber les marchandises anglaises, et poursuit en ces termes :

« Il est impossible que l'utilité du rapport des droits des gens soit toujours réciproque. Nous n'avons dû considérer premièrement que notre patrie. On peut vouloir du bien à tous les peuples de la terre, mais on ne peut, en effet, faire du bien qu'à son pays.

» Votre comité, convaincu de cette vérité, n'a vu dans l'univers que le peuple français.

» Trop longtemps la philanthropie a servi de masque aux attentats qui nous ont déchirés. La philanthropie a enterré cent mille Français et douze cents millions dans la Belgique.

» Votre Comité de Salut public a pensé que, dans nos rapports étrangers, aucune considération ne devait approcher de vous, qui fût indigne de la fierté de la République et du courage des Français.

» Si vous montrez des ménagements à vos ennemis, on ne les croira point vertu, on les croira faiblesse, et la faiblesse entre les nations, comme entre les hommes, trouve peu d'amis. C'est donc une faiblesse elle-même que la proposition qu'on vous a faite de rapporter votre décret contre les Anglais.

» Toutefois, il y a ici une question à examiner. Le décret que vous avez rendu l'a-t-il été contre les Anglais ? Je dis non ; le décret, vous l'avez rendu pour le bien de la République, vous ne l'avez pas rendu contre un peuple. Ce n'est point essentiellement contre le commerce anglais que vous avez porté la loi qui prohibe les marchandises, c'est contre le gouvernement qui tire des tributs sur ce commerce et nous fait la guerre avec ces tributs, c'est contre ce gouvernement qui, par la concurrence de ses manufactures avec les nôtres, ruine notre industrie et nous fait la guerre, comme le poison, jusque dans nos propres entrailles.

» Ce n'est point contre les Anglais que vous avez porté la loi qui les met en détention, c'est contre le gouvernement, qui, à la faveur de la liberté dont les étrangers jouissaient parmi nous, a rempli la République de conjurés, s'est emparé de nos ports et de nos villes, a pratiqué des intelligences, a brûlé les arsenaux et ourdi des trahisons. »

Il rappelle ensuite le meurtre des représentants du peuple assassinés à Toulon, outrage, dit-il, fait à la chambre des communes d'Angleterre aussi bien qu'à la France; il rappelle les menées anglaises en Vendée, les vexations commises contre les Français, la prise de vaisseaux américains par des corsaires anglais, sous le pavillon tricolore, etc... et s'écrie : « Pour qui réclame-t-on notre modération? Pour un gouvernement coupable. Au lieu de vous porter à la faiblesse, faites jurer à vos enfants une haine immortelle à cette autre Carthage. »

Suivant le rapporteur, les sévérités contre les résidents anglais doivent être attribuées au gouvernement britannique dont les attentats contre la République se multiplient chaque jour; c'est son injustice qu'il faut accuser, non le peuple français, qui est obligé de se défendre et qui deviendra l'ami de l'Angleterre lorsqu'elle se réveillera et fera la guerre aux rois, au lieu de la faire aux peuples. Il voit, d'ailleurs, dans le commerce avec l'Angleterre, qui n'échange que des objets de luxe, un moyen d'avilir nos manufactures, tandis que nous trouvons dans les autres pays les matières premières dont nous avons besoin, telles que les cuirs, les métaux et les bois. C'est donc le riche bénéfice des Anglais sur la main-d'œuvre que le Comité de Salut public a cherché à proscrire. Ce n'est pas, d'ailleurs, la nation anglaise, en elle-même, qu'on veut atteindre ; « car, dit-il, toutes les lois que vous ferez contre le commerce de l'Angleterre seront des lois dignes de la reconnaissance du peuple français, également opprimé par la noblesse, par le ministère et par les commerçants. Ceux qui ont prétendu ici que vos décrets nationalisaient la guerre, ont-ils fait cette insulte à l'Angleterre de n'y reconnaître comme nation que ses traitants et son roi? »

A travers tous ces discours de Saint-Just, écrits en style si concis, si clair et si dogmatique, on sent de temps à autre circuler un filon de poésie, comme un souvenir de ses premiers et chers travaux, et l'image, toujours juste, y tempère souvent l'aridité du sujet. Après avoir flétri la conduite de Pitt envers la France, il ajoute : « Nous devons être en état de violence et de force contre un ennemi en état de ruse. Un jour de révolution parmi nous renverse ses vastes projets, comme le pied d'un voyageur détruit les longs travaux d'un insecte laborieux. »

En conséquence, il propose à la Convention de maintenir la loi contre les Anglais, et d'étendre la détention à tous les étrangers suspects, en exceptant toutefois les femmes qui ont épousé des Français, « les femmes n'ayant d'autre patrie que celle de leurs enfants. »

« Il faut plaindre, poursuit-il, pour l'honneur de l'homme, la nécessité qui nous a conduits à ces extrémités ; mais il faut plaindre aussi la République, contre laquelle tout a conspiré, et dont ses enfants mêmes ont dévoré le sein.

» La détention de ces étrangers ne doit les priver que des moyens de correspondre avec leur pays et de nous nuire. Cette détention doit être douce et commode, car la République exerce contre eux une mesure politique, et non un ressentiment.

» Vous avez, dit-il, demandé des moyens de représailles contre les atrocités des officiers ennemis. Ces moyens sont militaires, et si l'on parvenait à vous faire porter des lois prohibitives, ce serait une perfidie qui nous priverait de cuirs, de bois, d'huile et de métaux. »

On sait que l'Assemblée, sur la proposition de Barère, avait décrété que l'infortunée femme de Louis XVI serait traduite au tribunal révolutionnaire. Saint-Just prononça son discours le lendemain de la séance dans laquelle Barère s'était écrié, en pleine Convention, qu'*une femme scélérate* allait expier ses forfaits, et le jour même où Marie-Antoinette avait payé de sa tête l'irréparable gloire de s'être assise sur le trône de France. Le jeune rapporteur termina par une sanglante allusion, que l'exaltation du temps et les fureurs criminelles des ennemis de la République peuvent seules faire excuser.

« Votre comité a pensé que la meilleure représaille envers l'Autriche était de mettre l'échafaud et l'infamie dans sa famille, et d'inviter les soldats de la République à se servir de leurs baïonnettes dans la charge »

Sur la proposition de Saint-Just, l'Assemblée adopta un décret par lequel les étrangers, sujets d'une puissance en guerre avec la République, devaient être détenus jusqu'à la paix. Étaient exceptés les femmes mariées à des Français, à moins qu'il n'y eût contre elles quelque cause légitime de suspicion, et les étrangers ayant formé des établissements en France, afin que la présente loi ne tournât point contre l'industrie nationale.

Cette loi de sûreté générale coïncida, comme nous l'avons noté en passant, avec la condamnation de la reine; celle-ci avait subi sa peine dans la matinée du 16.

Dans la pensée des juges, l'exécution de Marie-Antoinette était un nouveau défi jeté à ces rois insensés qui, dès le congrès de Pilnitz, rêvaient le partage de la France; aux yeux de la postérité, cette mort restera comme une faute immense, moins criminelle que la condamnation du duc d'Enghien ou celle de Marie Stuart, mais plus impolitique.

La reine était coupable; coupable d'avoir appelé l'étranger, coupable d'avoir poussé son mari dans cette voie de réaction qui avait mené la monarchie tout droit à sa perte; mais n'aurait-on pas dû tenir compte à la pauvre femme des préjugés de race au milieu desquels elle avait été élevée. Ah! combien il eût été plus sage et plus digne de la France de la rendre purement et simplement à sa famille. Mais on crut qu'il était nécessaire de se montrer aussi impitoyable que les ennemis de la Révolution. Nos représentants assassinés, notre territoire violé, tout concourut à exciter cette soif de vengeance à laquelle fut sacrifiée la malheureuse reine. Aussi nous la plaignons, comme toutes les victimes sacrifiées aux vengeances politiques. Le supplice, en jetant un voile d'oubli sur leurs fautes, leur donne la consécration du malheur. Et Saint-Just se trompait en croyant que l'échafaud les couvre d'infamie; ce sont elles qui anoblissent l'échafaud. Il en est lui-même un exemple.

On nous rendra cette justice de reconnaître que nous ne manquons pas de citer les paroles les plus sévères et les plus fanatiques de Saint-Just, celles qui, aux yeux de bien des gens, peuvent assombrir cette grande et loyale figure. Cela, d'ailleurs, nous met plus à l'aise avec la calomnie, et nous donne le droit de réfuter, de toutes les forces de la vérité indignée, les libelles, les diffamations, toutes les niaiseries, et, qu'on nous passe le mot, tous les cancans de la réaction. Les sources où celle-ci a le plus largement puisé sont tellement méprisables, tellement impures, qu'elles ne mériteraient pas d'être discutées, si des esprits honnêtes, mais trop confiants, n'acceptaient avec une impardonnable légèreté tout ce qui est de nature à amoindrir les grands hommes de la Révolution.

Le système révolutionnaire une fois organisé, il se trouva des agents subalternes qui l'exagérèrent à outrance et servirent leurs inimitiés personnelles, au lieu de servir la cause publique. Comme ils étaient sortis des rangs inférieurs, ils dénoncèrent, arrêtèrent et condamnèrent surtout des gens d'une condition médiocre. La terreur descendit alors dans les classes les plus humbles, qui fournirent aux échafauds cent fois plus de victimes que les anciennes classes privilégiées, contre lesquelles la Révolution avait été faite.

Quel gouvernement n'a pas vu son système exagéré par ses commis et ses valets? C'est le malheur des chefs d'État de ne pouvoir appliquer, comme ils l'entendent dans leur conscience et dans leur honnêteté, les mesures sur lesquelles ils fondent le salut commun. N'avons-nous pas vu de tout temps des royalistes plus royalistes que le roi? Toutes les opinions n'ont-elles pas leur *père Duchesne*? Et, chose remarquablement triste! lorsque vient à tomber le chef dont ces misérables léchaient les pieds à l'époque de sa puissance, ils sont les premiers à l'insulter et à dresser l'acte d'accusation contre le pouvoir dont ils ont causé la perte par leurs folies et par leurs crimes.

Ces réflexions nous sont venues à la lecture de l'écrit intitulé : *Causes secrètes de la Révolution du 9 thermidor*, par le citoyen Villate, ex-juré au Tribunal révolutionnaire et ancien agent du Comité de Salut public. Ce Villate, un des énergumènes de la terreur, disait que Joseph Chénier méritait d'être guillotiné pour avoir composé *Timoléon*. Il était de ceux qui voulaient que les soixante-treize députés défendus par Robespierre fussent traduits au Tribunal révolutionnaire (1). Une fois, il avait dénoncé, en plein tribunal, un artiste distingué, nommé Hermann, dont le costume élégant et la tête poudrée avaient attiré son attention. Il fallut l'intervention du Comité de Salut public pour faire relâcher cet innocent, incarcéré sur la dénonciation d'un maniaque (2). Le comité, éclairé enfin sur la conduite de ce furieux, dont la vénalité était connue, avait ordonné son arrestation, quelques jours avant le 9 thermidor.

Après la chute de Robespierre et de Saint-Just, Villate, dans le but évident d'obtenir sa grâce, écrivit une sorte de mémoire justificatif dans lequel, prenant avec une impudence sans exemple le beau rôle de modérateur, il attribue à certains membres des deux comités toutes les

---

(1) *Moniteur* du 11 germinal an III, n° 191.
(2) *Mémoires de Barère*, t. II, p. 199.

exagérations révolutionnaires. Ce livre même pourrait servir à disculper largement Robespierre et Saint-Just, si l'on ne se devait de s'appuyer sur des autorités plus pures et plus dignes de foi. On y lit, en effet, ces lignes : « Robespierre lui-même, paraissant enfin ouvrir les yeux sur tant de calamités publiques, contribua à mon retour vers la vie dans la lecture de son discours prononcé aux Jacobins sur la Divinité; il semblait, de bonne foi, résolu d'arrêter le torrent dévastateur (1). »

Ce Villate parle fort peu de Saint-Just, et nous allons discuter, en quelques mots, la plus grave accusation qu'il ait portée contre lui. Il raconte que, le lendemain de la mort de Marie-Antoinette, il fut invité à dîner par Barère, chez le restaurateur Venua, en compagnie de Robespierre et de Saint-Just, pour leur raconter « *quelques traits du procès de l'Autrichienne,* » et, neuf mois après, il cite de mémoire toute une conversation et des propos atroces qu'il attribue aux divers convives. Il met dans la bouche de Saint-Just cette première phrase, au sujet de la condamnation de la reine : « Les mœurs gagneront à cet acte de justice nationale. » Plus loin, après avoir montré Saint-Just exposant les bases d'un discours sur la confiscation, auquel Saint-Just n'a jamais songé, et qui n'a jamais été prononcé, il lui fait dire : « Une nation ne se régénère que sur des monceaux de cadavres (2). »

Pour une foule de raisons, je ne crois pas à ce dîner,

(1) *Mémoires relatifs à la Révolution française; le Vieux Cordelier; Causes secrètes du 9 thermidor*, par Villate, p. 189.

(2) C'est à l'abbé Raynal que le citoyen Villate a sans doute emprunté cette phrase; mais ses souvenirs l'ont mal servi. L'auteur de l'*Histoire philosophique des deux Indes* a écrit « qu'une nation ne pouvait être régénérée que dans un bain de sang. »

ni par conséquent aux paroles que l'ex-juré prétend y avoir entendues. D'abord, si Barère, Robespierre et Saint-Just avaient essentiellement tenu à *connaître quelques traits* du procès de Marie-Antoinette, ils ne se seraient pas adressés à un infime agent du comité, attendu qu'ils pouvaient demander tous les détails possibles au président du tribunal ou à l'accusateur public, qui n'eussent pas manqué de les leur communiquer avec le plus vif empressement.

En second lieu, en dehors de la vie politique, Robespierre et Saint-Just n'avaient aucun rapport avec Barère, dont la manière de vivre était toute différente de la leur et dont la société était tout autre. Barère, dans ses Mémoires, ne parle que d'un seul dîner fait en compagnie de Robespierre, longtemps après le procès de la reine ; et encore eut-il quelque peine à l'avoir pour convive. Quant à Saint-Just, il n'en est pas question. Voici, au reste, le récit de Barère :

« Quelque temps avant le 20 prairial, M. Loménie, ex-coadjuteur de son oncle, l'archevêque de Sens, me demanda de le faire dîner avec Robespierre. — Cela me paraît difficile, lui dis-je, c'est le député le plus insociable et le plus défiant. Cependant je tenterai la chose pour vous obliger... Je hasardai donc l'invitation, en disant à Robespierre qu'il dînerait avec des députés et quelques-uns de mes parents et de mes amis ; il y consentit, après beaucoup d'instances : c'était, en effet, un homme morose et mélancolique, autant qu'ombrageux et méfiant. Je le pris au sortir de l'Assemblée ; nous allâmes chez le restaurateur Méot. Nous étions dix députés ou externes ; le repas fut assez gai, mais Robespierre ne dit rien. Cependant, après le repas, il se dérida un peu, et me demanda le nom de mon oncle et de la personne qui était près de moi. — Mon oncle, dis-je, est très-patriote ; il a combattu dans les rangs de l'armée de Rochambeau, pour l'indépendance des États-Unis. Ce renseignement fit plaisir à mon interlocuteur... Quant à mon voisin, continuai-je, je l'ai connu à Toulouse, il y a plusieurs années, il est philosophe, et a des idées pleines de liberté et de philanthropie ; il se nomme Loménie. — C'est un Brienne ? — Oui, le neveu du cardinal, qui a convoqué les États généraux et établi par une loi la liberté absolue de la presse. — C'est bon, c'est bon, mais c'est un noble. — Peu d'instants après, Robespierre prit son chapeau et se retira sans rien dire (1). »

Saint-Just n'était pas présent à ce dîner, et je ne pense pas qu'il ait jamais été le convive de Barère, dont le caractère lui était antipathique.

Troisièmement, les sentences attribuées par Villate à Barère, à Robespierre et à Saint-Just se retrouvent textuellement dans une œuvre satirique contre les Jacobins, publiée après le 9 thermidor, et où il n'est pas question de Saint-Just, mais seulement d'un ami de Saint-Just. Nous en concluons qu'à l'aide de ce libelle, le citoyen Villate a dû composer son petit roman, destiné à servir les rancunes de Tallien et à l'intéresser en sa faveur.

Dans un autre passage de son livre, il prévoit lui-même cette objection inévitable et toute naturelle de la part de ses lecteurs : « Comment, diable, votre mémoire se rappelle-t-elle toutes ces choses ? Ne brodez-vous point vous-même (2) ? » Il y répond par un apologue. En

---

(1) *Mémoires* de Barère, t. II, p. 201.
(2) *Mémoires relatifs à la Révolution française ; le Vieux Cordelier ; Causes secrètes du 9 thermidor*, par Villate, p. 285.

causant avec un jeune auteur, détenu, comme lui, à la Force, et qui lui parlait des craintes du peintre David de ne pouvoir achever son tableau du Serment du Jeu de Paume, il demandait comment ferait le grand artiste pour se rappeler la position des constituants. « Il peindra d'imagination, aurait répondu le jeune auteur, comme je viens de composer moi-même la scène de réconciliation entre David et sa femme, scène que je n'ai jamais vue, mais que je crois avoir entendue. »

Le citoyen Villate a certainement procédé comme son compagnon de captivité. Moins heureux que Sénar, autre agent infime dont nous nous occuperons plus tard, il n'obtint pas la récompense de sa lâcheté. Le 16 floréal an III, il comparut devant le tribunal révolutionnaire, fonctionnant alors au nom de la réaction thermidorienne; condamné à mort, il fut exécuté le 18, en place de Grève, couvert de l'universel mépris.

M. Éd. Fleury et M. de Barante, en consciencieux réactionnaires, n'ont pas manqué de relever les odieux propos prêtés à Saint-Just. Ils les ont ramassés dans le libelle du citoyen Villate, et leur ont offert asile dans leurs livres. Là, au moins, M. Fleury cite la source où il a puisé, ce qui lui arrive si rarement! Pourquoi, par exemple, n'indique-t-il pas où il a trouvé cette autre phrase, mise aussi dans la bouche de Saint-Just, au sujet de Camille Desmoulins? « Il prétend que je porte ma tête comme un saint sacrement!... je lui ferai porter la sienne comme un saint Denis! » C'est que cela lui eût été impossible, personne n'ayant jamais entendu dire ces mots à Saint-Just (1).

Il faut raconter dans quelles circonstances l'épi-

---

(1) M. Éd. Fleury : *Saint-Just et la Terreur*, t. I, p. 310.

gramme, bien innocente, était tombée de la plume de l'auteur du *Vieux Cordelier*. Le Comité de Salut public, qui n'était pas précisément institué pour favoriser les projets des partisans de la royauté, avait fait décréter d'accusation le général Arthur Dillon. La trahison de celui-ci a été clairement prouvée, et lui-même a hautement manifesté son opinion en proférant sur l'échafaud le cri de : *Vive le roi!* Qu'il fût royaliste, c'était très-bien ; mais qu'il trahît la République, qui lui avait confié le commandement d'un corps d'armée ; qu'il révélât à un général allemand le plan d'invasion de l'Allemagne, c'était criminel et injustifiable ; le Comité de Salut public remplissait donc un devoir sacré en le dénonçant à la Convention.

Camille Desmoulins, qui, plus tard, avoua ingénument, à la tribune des Jacobins, avoir toujours été le premier à dénoncer ses amis, du moment où ils se conduisaient mal (1), était fort intimement lié avec le général. Furieux de l'arrestation de ce dernier, il écrivit, avec sa légèreté accoutumée, un pamphlet intitulé : *Lettre à Dillon*, dans lequel il frappa à tort et à travers sur tous les membres du Comité de Salut public, sans épargner Cambon, alors membre de ce comité. A Saint-Just, qui, dans son rapport sur les Girondins, avait vivement attaqué le général, il adressa une bonne part de ses sarcasmes. Saint-Just s'en souvint-il lorsque, huit mois après, il fut chargé par le Comité de Salut public de présenter à la Convention un rapport sur Danton et les dantonistes ? Je n'oserais affirmer le contraire. Et cependant nous verrons que le passage où il est question de Camille Desmoulins est la partie la plus modérée de son discours.

(1) Voyez *le Moniteur* du 28 frimaire an II, n° 88.

Quant à la réponse trop spirituelle citée plus haut, elle n'est certainement pas de l'invention de M. Éd. Fleury, qui n'en a été que le complaisant éditeur ; mais elle est de tout le monde, chez le peuple le plus spirituel de la terre, excepté de celui auquel on l'a si gratuitement attribuée. Elle a été imaginée après coup, par quelque plaisant ; c'est de toute évidence. Qui donc s'est jamais vanté de l'avoir entendue de la bouche de Saint-Just ? N'était-on pas à cent lieues de prévoir alors la triste destinée réservée aux dantonistes ? Est-ce que, plus tard, Camille Desmoulins aurait manqué d'en faire mention dans son projet de défense ? Saint-Just, d'ailleurs, avait une invincible répugnance pour toute espèce de plaisanterie. C'est lui qui a écrit ces lignes : « Là où l'on censure les ridicules, on est corrompu ; là où l'on censure les vices, on est vertueux. Le premier tient de la monarchie, l'autre de la république. Celui qui plaisante à la tête du gouvernement, tend à la tyrannie (1). »

Montrons-nous donc sévères pour ces écrivains si prompts à accepter légèrement des commérages en l'air, dans l'unique but de flétrir la mémoire d'un homme. Que si quelques expressions de Saint-Just sont empreintes d'une violence regrettable, nous les avons citées et nous les citerons franchement, en faisant observer, toutefois, qu'il est de toute justice de lui tenir compte du moment où elles ont été prononcées. Au reste, dans ces temps de fièvre et d'irritation si légitime, nous trouverons difficilement une phrase plus sanglante que ces paroles froidement atroces dont un ministre du dernier roi s'est servi pour apprendre à la France l'assassinat de la Pologne : « L'ordre règne à Varsovie. »

---

(1) *Institutions républicaines.*

Les membres du Comité de Salut public appréciaient hautement la dignité sérieuse de leur jeune collègue, qu'ils estimaient surtout à cause de l'austérité de ses mœurs, pour laquelle ses ennemis loyaux lui ont toujours rendu justice. Quand il parut nécessaire d'envoyer à Strasbourg un envoyé extraordinaire pour rétablir l'ordre dans le département du Bas-Rhin, en proie à l'invasion ennemie, aux menées réactionnaires et aux folies de Schneider, ce fut Saint-Just qu'on choisit comme le plus digne de cette importante mission. On lui adjoignit, sur sa demande, son collègue Philippe le Bas, qui venait de se distinguer dans une mission à l'armée du Nord. Trois mois devaient leur suffire pour ramener la victoire sous nos drapeaux, réprimer la contre-révolution et faire rentrer dans le devoir la démagogie turbulente.

CHAPITRE III

Vie privée de Saint-Just. — Ses relations. — La famille Duplay. — Philippe le Bas. — Projets de mariage entre Henriette le Bas et Saint-Just. — Départ pour Strasbourg.

Avant de raconter l'étonnante mission de Saint-Just dans le département du Bas-Rhin, disons quelles étaient, à Paris, ses relations et sa manière de vivre.

Il demeurait rue de Gaillon, à l'hôtel des États-Unis. Son hôtesse, femme très-aimable et très-distinguée, était, en même temps, une artiste fort remarquable. C'est d'elle, ce beau portrait dont nous avons déjà parlé; elle le vendit à la veuve de le Bas après le 9 thermidor, n'osant pas le garder, de peur d'être compromise, tant la modération et la justice des thermidoriens inspiraient de confiance. Le jeune conventionnel y est représenté dans une tenue d'une simple et sévère élégance; il porte un habit bleu de ciel, à boutons d'or, entièrement boutonné sur la poitrine, et dont le collet à large revers monte très-haut par derrière, suivant la mode du temps. La vaste cravate blanche, d'où s'échappe un col négligemment rabattu, ne lui donne point cet air de roideur empesée que lui prêtent la plupart de ses biographes. A coup sûr, ceux qui s'imaginent que l'amour du peuple et le sentiment républicain ne peuvent exister que sous des haillons, ne soupçonneraient guère, dans ce grave et beau jeune homme, aux cheveux poudrés et aux grands yeux bleus, d'une mélancolie si expressive, l'apôtre le plus fervent et le plus dévoué de la démocratie.

Saint-Just était, dans ses relations, d'une grande politesse et d'une exquise urbanité. Il pensait avec raison qu'il faut donner aux masses l'exemple des convenances et de la distinction, et que c'est mal servir le peuple que d'essayer de le séduire par certaines habitudes grossières de costume ou de langage, comme le faisaient hypocritement quelques membres de l'Assemblée, au lieu de se fondre entièrement avec lui par la communauté des principes et un dévouement sans bornes à ses intérêts. Telle était aussi l'opinion de Robespierre, qui, un jour, reprocha à Léonard Bourdon d'avoir avili la Convention en introduisant la coutume de parler le chapeau sur la tête, et d'autres formes indécentes (1).

Il était, quant au reste, d'une extrême simplicité. On ne le vit pas, dans ses missions, afficher le luxe et les mœurs d'un satrape, comme ces Tallien, ces Fouché, ces Barras et ces Fréron, qui se coalisèrent contre Robespierre, Couthon et Saint-Just, lorsqu'ils les soupçonnèrent de vouloir leur faire demander compte des deniers

---

(1) *Mémoires* de Levasseur, t. II, p. 197 ; *Rapport de Courtois*, p. 192.

de la République. Les membres du Comité de Salut public n'avaient droit, comme les autres représentants, qu'à l'indemnité de dix-huit livres par jour; cela suffisait à Saint-Just pour vivre dignement et obliger quelques malheureux. On n'imaginait pas alors que la prospérité d'une nation pût reposer sur les gros traitements de ceux qui sont chargés de la gouverner ou de l'administrer. On se rappelait encore avec indignation ce qu'avaient inutilement coûté à la France les prodigalités des derniers règnes, les maîtresses royales et les courtisans si largement pensionnés. Les plus riches familles de France : les Broglie, les Polignac, les Montmorency, les Noailles, entre autres, touchaient, avant la Révolution, des pensions qui variaient entre quarante mille et cent mille livres, sommes exorbitantes à cette époque (1).

Les chefs du gouvernement, pensaient les républicains comme Saint-Just, doivent donner l'exemple de la simplicité et ne pas pousser à cet amour effréné du lucre, qui fait qu'on déserte les professions honorables, dont les profits sont lents et peu considérables, pour courir à la fortune par des voies tortueuses, mais plus rapides. Nous entendrons bientôt Saint-Just tonner à la tribune nationale contre le jeu et l'agiotage, et flétrir énergiquement ceux qui s'y livraient sans prendre garde au détriment et aux périls qui en résultaient pour le pays. Et certes il avait droit d'agir ainsi, lui, si honnête et si probe que les calomniateurs, si ingénieux d'ordinaire, n'ont pas osé jeter l'ombre d'un doute sur son désintéressement bien connu. Barère, qui s'est vanté de l'avoir dénoncé, lui a rendu cette justice : « Son caractère était austère, ses mœurs politiques sévères ; quel succès pou-

---

(1) Consulter l'*Almanach nominatif des pensions sur le Trésor royal* (novembre 1789).

vait-il espérer (1) ? » D'un sang-froid impassible, toujours maître de lui-même, il ne prit jamais conseil que de sa conscience et de sa raison. Il disait à Robespierre, un jour que celui-ci s'emportait dans une discussion : « Calme-toi donc; l'empire est au flegmatique. » Quant à ses mœurs privées, elles étaient d'une pureté irréprochable, et les calomnies des libellistes s'useront en vain sur elles, comme les dents du serpent sur la lime.

Ils étaient si purs aussi, ses amis et ses hôtes! Nous avons déjà parlé de la famille Duplay, dans laquelle il avait été présenté par Robespierre, dès son arrivée à Paris. Cette famille, toute patriarcale, était le foyer même des vertus républicaines rêvées par le sage. Le respectable Duplay, brave et loyal patriote, joignait à une grande énergie une modération sans égale ; juré au Tribunal révolutionnaire, où, du reste, il siégea très-rarement, il fit preuve, dans ces redoutables fonctions, de l'impartialité la plus rare; et lorsque les thermidoriens l'envoyèrent devant ce même tribunal, ses juges, malgré l'esprit réactionnaire dont ils étaient animés, ne purent se résoudre à rendre contre lui un verdict de condamnation; ils l'acquittèrent sur le double chef de fait et d'intention. Ceux qui ont écrit que, par lui, Robespierre était entré au Tribunal révolutionnaire, se sont étrangement trompés. Duplay suivait les seules inspirations de sa conscience, et Robespierre le connaissait et le respectait assez pour ne pas chercher à lui imposer les siennes. Un soir, à table, en famille, celui-ci demanda à son hôte ce qu'il avait fait, dans la journée, au tribunal. « Robespierre, lui répondit gravement Duplay, je ne vous demande jamais ce que vous faites au Comité de Salut

---

(1) *Mémoires* de Barère, t. IV, p. 408.

public. » Robespierre prit alors la main de son hôte et, pour toute réponse, la lui serra affectueusement. Toute cette famille partageait les opinions et les sympathies de son chef, et ceux de ses membres qui ont survécu à l'époque révolutionnaire n'ont jamais compris les anathêmes des masses ingrates ou ignorantes contre les vertueux amis de leur jeunesse.

Dans cette maison, où les intrigants n'étaient pas admis, se réunissaient les plus purs et les meilleurs républicains. On s'y délassait des rudes travaux de la vie politique par la musique ou des lectures littéraires. Là, venait l'illustre et honnête Buonarroti, qui, après avoir échappé, comme par miracle, à une condamnation capitale, disait en mourant, pauvre et respecté, quarante-neuf ans après la chute de Robespierre et de Saint-Just : « Je vais rejoindre les hommes vertueux qui nous ont donné de si bons exemples. » Là venaient Lannes qui, moins heureux, expia son amitié sur l'échafaud, et Couthon qui, marié lui-même, retrouvait au sein de cette honnête famille les vertus cultivées dans la sienne. Saint-Just y avait rencontré son collègue Philippe le Bas, et s'était lié avec lui d'une inséparable amitié. Tous deux jeunes, intègres, dévoués aux intérêts populaires, ils devaient se comprendre et marcher étroitement unis jusqu'à la mort, n'ayant en vue que la fortune de la France, non la leur.

Il faut dire quel fut ce compagnon de Saint-Just, cet héroïque le Bas, qui s'est immortalisé par un de ces traits sublimes pour lesquels il n'y a pas assez de couronnes. Il était né à Frévent, dans le département du Pas-de-Calais, où son père exerçait la profession de notaire. Envoyé de bonne heure à Paris, il fit ses études au collége Montaigu. Reçu avocat au parlement, en 1789, après avoir passé quatre ans chez un procureur, il débuta au barreau par des succès qui étaient une promesse d'avenir. Mais, rappelé par son vieux père dont le bonheur était sa principale ambition, comme il le dit dans une de ses lettres si touchantes, il alla s'établir à Saint-Pol, où un procès célèbre le mit bientôt en lumière. Député, comme Saint-Just, à la Fédération du 14 juillet 1790, membre de l'administration centrale de son département en 1791, il fut élu l'année suivante, par le collége électoral du Pas-de-Calais, député à la Convention nationale. S'il parla peu à la tribune de l'Assemblée, et s'il ne chercha pas à monter au premier rang, où ses talents lui eussent permis d'atteindre, il se fit remarquer par des travaux qui, pour être obscurs, n'en étaient pas moins utiles à la République, dont le triomphe était son seul but. Dans des lettres presque journellement adressées à son père, et où éclate le plus tendre amour filial, il notait avec une scrupuleuse fidélité les discussions et les événements dont l'Assemblée et la capitale étaient le théâtre. Ces pages, heureusement pour l'histoire, ont été conservées et sont un précieux document. Les collègues de le Bas appréciaient ses hautes qualités; aussi, dans les premiers jours du mois d'août 1793, l'envoyèrent-ils en mission à l'armée du Nord, où il rendit d'éclatants services. Ce fut pour lui un grand chagrin d'être obligé de quitter Paris à cette époque, car il était au moment de conclure un mariage souhaité depuis longtemps. Introduit par Robespierre dans la famille Duplay, il avait aimé la plus jeune des filles de cet honnête patriote, Élisabeth Duplay, et avait eu le bonheur de voir sa tendresse partagée. Il venait d'obtenir la main de cette douce et charmante jeune fille, lorsqu'il fut désigné par la Convention pour aller surveiller les opérations des armées du Nord et de la Moselle. Si pénible que dût être pour lui cette absence, il n'hésita point, et fit à sa patrie le sacrifice de ses affections. Ses lettres *à sa chère Élisabeth* témoignent à la fois de la douleur de cette séparation et de son ardent patriotisme.

« Nous avons beaucoup travaillé, lui écrit-il, et il me paraît que nous aurons encore beaucoup à faire pour remplir l'objet de notre mission. J'ai néanmoins l'espoir d'être libre vers le 10 de ce mois. Oh! qu'il sera doux pour moi, le moment où je te reverrai! Que l'absence est cruelle quand on aime comme moi! Mon père n'ira sûrement pas à Paris avant mon retour, et je compte l'emmener avec moi lorsque cette époque sera arrivée. Je dois aller demain à Dunkerque. Adresse-moi tes lettres ici. Mille amitiés à ta famille, que je regarde aussi comme la mienne... Des affaires imprévues, l'envie de savoir l'état de nos armées du côté de Cambrai, m'ont amené aujourd'hui avec Duquesnoy à Arras. On m'y a remis deux paquets; ils renfermaient des lettres de mon père, une de ta sœur, ma bonne amie Victoire, et deux lettres de mon Élisabeth. Juge de ma joie, de mon ravissement! Je les ai lues, je les ai relues; je viens de les lire encore, ces deux lettres. Oh! quel bien elles ont fait à mon cœur! Que je bénis mon aimable amie, le jour, l'heureux jour où j'eus la douceur d'apprendre que ton âme si sensible, si tendre, partageait les sentiments que tu m'as inspirés! Pourquoi faut-il qu'à l'instant où j'allais unir ma destinée à la tienne, nous nous soyons vus si cruellement séparés?... Une lettre de toi... c'est sans doute une grande consolation, mais ce n'est pas toi; rien ne peut te suppléer, et je sens à chaque instant que tu me manques. Tu m'as parlé du jardin, tu m'as demandé si je m'en souvenais. Pourrais-je l'oublier, ma chère Élisabeth? Oh non! Tous les lieux où j'ai pu librement causer avec toi, t'exprimer ma tendresse et m'entendre dire par toi-même que tu m'aimais, mon imagination ne cesse de les revoir; de s'y reposer. Lorsque notre voiture nous conduit, et que mon collègue, fatigué, ou cesse de parler ou s'endort, moi je songe à toi; si je m'endors aussi, je pense encore à toi. Toute autre idée, lorsque les affaires publiques ne m'occupent plus, m'est importune... J'ai reçu plusieurs lettres de toi. Le sentiment qu'elles m'ont fait éprouver a été mêlé de douleur et de plaisir. Elles ont redoublé mon impatience de revoler vers toi... Fais tout préparer pour notre mariage. Peut-être, après un court séjour, faudra-t-il que je reparte. Mais au moins nous nous arrangerons de manière à n'être plus éloignés l'un de l'autre. Je n'ai que le temps de t'écrire ce peu de mots. Mille embrassades à toute la chère famille et à nos amis communs. »

On peut juger, par ces quelques citations prises au hasard, de la candeur d'âme, de la simplicité de cœur et des hautes qualités de ce grand citoyen.

Le Bas revint à Paris après une absence de près de trois semaines, et, quelques jours après son retour, il épousa cette Élisabeth, à qui il avait voué une si ardente et si profonde affection. Toute sa famille était venue assister à ce mariage, conclu sous les plus riants auspices, et que les tempêtes politiques devaient si fatalement et si rapidement briser.

Dans le courant de septembre le Bas fut nommé membre du Comité de Sûreté générale. En raison de ces nouvelles fonctions, qui l'occupaient jour et nuit, et aussi en prévision des missions dont il pourrait encore être chargé, il garda près de lui la plus jeune de ses sœurs, Henriette, pour en faire la compagne de sa femme, devenue enceinte dès le premier mois de son mariage, et qu'il ne voulait pas abandonner à des soins mercenaires.

Henriette le Bas, sans être d'une beauté remarquable, était assez jolie; elle plut à Saint-Just, pour qui elle éprouva elle-même un vif penchant. Un projet d'union fut arrêté entre eux, à la satisfaction des deux familles; mais la célébration en fut ajournée à un temps plus calme. On espérait alors la fin prochaine des calamités publiques; et Saint-Just, *ce grand ambitieux*, n'enviait, après avoir aidé à l'affranchissement et à la grandeur de son pays régénéré, que quelques arpents de terre à la campagne, une femme aimée, et des livres pour occuper ses loisirs. Son amour pour Henriette fut pendant quelques mois l'unique occupation de son cœur, et dut être bien souvent, dans les circonstances difficiles où il se trouva, sa consolation et son soutien. Cependant le rêve des deux fiancés ne devait point se réaliser, et ce ne fut pas le 9 thermidor qui en fut la seule cause. Quelques mois avant cette funeste catastrophe, la passion de Saint-Just s'évanouit pour un motif des plus futiles. Henriette avait contracté la mauvaise habitude de prendre du tabac. La délicatesse de Saint-Just s'offusqua de ce petit défaut qu'il avait surpris chez la jeune fille. La rupture qui s'ensuivit entre les fiancés fut un sujet de désolation pour les deux familles, et jeta sur l'amitié de le Bas et de Saint-Just un nuage presque imperceptible, mais dont nous trouverons cependant la trace dans la correspondance du frère d'Henriette.

Mais cet amour était dans toute sa force et dans tout son rayonnement quand Saint-Just et le Bas furent envoyés à Strasbourg. Nous raconterons comment ces illustres jeunes gens accomplirent leur mission ; et il est à croire que si tous les commissaires de la Convention avaient usé de la fermeté et de la modération qui furent la règle de leur conduite, on eût évité bien des remords, conjuré bien des périls, et assuré dans un temps très-court l'affermissement de la République.

FIN DU TOME PREMIER

TABLE DES MATIÈRES

PRÉFACE DE LA SECONDE ÉDITION.   5
PRÉAMBULE 15

LIVRE PREMIER

CHAPITRE I

Préliminaires. — La famille de Saint-Just. — Son établissement à Blérancourt. — Premières années. — Madame de Saint-Just. — Le collége des oratoriens à Soissons. — La mémoire de Saint-Just. — Malheur aux vaincus! — Caractère de Saint-Just. — Le poëme d'*Organt*. — Les historiens de Saint-Just. — Préface du poëme d'*Organt* 31

CHAPITRE II

Examen rapide de l'*Organt*. — Citations; allusions satiriques. — État de la société française à l'époque où l'*Organt* fut publié. — Marie-Antoinette. — Rambouillet et Trianon. — Affaire du Collier. — Impression sur la province. - Un mot de Saint-Just au club des Jacobins. . . . 41

CHAPITRE III

Voyage à Paris. — Portrait de Saint-Just. — Les grandes dames de Blérancourt. — Le couvent de Picpus. — Madame Thorin. — Lettre de Thuillier. — Odieuse calomnie. — Une voix de prison. — Le beau-frère de Saint-Just. — Séjour à Chaulnes. — Une lettre de Saint-Just . . .   59

CHAPITRE IV

Organisation des gardes nationales. — Fédération du 14 juillet 1790. — Saint-Just et madame du Barry. — Discussion sur le choix du chef-lieu du département de l'Aisne. — Discours de Saint-Just. — Son échec et son ovation. — Les pavots de Tarquin. — Protestation de quelques membres de l'Assemblée constituante contre la liberté de conscience. — Adresse de la commune de Blérancourt. — Saint-Just et Mutius Scevola. — Les marchés de Blérancourt. — Premières relations avec Robespierre   75

CHAPITRE V

Esprit de la Révolution et de la Constitution de France, par Saint-Just.   85

CHAPITRE VI

Élection des députés à l'Assemblée législative. — Lettre à Daubigny. — Le 10 août. — Saint-Just est nommé représentant du peuple à la Convention. — Lettre à son beau-frère. — Les massacres de septembre. — Une erreur de M. de Lamartine. — Les enrôlements volontaires en 1792   111

LIVRE DEUXIÈME

CHAPITRE I

Arrivée de Saint-Just à Paris. — Premières séances de la Convention nationale. — Abolition de la royauté. — Situation générale au moment de la mise en jugement de Louis XVI. — Manifeste du duc de Brunswick. — Procès du roi. — Opinion de Morisson. — Discours de Saint-Just. — Sa réponse aux défenseurs de Louis XVI. — Son vote   122

CHAPITRE II

Discussion sur les subsistances. — Opinion de Saint-Just sur les principes de l'économie française et la libre circulation des grains. — Impression de son discours sur l'assemblée. — *Le Patriote* de Brissot et la *Biographie universelle* 145

CHAPITRE III

Discussion sur un plan de réorganisation du ministère de la guerre. — Rapport de Siéyès, au nom du comité de défense générale. — Opinion de Saint-Just. — Son discours sur l'organisation de l'armée. — Critique historique. — Saint-Just et les députés des sections de Paris admis à la barre de la Convention, le 12 février 1793 157

CHAPITRE IV

Premières discussions sur la Constitution. — Événements du 10 mars. — Établissement du tribunal révolutionnaire. — Discours de Saint-Just sur la Constitution à donner à la France. — La Constitution de Saint-Just. — Il discute la division politique de la République. — Son opinion sur les fonctions des municipalités. — Il défend Paris 179

CHAPITRE V

Les *Institutions républicaines* de Saint-Just. — Comment elles ont été conservées. — Charles Nodier, jacobin exalté! — Examen des *Institutions*. — Platon et Thomas Morus. — Une appréciation de Saint-Just par Charles Nodier 201

CHAPITRE VI

Lutte entre la Montagne et la Gironde. — Commission des Douze. — Saint-Just est adjoint au Comité de Salut public. — Journées des 31 mai et 2 juin. — Jugement sur les Girondins. — La Constitution de 1793. 227

CHAPITRE VII

Insurrection girondine. — Essai de conciliation. — Saint-Just se propose en otage. — Soixante et dix départements se lèvent contre la Convention. — Menaces de Wimpfen. — La Vendée. — Rapport de Saint-Just. — Sa modération. — *Brissot dévoilé*, par Camille Desmoulins. — Assassinat de Marat. — Saint-Just entre définitivement au Comité de Salut public. 247

LIVRE TROISIÈME

CHAPITRE I

Un mot de Danton. — Le Comité de Salut public. — Première mission de Saint-Just. — Grandes mesures d'utilité générale et de salut public. — Rapport de Barère. — La loi des suspects. — Rapport de Saint-Just. — Le gouvernement révolutionnaire jusqu'à la paix. — La Terreur. — Modération des amis de Saint-Just . . . . , . . 271

CHAPITRE II

Les étrangers. — Rapport de Saint-Just. — *Mort de Marie-Antoinette.* — Le citoyen Villate. — Camille Desmoulins et le général Dillon. . 294

CHAPITRE III

Vie privée de Saint-Just. — Ses relations. — La famille Duplay. — Philippe le Bas. — Projets de mariage entre Henriette le Bas et Saint-Just. — Départ pour Strasbourg 311

FIN DE LA TABLE DES MATIÈRES

www.ingramcontent.com/pod-product-compliance
Lightning Source LLC
Chambersburg PA
CBHW060415170426
43199CB00013B/2148